세상을
변화시키는
세계관

세상을
변화시키는
세계관

지은이 | 최용준
펴낸이 | 원성삼
표지디자인 | 한영애
펴낸곳 | 예영커뮤니케이션
초판 1쇄 발행 | 2023년 4월 7일
등록일 | 1992년 3월 1일 제2-1349호
주소 | 03128 서울특별시 종로구 대학로3길 29, 313호(연지동, 한국교회100주년기념관)
전화 | (02)766-8931
팩스 | (02)766-8934
이메일 | jeyoung@chol.com
ISBN 979-11-89887-63-6 (93230)

값 15,000원

모든 인간은 하나님의 형상을 닮은 존귀한 존재입니다. 사람은 인종, 민족, 피부색, 문화,
언어에 관계없이 모두 다 존귀합니다. 예영커뮤니케이션은 이러한 정신에 근거해 모든 인
간이 존귀한 삶을 사는 데 필요한 지식과 문화를 예수 그리스도의 사랑으로 보급함으로써 우리가 속
한 사회에 기여하고자 합니다.

World Transforming Worldview

세상을
변화시키는
세계관

최용준 지음

성경적 세계관이 단지 세상을 보는 관점에 그치지 않고
어떻게 세상을 하나님 나라의 관점에서 변혁시킬 수 있는가?

예영

최용준 교수님이 『세상을 변화시키는 세계관』을 출간한다는 소식을 듣고 하나님께 영광을 돌리며 집필자에게도 축하를 전한다.

최 교수님은 하나님의 나라를 위한 일군으로 부르심을 받은 후에 믿음과 인내와 배움과 노력으로 섬기되 "국제적인 활동"을 하면서 지금까지 다양하게 섬기고 있다. 이러한 섬김은 바로 집필자에게 주어진 주님의 비전이라고 믿는다. 그는 칼뱅의 신학을 따른 아브라함 카이퍼의 영역 주권 사상 및 학문과 신앙의 통합을 성경적으로 이해하면서 이 원리를 따라 현대의 과학 절대주의와 이원론적 신앙을 극복할 것을 강조한다.

또한, 추천자가 관심을 가지고 읽은 내용은 토마스 아 켐피스가 대표적인 예가 되고 종교개혁에도 영향을 미친 '디보치오 모데르나(Devotio Moderna)' 운동이다. "그리스도를 본받으라"는 바울 사도의 권면과 통하는 이러한 신앙은 현대에도 필요한 신앙의 덕이라고 본다.

마지막에 필자는 킹덤 비전(Kingdom Vision)으로 하나님의 자녀들이 소망 중에 성실한 신앙생활을 할 수 있도록 격려한다. 이 책은 오늘의 교회 지도자들과 성도들에게 필요한 지표가 될 것을 믿어 적극적으로 추천한다.

김익진 목사 | Ph.D, 독일 아헨예향교회 원로목사, 아프리카 남아공–콩고 선교사

오늘날 한국 사회는 보수와 진보 진영 간의 대립, 구세대와 신세대 간의 갈등으로 몸살을 앓고 있다. 그래서 이 시대를 살아가는 우리에게 가장 필요한 것은 화해와 존중, 그리고 통합의 가치라고 생각된다. 성경은 그 가치 실현이 그리스도를 통해 가능하다고 선포하고 있다.

"하늘에 있는 것이나 땅에 있는 것이나 다 그리스도 안에서 통일되게 하려 하심이라."(엡 1:10)

최용준 교수께서는 아브라함 카이퍼의 '영역 주권' 사상을 비롯해 유럽 종교 개혁가들이 추구했던 기독교 세계관을 오랫동안 연구해 오시면서, 신앙과 학문, 예배와 일상의 삶이 하나로 통합될 수 있다는 점을 한결같이 강조하고 계시는 기독교 세계관 연구의 선구자이다.

이번에 펴내시는 책, 『세상을 변화시키는 세계관』도 그런 노력의 일환이라고 보아 크게 환영하며 발간을 축하드린다. 복음으로 사람을 살리고, 키우고, 고치는 역사가 이 책을 통해 불일듯 일어나기를 소망한다.

김재민 교수 | 경일대학교

저자는 기독교적 가치관을 가지고 타락한 세상을 변화시키는 비전을 가진 분이시다. 이전에 쓰신 『세상을 변화시키는 비전』을 통해 올바른 교육을 통해서 세상을 변화시킨 좋은 사례들을 발표했다. 그리고 『패러다임 쉬프트』를 통해서는 하나님 나라의 비전을 가지고 부패한 세상을 하나님 나라의 샬롬으로 변혁시키는 패러다임을 제시하였다.

이번에 『세상을 변화시키는 세계관』에서는 다양한 시대에 왜곡된 사상과 죄의 영향으로 타락한 교회와 사회를 성경적 세계관으로 어떻게 개혁했으며 그 영향력이 얼마나 대단했는가에 대한 실례들을 구체적으로 제시하고 있다.

하나님은 잘못된 사상과 죄로 망가진 세상을 변화시키려고 여러 시대에 선지자들을 보내셨고 또 마지막에는 예수 그리스도를 보내셨으며 예수님은 그 제자들을 보내어 타락한 세상을 복음으로 구속하시려고 부단한 노력을 하셨다.

현재 한국 사회는 포스트모더니즘 및 동성애와 같은 왜곡된 세계관이 학교와 교회 및 사회 전반에 만연되어 분열과 갈등이 점차 심화되고 있다. 그러므로 성경적 세계관을 중심으로 사회 변혁을 시도하고자 하는 수많은 목회자, 각계 기독교 지도층, 교수 및 선생님들 그리고 선교사들과 신학생들이 점점 늘어나고 있다.

기독교적 세계관으로 내적 성화와 사회 각 분야의 변혁을 구체적으로 어떻게 해야 할 것인지 고민하는 분들은 숙독해야 할 필독서로 추천하는 바이다.

김주찬 박사 | 이스탄불 대학교, FOT 해외선교회 국제대표이사, 튀르키예 선교사

저자인 최용준 교수님의 역작 『세상을 변화시키는 세계관』의 출간을 축하한다. 목회자와 교수로서 연륜이 깊으신 최 교수님이 그동안의 귀중한 논문들을 출간하게 되었다.

이 저술에 기고된 각각의 사례는 역사적인 배경과 원인에 있어서 동질성과 이질성이 있지만, 모든 사례의 공통점은 그리스도인 선각자들이 하나님의 말씀을 소중히 여기며 그분의 주권적 통치를 종교나 교회 내부의 게토화가 아니라 우리 삶의 영역 전반에 걸친 총체적 통치로 이해한 것이다. 이로써 당신의 백성을 통한 하나님의 통치가 그들의 신앙과 일상을 분리하지 않고 일원화시킨 복합적 운동이었음이 잘 표현되고 있다. 저자는 이러한 역사적 모델이 이 시대에도 교회와 기독학교 또는 유사 기관들과의 연합 속에 적용할 수 있음을 제시하며 호소한다. 극도로 어두운 이 세상에서 본서가 빛과 소금 되어 축복의 통로가 될 수 있기를 염원하며 적극 추천한다.

나승필 교수 | 독일 선교사

이제 많은 이들은 기독교 세계관 담론에 대해 '창조, 타락 및 구속'이라는 총론(總論)이 아니라, 구체적으로 세상을 변혁시키는 실제적 각론(各論)을 요구한다.

하지만 기독교 안에서 '변혁론'을 끌어 올리는 일도 어려운 일인데, 성경적 세계관을 구체적인 현실에서 어떠한 시각과 방향성을 가지고 적용해야 하는지를 설파하는 것이 쉬운 일이겠는가? 이제 우리가 사는 세계는 첨단 과학기술

을 바탕으로 지능정보화사회로 변화되어, 기술 순응주의와 인간 주체성의 상실로 각종 영역의 특수성에 응전하기란 결코 만만한 일이 아닐 것이다. 아마도 수많은 시행착오와 편견과 오해를 제하고, 성경적 세계관의 다양한 적용을 끈기 있게 실천하는 열정이 전제되지 않으면 불가능한 일이 될 것이다. 이에 실패한다면, 기독 지성인들은 종종 현대 사회에서 나아갈 방향을 잃고 개인 구원에 만족하며 주저앉게 될 것이다.

실로 오늘날 하나님 나라의 현재적 실제성을 우리가 사는 이 세상에서 구현하는 일이란 결코 만만한 것이 아니다. 하지만, 기독교 세계관이 세상을 보는 관점에서 머무는 것이 아니라 세상을 하나님 나라 관점에서 변혁시키는 토대로 이해하는 성도들에게 하나님 나라의 '나침반'이 주어진다면, 일어설 용기를 낼 것 같다.

이러한 맥락에서 본서는 네덜란드 데벤터(Deventer)를 중심으로 한 '디보치오 모데르나' 운동, 독일 오스트프리슬란트(Ostfriesland)의 종교개혁 운동, 스위스 제네바(Geneva)의 변혁 운동을 보여줌으로써 그 '나침반'의 역할을 훌륭히 수행하고 있다. 여기서 우리는 믿음의 선배들이 어떻게 성경적 세계관을 기초로 사회와 문화를 변혁시켰으며, 하나님 나라의 운동을 확산했는지를 확인할 수 있고, 또 아브라함 카이퍼와 로베르 쉬망의 생애와 사상을 통해 학문과 신앙의 통합과 유럽 사회의 변화가 일어났는지를 볼 수 있다. 이 '나침반'은 방향성을 잃고 내부 수리 중인 한국 기독교 상황과 기독교 세계관 운동에 다양한 시사점들을 함축하고 있어, 필히 기독 지성인들에게 일독을 강권한다.

박동열 교수 | 서울대학교, 기독교세계관학술동역회 실행위원장

기독교 세계관은 말 그대로 기독교적으로 세계를 바라보는 관점을 의미한다. 성경에 계시된 바 핵심 주제인 창조, 타락, 구속 및 완성의 관점으로 세상을 바라보는 것을 일컫는다. 그러나 자칫 이러한 기독교 세계관은 관(觀)을 강조한 나머지 시각주의에 빠지기 쉽다. 세계를 성경적 가치관으로 바라보는 것이

중요하지만 진정한 기독교 세계관은 세상을 변혁시키는 세계관이다.

성경적 세계관은 단지 성경이라는 안경을 쓰는 것으로 끝나서는 안 되고 교회는 물론, 이 세상 속에서 정치, 경제, 사회, 문화, 예술, 교육 등 각 분야를 기독교 세계관으로 변혁시키는 것까지를 포함한다. 이 점에서 성경적 세계관은 앎과 관련될 뿐 아니라 삶과 관련되며, 이론적이면서도 실천적이다.

저자 최용준 교수는 기독교 세계관에 있어서 창조, 타락, 구속만이 아니라 완성의 중요성을 강조하며 세상을 '변혁'시키는 세계관이 되어야 함을 논증하고 있다. 종교개혁 이전부터 시작해서 종교개혁자 칼뱅의 제네바 개혁, 네덜란드에서 카이퍼를 중심으로 한 교육 및 정치, 경제, 사회개혁의 사례들을 소개하며 오늘날 우리나라에서도 기독교 세계관 운동이 세상을 변화시키는 운동이 되어야 함을 강력히 촉구하고 있다.

이 책을 읽으면 다시금 마음이 뜨거워지며, 성경적 세계관으로 세상을 변혁하고자 하는 영적 의지로 충만하게 된다. 이 책은 단지 세상을 기독교적으로 바라보는 것만이 아니라 세상을 변화시키려 하는 신학도, 목회자, 각 분야의 그리스도인들이 읽어야 할 필독서이다.

박상진 교수 | 장로회신학대학교, 기독교학교교육연구소 소장

미국에서 신학석사, 네덜란드에서 철학석사, 남아공에서 철학박사를 받으시고 네덜란드, 독일, 벨지움 등 유럽 교회에서 폭넓은 사역을 하셨고 현재 기독교 대학인 한동대에서 섬기시는 최 교수님의 책을 기꺼이 추천하고자 한다.

대한민국은 조국을 잃고 세계를 방황하던 이승만 대통령과 선각자들이 헌법을 자유민주주의를 기반으로 하나님 말씀인 성경 위에 선서하여 건국한 점에서 국가의 정통성이 미국과 유사한 점이 많다.

지난 70년간 대한민국을 세계에 우뚝 세워준 청교도적 세계관이 모호해진 이 시점에서 방황하는 젊은 세대에게 "희망과 도전을 가져다주고 세상을 축복하는" 이 책을 통하여 빛으로 오신 예수 그리스도를 만나기를 기원한다. 특

히 우려스러운 교육 체제 부분은 과감히 개혁되어 선배들이 유산으로 남겨준 "성경적 교육과 경영"이 다시 꽃을 피우는 데 큰 역할을 할 책으로 반드시 읽어 보시기 바란다.

한국은 현재 노사 갈등, 인구 감소, 계층 간의 화합 등의 문제들에 직면하여 있는데 이 어려운 때에 출간되는 『세상을 변화시키는 세계관』은 대한민국에 아주 큰 선물이다. 각계각층 모두 우리 믿음의 선배들이 선물로 준 "기독 세계관"으로 재무장하여 대한민국이 세계인들을 섬기고 사랑하며 세계인이 살고픈 아름다운 선진국으로 다시 태어나기를 학수고대한다.

박영신 회장 | 『네덜란드의 개성 상인』 저자, 네덜란드 보나미텍스 그룹 회장

일반 학문과 신학을 함께 공부한 최용준 교수님이 수년간에 걸쳐서 깊이 있게 연구한 주옥같은 논문 일곱 편을 함께 묶어서 '세상을 변화시키는 세계관'의 제목으로 펴낸 단행본은 어둠과 혼돈의 시대를 살고 있는 우리에게 한 줄기 희망의 빛을 보는 것 같아 여간 기쁜 소식이 아닐 수 없다.

개혁의 주체가 되어야 할 한국 교회가 일부 지도자들의 타락으로 인해 오히려 개혁의 대상으로 추락하고 있는 현실을 보며 안타까워 하고 있는 성도들이 이제는 본서를 통해 평신도 중심 개혁운동의 사례를 살핌으로써 어떻게 개혁을 시작하고 추진할 수 있는지에 대해 구체적인 지혜를 배울 수 있을 것 같다.

소돔과 고모라를 방불케 하는 대도시의 음란과 퇴폐가 넘치는 이 땅에 독일의 엠든과 스위스의 제네바와 같은 도시 개혁 사례를 읽고 연구하여 도시와 지역의 변혁을 꿈꾸는 교회 지도자들과 정치 지도자들이 많이 일어나 지금의 뜨거운 한류와 연결하여 국제기구들이 많이 모이는 글로벌센터가 한국의 여러 도시에 건설되기를 기대해 본다.

학문과 신앙의 통합에 관심이 있는 교수나 교사들, 더 나아가 모든 분야에 하나님의 나라가 이루어지기를 기도하는 지도자들은 아브라함 카이퍼로부터 '영역 주권' 사상을 배움으로써 자신의 분야에 구체적으로 어떻게 변혁을 추

진할 수 있는지 전략을 배울 수 있을 것이다.

유럽 제국, 특히 유럽 연합이 어떻게 오늘날과 같이 행복지수가 높은 나라들이 되었는지 로베르 쉬망의 생애를 통해 기독교적 기원을 발견할 수 있다면 선진 행복 국가를 건설하기를 힘쓰고자 하는 지도자들은 탁월한 통찰력을 얻을 수 있을 것이다.

무엇보다도 전통적인 창조, 타락, 구속의 기독교 세계관 틀을 탈피해서 하나님 나라의 완성을 추가한 논문은 창조 때 가장 좋은 상태에서 완성될 하나님의 나라에서 최선의 상태를 만끽할 수 있다는 비전을 독자에게 제시함으로써 책의 가치를 더해주고 있다. 통일한국을 내다보며 선진한국을 꿈꾸는 모든 사람들에게 이 책을 일독하기를 권하면서 기쁜 마음으로 추천한다.

박정윤 명예교수 | 영남대학교, 행복한부자학회 창립회장

하나님의 말씀을 깊은 통찰력으로 고찰하시며 주님께서 지으신 이 세계를 그분의 사랑으로 바라보시는 최용준 교수께서 이번에 신간 『세상을 변화시키는 세계관』을 발간한 것은 이 시대를 살아가는 우리 모두에게 매우 소중한 말씀이라고 생각된다.

모든 인간은 하나님의 형상으로 창조되었고 그분의 사랑을 받기 위해 태어난 존귀한 존재이다. 따라서 모든 사람은 국가와 민족, 언어와 문화, 피부색은 물론 남녀노소와 빈부귀천의 차별 없이 하나님의 사랑을 누리며 살아가야 마땅하다. 특별히 크리스천들은 "택하심을 받은 족속이요 왕과 같은 제사장들이요 거룩한 민족이요 하나님의 소유가 된 백성"이다(벧전 2:9).

본서는 하나님 나라를 소망하고 주님의 사랑을 실천하며 그 나라를 이루어가기를 바라는 모든 분에게 이 세상을 변화시키며 살아가는 길을 명확하게 제시하고 있다. 이 책이 많은 독자로부터 사랑받을 것을 믿어 의심치 않으며 일독을 추천한다.

손윤기 명예회장 | 파리 CBMC

기독교 세계관은 정말 세상을 변화시킬 수 있을까? 개혁자 칼뱅은 자신의 사역을 통해 당시 제네바 사회와 문화를 어떻게 변화시켰을까? 종교개혁 이전에도 이 힘이 발휘된 적이 있었을까? 기독교 세계관 개념의 창설자 카이퍼는 기독교가 학문계에서 완전히 배제된 시기에 기독교적 학문의 가능성을 어떻게 설명하고 실현하였을까? 기독교 세계관은 세속주의가 지배하는 현대 국제 정치영역에서도 변혁의 힘으로 작용할 수 있을까? 기독교 세계관을 따라 새로운 문화를 건설해 나감으로써 도달할 마지막 완성의 모습은 어떤 것일까? 최용준 교수는 이미 세계관을 다룬 책을 여러 권 냈지만, 세계관에 관한 그의 탐구열은 이렇게 끝이 없다.

이 책은 그의 이런 탐구의 구체적 결실이다. 이 책이 다루는 주제는 기독교 세계관이 세상을 변화시킨 역사적 실례, 대표적인 인물들의 활동 내용, 기독교 문화의 마지막 모습 등 다양하다.

그렇지만 이 글들 안에는 '세상을 변화시키는 기독교'라는 하나의 뜨거운 피가 흐르고 있다. 저자 마음속에 흐르는 이 뜨거운 피가 보석을 빚어내고 보물을 만들어 내었다.

성경적 세계관이 세상을 변화시킬 수 있는 다부진 몸매를 이루려면 어떤 주제를 깊이 연구해야 하는지 세계관 전문 연구가 최 교수는 이 책에서 인상적으로 보여주고 있다.

양성만 교수 | 우석대학교, 한국기독교철학회 회장

본서는 불과 200면을 조금 넘는, 두껍지 않은 책이지만 여느 기독교 세계관 책에서 느낄 수 없는 저자의 내공을 담고 있는 책이다. 이것은 저자의 지적, 영적 이력과 무관하지 않다.

대부분 한국의 성경적 세계관 운동 리더들이 주로 한국과 북미주에서의 지적 배경을 갖고 있지만, 저자는 기독교 세계관 운동이 시작된 유럽, 그중에도 시발점이라고 할 수 있는 네덜란드와 독일에서 오랜 세월을 보냈다. 그래서 본

서에는 저자의 오랜 유럽에서의 삶과 체험이 깊이 녹아 있다. 가령, 칼뱅이 제네바에서 주도했던 교회개혁에만 익숙한 우리에게 저자는 종교개혁의 배경이 되었던 디보치오 모데르나 운동, 엠든에서의 종교개혁 등을 심도 있게 소개하고 있다.

유럽은 계몽주의, 인본주의, 유물론, 공산주의, 진화론 등 기독교와 대립적인 사상들이 배태된 곳임에도 불구하고 저자는 유럽 역사의 밑바닥을 흐르는 거대한 기독교 세계관적 조류를 읽어내고 있다. 한 예로, 유럽 연합 운동의 출발점이 되었던 쉬망 선언이 어떻게 성경적 배경에서 나왔는지에 대한 고찰은 다른 문헌에서는 찾아보기 어렵다고 생각된다.

그러면서 저자는 단순히 유럽의 사상을 소개하는 것에 그치지 않는다. 비록 유럽에서 시작된 기독교 세계관이지만 저자는 그것이 한국 사회와 교회에 가지는 적용과 함의를 놓치지 않았다. 저자는 모든 장에서 신학자나 철학자의 서재에 머무는 세계관이 아니라 개인이나 사회를 변화시키는 세계관이어야 함을 일관되게 강조한다.

본서는 가볍게 읽을 수 있는 책이 아니지만, 기독교 세계관 운동에 대해 심각한 관심을 가진 독자라면 필독서라고 할 수 있다.

성경적 세계관 운동의 중심에 있는 카이퍼의 학문과 신앙의 통합이나 신칼뱅주의의 핵심 개념인 영역 주권에 대한 설명은 다른 데서도 찾아볼 수 있지만 추천자가 보기에는 본서가 가장 쉽게, 그리고 설득력 있게 제시하고 있다고 생각된다.

천천히 음미하면서 읽으면 한 편 한 편의 글 속에 담긴 기독교 세계관의 묵직묵직한 함의들로 인해 주체할 수 없는 지적 희열도 맛볼 수 있으리라 생각한다.

양승훈 총장 | 밴쿠버기독교세계관대학원 설립자/전 원장,
에스와티니 기독의과대학교 총장

성경적 세계관이 지식으로만 존재한다면 본질적 의미를 제공하지 못할 것이다. 그러나 저자는 기독교 세계관을 역사의 중요한 변곡점에 따라 소개하여 세계를 변화시킨 큰 줄기의 근본에 있는 하나님의 실재하심을 증명했다. 또한 이를 바탕으로 삶의 실재를 통합하여 시대를 변화시키고 미래의 패러다임을 제시한 인물들과 변혁을 되짚어본 저자의 일곱 개 글은 성경적 세계관을 책속에서 해방하여 현재의 우리 삶에 살아있는 방향이 되었다.

본서는 디보치오 모데르나 운동이 종교개혁과 나아가 유럽에 끼친 긍정적인 영향, 엠든이 종교개혁 도시가 되기까지의 변혁, 칼뱅의 개혁이 국제도시 제네바를 일으킨 유산의 비밀, 카이퍼의 학문과 신앙의 통합, 더 나아가 하나님의 영역 주권을 통한 기독교의 개인 신앙으로부터 삶의 전체로의 확장, 로베르 쉬망으로부터 출발한 성경적 세계관에 기초한 유럽의 통합 과정, 마지막으로 기독교 세계관에서 충분히 다루어지지 않았던 영원한 축복의 의미로서 완성까지 면밀하게 짚어 내었다.

저자의 이러한 통찰력 있는 연구는 성경적 세계관을 이해하고 실천하려는 그리스도인들에게 전문적인 지식을 제공하고 나아가 예수님의 가르침에 대한 지속적인 연구와 공부의 필요성을 제안하며 더 큰 질문에 대한 도전이 되고 있다. 이로써 혼란스러운 포스트모더니즘 시대를 살아가는 우리 세대에 하나님의 주권을 회복하는 좋은 지침서가 될 것이다.

유중근 이사장 | UNAI Korea

최용준 교수님의 『세상을 변화시키는 세계관』 출간을 축하드린다.

제가 최 교수님을 처음 만난 것은 1995년 암스테르담에 신학 공부하기 위해 갔을 때이다. 당시 철학부에서 도여베르트 철학을 연구하면서 이웃에 사셨는데, 최 교수님을 통해 기독교 철학회 세미나들도 따라다녔던 추억이 진하게 남아있다.

최 교수님은 학업을 마무리하시고, 오랫동안 독일과 벨기에에서 목회도 하신 후, 한동대 교수로 부임하여 기독교 세계관과 철학을 교수하고 있다.

이번에 내신 책은 본인의 전공 분야에 적합한 학술 서적이다. 최 교수님은 이전에도 기독교 세계관에 관련하여 대중적인 책도 쓴 적이 있는데, 이번에는 학술적인 글들을 묶어서 출간했다.

칼뱅과 화란의 신칼뱅주의는 교리적 순수성으로서 칼뱅주의를 제한시켰던 입장과 달리 삶의 전 분야를 포괄적으로 변혁시키는 비전을 표방했던 전통인데, 이러한 세계 변혁적인 세계관에서 우리가 배워야 할 것이 여전히 너무 많기에 성경적 세계관이나 신칼뱅주의에 관심 있는 독자들에게 본서를 추천하는 바이다.

이상웅 교수 | 총신대학교 신학대학원 조직신학)

최근 만난 한 졸업생이 '졸업 후 현장에서 더 많이 떠올리게 되는 수업'으로 최용준 교수님의 기독교 세계관을 꼽았다. 그간 최 교수님은 교사들이 대다수인 한동대 교육대학원에서 이 강의를 진행해 오셨는데 수업 후 자신의 교육 실천을 지속적으로 재조명하게 되었다는 것이다. 삶의 현장에서 실천을 고민하며 변화하게 했던 그 강의를 이번에 본서를 통해 접하게 되어 참으로 반갑다.

본서는 지난 7-8년에 걸친 최 교수님의 연구 중 변화와 변혁의 키워드를 가진 글들을 모은 것이다. 놀라운 것은 논문이라면 흔히 연상하는 딱딱함이나 건조함 대신 감동과 도전이 있다는 점이다. 변혁이 일어났던 지역, 그 땅에 하나님 나라를 세우려 했던 분들의 이야기를 읽노라면 지혜로운 믿음의 선배가 그때의 상황과 변화를 이야기하는 듯한 착각을 일으킨다. 이런 스토리텔링의 접근이기에 누구나 부담 없이 읽을 수 있으리라 생각한다.

본서의 출간을 환영하면서 기독교 세계관이 세상을 어떻게 변화시키는지, 그런 세계관을 가진 한 사람의 영향력이 얼마나 큰지를 알고 싶은 이들에게 이 책을 추천한다. 특히 학술적인 글들과 친하지 않으셨던 분들도 읽고, 위로와 힘을 얻고자 하시는 분들에게 이 책을 추천한다.

세상을 변화시키는 세계관

'Why not change the world'라는 한동대 슬로건에 익숙한 이들에게 본서가 나부터 변하고자 하는 내적 동기를 일으키기를 소망한다.

이은실 교수 | 한동대학교 교육대학원

우리의 신앙과 지성을 일깨워주는 귀한 책이 또 한 권 세상에 나오게 되었다. 최용준 교수님의 『세상을 변화시키는 세계관』은 우리가 역사 속에서 꼭 기억해야 할 사회 변혁 운동의 기반이 성경적 세계관 운동이었음을 증거해 준다. 개혁과 변혁을 추구하는 이들이 많지만 실패하는 이유는 미래만을 바라보기 때문이다. 진정한 개혁과 변혁은 과거에서 교훈을 얻고 미래를 바라보아야 한다. 특히 역사 속에서 기독교 세계관이 사회를 어떻게 건강하게 변혁시킬 수 있는지를 보여주는 주요 사례들을 통해 배우는 것은 매우 중요하다.

본서는 역사적 변곡점이 되었던 주요 개신교 사회 변혁 운동의 이면에 성경적 세계관으로 무장된 하나님의 사람들이 있었음을 알려준다. 칼뱅을 비롯하여 카이퍼와 같은 이들이 그들이 살았던 제네바와 화란의 사회 및 기관들을 어떻게 개혁하고 변혁했는지를 면밀하게 알려준다.

본서를 통해 과거 속에서 미래의 변화를 찾는 기독 지성인들이 더 많아질 것으로 확신한다. 그리고 그 변화는 올바른 기독교 세계관으로만 가능함을 더욱 확신하게 될 것이다.

이재훈 목사 | 온누리교회 담임, 한동대학교 이사장

'세상을 변화시키는 세계관'이라는 제목이 아주 마음에 든다. 우리의 지식과 문화를 세계관에 실제로 접목해 세계를 변화시키는 일이야말로 시대적 요청이다. 저자께서는 모든 것을 품고 포용하셔서 독일 쾰른에 있는 네 한인교회를 1999년에 하나로 통합하신 것을 저는 기억한다.

본서는 올바른 성경적 세계관이 세상을 변화시킬 수 있다는 사실을 매우 설득력 있게 보여주고 있다. 많은 사람이 해박한 지식과 문화에 대한 이해를 강조하지만, 세계관에 접목하려는 노력은 너무 부족해 보인다. 본서를 읽고 우리의 지식과 생각을 세계관에 접목하면 좋겠다.

임정규 회장 | 북미주 한인CBMC총연 3대 회장, 유럽 한인CBMC총연 초대회장

본서는 단순한 논문 모음집이 아니라, 하나님 나라의 관점에서 세상을 어떻게 변화(변혁)시킬 수 있는지에 대한 집합적 연구서이다.

14세기 평신도 중심의 개혁 운동과 16세기 독일 오스트프리슬란트 엠든의 종교개혁, 칼뱅 중심의 제네바 개혁 운동뿐 아니라 네덜란드 카이퍼의 사상 등을 조명함으로써 학문적 깊이를 더하고 있으며, 기독교 세계관의 패러다임 변화를 통시적으로 추적하고 있다.

목회와 학자의 두 길을 필드에서 직접 경험한 최용준 교수의 내공 있는 역작임이 틀림없다.

정인모 교수 | 부산대학교, 미쏘마 포럼 대표

최용준 교수는 기독 철학자다. 일반적으로 철학은 추상적 개념 전개가 많아 어려운 경향이 있다. 그런데 그는 현학적 차원에 머무르지 않고 성경과 역사와 현실에 관심이 많은 학자이다.

그의 강의나 설교를 들어 보면 독일 통일에 독일 교회가 어떠한 역할을 하였는지, 사도 바울의 선교 여행이 그 지역에 역사적으로 어떠한 영향을 미쳤는지 구체적인 증거를 통해 제시한다. 그렇기에 그의 강의는 하나님께서 살아계셔서 이 세상의 역사에 개입하고 계시며, 성도들의 신실한 삶이 지역과 세계에 어떤 영향을 미치고 있는지 실감하게 된다.

본서는 기독교가 부흥하였던 유럽의 교회와 지도자들이 그들의 진정한 삶을 통해 인류 역사에 어떤 긍정적 영향을 미쳤는지 서술한다. 그뿐만 아니라 이

세상을 변화시키는 세계관

것이 현재 한국 사회에 주는 교훈이 무엇인지도 제시하고 있다.

모쪼록 본서가 기독 지도자들에게 널리 읽혀 기독교 세계관 운동이 무르익은 이 시점에 더욱 성숙한 모습으로 우리 한국 사회를 변화시키는 능력으로 발전할 수 있기를 간절히 소망한다.

조성표 교수 | 경북대학교 경영학부, 기독교학문연구회 전 학회장

세상을 보는 눈에 따라서 그 사람의 삶의 방향이 결정되고 그가 추구하는 가치가 의미를 가지게 된다. 하나님이 없다고 생각하는 사람이나 내가 내 삶의 주인이라고 생각하는 사람은 자유를 누리는 것 같지만 실상은 다른 사람이나 돈의 지배를 받으며 마땅히 가야 할 길을 향한 방향감각을 잃게 된다. 참된 자유를 잃으면 창조적인 생각을 할 수 없고 나아가 세상을 변화시킬 수도 없다. 반면에 우주 만물을 창조하신 하나님이 나를 지으시고 부르신 주인이심을 고백할 때 그가 나를 보내시며 세상을 변화시키라고 말씀하심을 알게 되고 참된 자유를 누릴 수 있다.

한동대 최용준 교수의 『세상을 변화시키는 세계관』은 기독교 세계관이 다듬어지는 과정을 역사적으로 살핀 책이다. 네덜란드의 디보치오 모데르나 운동, 독일 엠든에서 일어난 개혁운동, 그리고 스위스 제네바에서 칼뱅이 주도한 개혁운동 모두 성도의 삶을 변화시키려는 노력이 자라나 교회의 개혁 그리고 국가와 사회의 변혁을 가져온 사례이다. 개인의 기독교 세계관이 공동체적으로 확산되고 대학이 세워지며 교회가 변화되고 도시가 변혁되는 과정을 보며 기독교 세계관의 힘을 새삼 돌아보게 된다. 특히 대학이 세워지면서 도시가 변하고 사회가 변혁된 독일 할레의 사례는 한동대와 같은 기독교대학의 시대적 책임을 절감하게 한다. 본서의 후반부는 자유 대학을 설립하고 네덜란드 수상을 역임한 아브라함 카이퍼의 업적과 유럽 연합 탄생에 결정적인 역할을 한 로베르 쉬망의 공헌을 역사적으로 고찰한다. 특히 카이퍼 신학의 일반은총 교리와 영역 주권 사상은 학문과 대학을 중세교회의 억압에서 자유롭게 했음을

분명히 보여준다. 동시에 당시 대학에서 만연하던 자연주의적 세계관에 강력하게 대응하는 신칼뱅주의의 해법을 제시한 카이퍼 사상의 역사적 의미를 다시금 확인한다.

본서는 또한 유럽이 두 차례의 세계대전 이후 더 이상 불필요한 피 흘림을 막기 위해 유럽이 하나 되어야 한다는 쉬망의 세계관에 기독교적 기원이 있음을 설명한다. 요컨대 성경적 세계관은 개인이 세상을 보는 눈을 넘어 사회변혁을 이끄는 동력이 됨을 분명히 보여준다.

명쾌한 문장으로 역사 속에서 작동하는 기독교 세계관의 힘을 보여주는 최용준 교수의 저서를 필독서로 추천한다.

최도성 총장 | 한동대학교

『세계관은 삶이다』, 『응답하는 인간』, 『도전하는 현대의 세계관』, 『성경적 세계관 강의』 등의 저서를 통해 세계관을 치열하게 연구해 온 한동대의 최용준 교수가 새 저서를 세상에 내놓았다.

본서에서 최 교수는 기독교 세계관이 세상을 보는 우리의 시각을 바꿀 뿐만 아니라 세상을 하나님 나라의 관점으로 바꿔온 개혁 운동임을 역사적으로 고찰하는 방대한 시도를 한다.

그에 따르면, 14세기 네덜란드 평신도 영성 개혁 운동 디보치오 모데르나, 16세기 독일 엠든에서 시작된 개혁, 칼뱅의 스위스 제네바 개혁은 모두 개인의 경건에서 시작하여 유럽의 정치·경제와 문화를 변혁했던 운동이었다. 19세기 네덜란드의 카이퍼와 20세기 유럽 연합의 창시자 로베르 쉬망도 이러한 운동의 계승자였다. 이 운동은 하나님 나라의 현재적 실재로 한국에서도 진행 중이다.

독자들이 본서에서 놓쳐서는 안 되는 마지막 포인트가 바로 이 성경적 세계관 운동이 한국 교회와 사회에 주는 교훈이다.

최태연 명예교수 | 백석대학교

세상을 변화시키는 세계관

2003년도 루이스 부시(Luis Bush) 박사, 김상복 목사 등이 세계변혁 운동을 준비하며 한국의 할렐루야 교회에서 세계 여론조사를 진행하던 때 본인은 해외 참석자들을 섬기며 2007년 변혁 한국의 태동에 참여하게 되었고 점점 더 이 변혁 운동에 깊이 관여하며 오늘에 이르렀는데, 그동안 본인이 깨닫고 알게 된 수많은 관점을 최용준 교수는 학문적으로 연구한 글에 많이 담고 있어서 고맙고 반가웠다.

저자는 종교개혁을 대표하는 몇 분의 신앙과 학문에 대해 심층 조사한 결과를 나누면서 한국 상황에 적용할 수 있는 교훈도 친절히 제시하고 있다. 특히 '종교개혁'이 도시와 사회 전체 영역에 변혁으로 나타난 점에 비추어 이를 '총체적 변혁'이라고 말하고 있는 점에 대해 본인은 전적으로 동의한다.

선교 위임명령에 제시된 개인적 구원과 민족(국가)의 제자화 중, 후자는 흔히 간과되고 있다. 사회의 중요한 한 영역인 교회는 모든 영역에서 섬길 일꾼들을 성경적 세계관으로 훈련하여 각 분야에 지도자로 보낼 사명이 있는데 본서는 이러한 변혁을 위한 소중한 참고서가 될 것을 확신한다.

본서를 펴내신 것 감사드리고 축하한다.

허종학 대표 | 국제사랑의봉사단 전 대표, 할렐루야교회 장로, 변혁한국 사무총장
세계변혁운동 2033 사무총장 겸 동아시아 퍼실리테이터
4/14원도우한국연합 상임대표

본서는 저자가 최근 몇 년간 기회 있을 때마다 발표했던 학술 논문들을 모은 것이다. 신앙을 가진 지성인으로서 부딪히는 현실과 씨름하면서 성경적 세계관이 단지 세상을 보는 관점일 뿐만 아니라 어떻게 세상을 하나님 나라의 관점에서 변혁시킬 수 있는가에 초점을 맞추었다.

1부에 실린 세 글은 개혁과 변혁에 관한 것이다. 그중 첫째는 디보치오 모데르나(*Devotio Moderna*) 운동에 관한 역사적 고찰이다. 이는 14세기 후반에 네덜란드 데벤터(Deventer)에서 히어트 호로터(Geert Groote)에 의해 시작되었고 플로렌스 라더베인스(Florens Radewyns), 요한 첼레(Johan Cele) 및 토마스 아 켐피스(Thomas à Kempis) 등에 의해 공동생활 형제단 및 자매단으로 더욱 발전하여 유럽 전체로 확산한 평신도 중심의 개혁 운동으로 겸손, 순종 및 단순한 삶과 같은 진정한 경건을 개인 및 공동체적으로 실천하고 나아가 사회의 여러 경제 분야에서 직접, 간접적으로 네덜란드와 유럽 사회를 변화시켰다. 지금도 이 운동은 깊은 영적 유산을 남기고 있어 결코 과소평가할 수 없다. 이 글에서는 이 운동이 어떻게 구체적으로 일어나 확산하였으며 나아가 종교개혁(Reformation)에 어떤 영향을 주었고 유럽을 어떤 방식으로 변혁시켰는지 고찰한 후 이 운동이 남긴 유산은 무엇이며 이것이 한국 교회와 사회에 주는 교훈이 무엇인지를 결론적으로 도출한다.

두 번째 글은 16세기에 독일 오스트프리슬란트(Ostfriesland) 지역의 엠든(Emden)에서 어떻게 종교개혁이 일어났으며 그 결과 그 도시 전체가 어떻게 변혁되었는가에 관한 역사적 고찰이다. 당시 유럽에서 개신교도들이 가톨릭으로부터 박해를 받을 때 엠든은 그들에게 피난처가 되었다. 그리고 요하네스 아 라스코(Johannes a Lasco), 겔리우스 파버(Gellius Faber), 알버트 하르덴베르그(Albert Hardenberg) 및 멘조 알팅(Menso Alting) 등은 이곳에서 개혁의 지도자들로 다양한 사역들을 펼쳐 괄목할 만한 업적을 남겼다. 그리하여 당시 엠든은 비텐베르크(Wittenberg) 및 제네바(Geneva)와 함께 가장 중요한 종교개혁 도시 중 하나가 되어 '북구의 제네바'라는 별명을 얻었고 2017년에 유럽에서 최초로 종교개혁도시(Reformationsstadt)로 지정될 정도였다. 나아가 1571년에 개최된 엠든 총회(Synode von Emden)를 통해 개혁교회(Reformierte Kirche)가 확고하게 자리를 잡았다. 인구도 3천 명에서 개신교 난민들이 유입되어 2만 명으로 급증하여 당시 유럽에서 가장 큰 항구도시가 되었고 독일에서도 가장 큰 도시 중의 하나가 되었다. 이곳에 왔던 개신교 피난민들은 다수가 무역업자, 곡물상인, 수공업자 및 인쇄기술자들과 같은 전문 직업인들이어서 이들을 통해 엠든은 문화적, 경제적으로도 번영을 누린 동시에 가난한 사람들에게는 다양한 구제가 시행되었다. 따라서 이 글에서는 이 개혁이 구체적으로 어떻게 일어나 엠든을 변혁시켰는지 살펴본 후 이것이 남긴 유산은 무엇이며 한국 교회와 사회에 주는 교훈이 무엇인지를 결론적으로 도출한다.

세 번째 글은 스위스 제네바(Geneva)에서 장 칼뱅(Jean Calvin)의 주도하에 일어났던 교회개혁(Reformation)이 어떻게 그 도시 전체를 변혁(transformation)시켰는가에 관한 고찰이다. 칼뱅은 독일의 루터(Martin Luther)와 스위스 취리히(Zürich)의 츠빙글리(Huldrych Zwingli)에 이어 대표적인 2세대 개혁자로서 제네바 지역에서 다양한 사역들을 펼쳐 괄목할 만한 업적을 남겼으며 그와 함께 왔던 위그노들은 그들의 직업과 기술로 제네바의 발전에 지대한 공헌을 했다. 낭트 칙령의 폐지(1685) 이후 제네바는 다시금 프랑스 개신교도들의 피난처가 되었고 이들은 목회자, 교사, 법률가, 의사, 시계제조, 은행가, 금속기술사와 인쇄기술자들로 18세기 제네바의 산업을 부흥시키는 데 공헌했다. 그 결과 제네바는 학문과 예술의 중심이 되었으며 "개신교의 로마(Protestant

Rome)" 및 "언덕 위의 도시(the city set on a hill)"라는 별명까지 얻으면서 시계 제조, 은행, 인쇄 및 특수 섬유 염색 분야에서 국제적 명성을 얻게 되었다. 나아가 제네바는 현재 국제기구들이 가장 많이 모여 있는 글로벌 센터가 되었다. 이 글에서는 칼뱅의 개혁 사상이 어떻게 구체적으로 개신교도들을 통해 제네바를 변혁시켰는지 그의 사역 전후를 비교하여 살펴보겠고 이와 관련하여 그가 남긴 중요한 유산은 무엇인지 고찰하겠다. 그 후 결론적으로 이러한 역사가 한국 사회에 주는 교훈이 무엇인지 도출하겠다.

2부에 실린 세 글은 하나님의 나라를 이 땅에 세우려고 노력한 두 분에 관한 것이다. 먼저 첫 번째 글은 네덜란드의 신학자요 정치가이며 언론인이자 교육가였던 아브라함 카이퍼(Abraham Kuyper)가 어떻게 학문과 신앙의 통합을 추구했는지 고찰한 것이다. 카이퍼는 1880년 암스테르담에 기독교 대학인 자유 대학교(Vrije Universiteit)를 설립한 후 1898년에 미국의 프린스턴 신학대학원(Princeton Theological Seminary)에서 명예 법학박사 학위를 받으면서 칼뱅주의에 관해 강연한 후 네덜란드어로 출판한 책 제4장에서 학문과 신앙이 어떻게 통합되는지 자세히 설명하고 있다. 나아가 그가 1902-1904년에 3권으로 출판했던 『일반 은총론(De Gemeene Gratie)』에서도 이 주제에 대해 다루고 있다. 먼저 학문과 신앙이 통합되어야 하는 근거는 하나님의 창조적 주권 때문이며, 만물의 통일성, 안정성 및 질서에 대한 하나님의 예정과 경륜에 대한 신앙은 학문에 대한 동기를 일깨우고 발전시키며, 나아가 일반 은총 교리를 통해 학문을 중세적 억압으로부터 원래의 고유한 영역으로 회복시켰고, 영역 주권을 주창하여 학문을 비자연적 속박에서 해방하여 자유를 주었으며, 정상주의와 비정상주의 간의 원리적인 대립을 구별함으로 불가피한 학문적 갈등에 대한 해법을 발견했다는 것이다. 이러한 카이퍼의 통찰력은 더욱 확대되어 '신칼뱅주의(Neo-Calvinism)'라고 불리게 되었고 그의 후계자들에 의해 지금도 발전하고 있다. 이 글에서는 그의 사상 전체와 그가 남긴 여러 저작을 고찰해 본 후 그가 남긴 영향을 간략히 평가함으로 결론을 맺는다.

두 번째 글은 카이퍼가 영역 주권에 대한 자신의 사상을 어떻게 발전시키려고 노력했으며 그 사회 윤리적 함의가 무엇인지 고찰한다. 그는 하나님의 주권을 강조한 장 칼뱅의 신학을 우리 삶의 모든 영역으로 확장해 이른바 신칼뱅주의를 주장했다. 이러한 영역 주권의 원칙에 따라 카이퍼는 우리 삶의 각 영역은 하나님이 정하신 고유한 주권을 가지고 있으므로 다른 영역을 존중해야 하며 자신의 힘과 권위로 간섭해서는 안 된다고 주장했다. 이 사상을 바탕으로 카이퍼는 1980년 암스테르담에 자유 대학교를 설립하고 "영역 주권 (Souvereiniteit in eigen kring)"이라는 제목으로 개교 연설을 했다. 나아가 그의 사상은 네덜란드 사회의 소위 "기둥화(Verzuiling)"라는 결과를 낳았다. 이에 관해 설명한 후 이 사상의 사회 윤리적 함의를 네덜란드 및 한국적 상황에서 논의한 후 결론적으로 카이퍼의 이러한 통찰력을 우리가 어떻게 발전적으로 적용할 수 있을지 생각해 볼 것이다.

세 번째 글은 유럽 연합 운동의 기독교적 기원에 관한 역사적 고찰이다. 이 통합 운동은 제1, 2차 세계대전 후 새롭게 일어난 것으로 유럽에 초국가적 국제기구를 창설하여 전쟁을 불가능하게 만들기 위한 계획이었다. 이 글에서는 먼저 이 운동이 2차 세계대전 이후 어떻게 로베르 쉬망(Robert Schuman)에 의해 시작되었는지 그의 생애와 사상을 통해 심도 있게 고찰한다. 나아가 이 운동에 대한 오해들을 지적하면서 유럽 연합이 어떻게 자유와 평등, 인권과 일치 그리고 연대 및 평화라고 하는 기독교 세계관에 기초해 있으며 그 통합과정이 어떠했는지를 밝힌다. 결론으로 쉬망이 남긴 공헌은 먼저 잘 준비된 유럽통합프로젝트의 설계자와 건축가였고, 매우 현실적이고 구체적인 유럽의 미래 비전을 제시하면서도 그 뿌리는 기독교적 정신에 있음을 분명히 밝혔으며, 다른 여러 지도자와 지혜롭게 동역할 줄 알았고, 그의 성경적 세계관과 유럽의 정치 및 삶을 통합하여 시대적 사명인 평화와 화해, 일치와 연대 및 이웃 사랑의 성경적 가치에 기초한 유럽 연합이라는 새로운 패러다임을 제시하고 주도함으로 세상을 변화시킨 위대한 인물이었음을 지적한 후 이것이 한국 상황에 주는 교훈이 무엇인지를 도출한다.

마지막 글은 하나님 나라에 대한 비전으로 완성에 대한 기독교 세계관적 고찰이다. 기독교 세계관을 연구한 학자 대부분은 기독교 세계관을 창조, 타락 및 구속으로 이해하며 하나님 나라의 완성은 구속의 일부로 본다. 하지만 이 글은 완성을 별도로 다루어야 한다고 주장하는데 왜냐하면 구속과 완성 간에는 연속성도 있지만 비연속성도 분명히 있기 때문이다. 완성에 관한 대표적인 본문으로 요한계시록 21장 1-4절을 중심으로 성경 신학적인 방법론을 적용하여 새 하늘과 새 땅의 의미를 기술하고, 거룩한 도성과 새 예루살렘 및 신부의 이미지를 통해 하나님 나라의 완성이 어떠한 내용인지 더욱 깊이 살펴본 후, 하나님께서 자기 백성들과 함께하시는 임마누엘 원리의 완성을 통한 언약의 최종적 성취를 통해 하나님의 백성들이 누리게 될 영원한 축복으로서의 샬롬에 대해 고찰한다. 그 후 이 논의가 기독교 세계관에 어떤 이바지를 할 수 있는지를 결론적으로 도출한다.

본서가 조금이나마 이 세상을 변혁하는 성경적 세계관을 소개하고 이 세계관이 계속해서 하나님 나라의 현재적 실재성을 이 세상에 구현하는 데 조금이나마 도움이 되길 기원한다.

2023년 3월
한동대 캠퍼스에서 저자

목차

1부

개혁과
변혁

Reformation & Transformation

디보치오 모데르나(Devotio Moderna) 운동에 관한 역사적 고찰[1]

I. 들어가는 말

2017년은 종교개혁(Reformation) 500주년이었다. 하지만 'Reformation' 은 교회뿐만 아니라 사회 모든 분야를 아우르는 '총체적 변혁(transformation)', 즉 수직적이고 권위적인 중세가톨릭 사회를 평등한 시민사회로 바꾸는 거대한 '패러다임 시프트(paradigm shift)'였다고 말할 수 있을 것이다. 또한, 이 개혁은 마르틴 루터(Martin Luther)와 장 칼뱅(Jean Calvin)에 의해 갑자기 생겨난 것이 아니라 이전부터 다양한 준비과정을 거친 열매였다. 이 중에 가장 주목해야 할 것이 바로 '디보치오 모데르나(Devotio Moderna)'[2] 운동이라고 할 수 있다. 이는 로마가톨릭교회가 부패하자 자체적으로 일어난 영적 갱신 운동으로 개인적인 기도와 말씀 묵상, 겸손과 순종 및 단순한 삶과 같은 진정한 경건을 실천하여 평신도들의 공동체적 삶과 교육을 통해 신앙의 본질을 회복하는 동시에 사회의 변혁을 추구하였는데 1370년 네덜

---

1   본 논문은 「신앙과 학문」 2019년 제24권 3호(통권 80호), 29-60에 실렸다.
2   라틴어. 네덜란드어로는 *Moderne Devotie*, 영어로는 Modern Devotion, 한글로는 '새로운 경건' 또는 '근대적 경건'. 이 글에서는 라틴어를 기준으로 사용하겠다.

란드 데벤터(Deventer)에서 히어트 호로터(Geert Groote: 1340-1384)[3]에 의해 시작되었다. 이 운동은 말씀과 행동, 내적 및 외적 신앙 그리고 침묵과 헌신의 균형을 이루려고 노력하면서 15세기에 네덜란드에서 꽃을 피워 다양한 분야에서 직접, 간접적으로 유럽 사회를 크게 변화시켰으며 종교개혁을 태동시켰으나 개신교가 등장한 이후 쇠퇴하였다.

나아가 이 운동은 데벤터의 공동생활 자매단(Zusters van het Gemene Leven) 및 쯔볼레(Zwolle)의 공동생활 형제단(Broeders van het Gemene Leven)으로 퍼져 북유럽에 큰 영향을 주었다(Smid, 1974: 114). 이 형제자매단은 평신도 공동체로 초대교회 성도들의 복음적 신앙생활을 회복하기 위해 신학적 사변이나 외면적 형식보다는 내면성의 충실을 강조하면서 특히 당시 성직자들의 영적 타락과 도덕적 부패를 비판하며 총체적 갱신을 시도했다. 또한, 학생들을 잘 교육하면서 백성들의 생활환경도 개선하려고 노력했다.

이들은 성경연구에 집중하면서 구어체 및 현지어로 된 성경 보급에 힘썼고 이를 위한 필사, 인쇄 및 출판에도 선구자였다. 이 운동 때문에 가장 많이 알려진 토마스 아 켐피스(Thomas à Kempis: 1380－1471)는 『그리스도를 본받아(De Imitatione Christi)』를 저술하였고(1418) 요한 첼레(Johan Cele)는 쯔볼레 라틴학교의 교장으로 교육을 통해 다음 세대 지도자들을 키웠다. 하이마(Hyma)는 이 운동이 진정한 기독교를 부활시켰다는 의미에서 "기독교 르네상스(Christian Renaissance)"라고 부른다(Hyma, 1965: 5). 존 판 엥언(John van Engen)도 이에 공감하면서 이 '디보치오 모데르나' 운동을 "노동자 계급을 위한 새로운 명상 기술을 추구하면서 공동체 생활을 새롭게 하기 위한 기초로 영혼의 개혁과 갱신을 지향하는 공동체적 노력"이라고 정

---

3 라틴명은 *Gerardus Magnus*, 영문명은 Gerard Groote이다. 본고에서는 네덜란드 명을 사용하겠다.

의하고(Van Engen, 2008: 2) 이 운동이 알프스 북쪽 유럽에서 르네상스 및 종교개혁 모두의 선구자로 평가하고 있다(Van Engen, 2008: 1). 반면에 포스트 (Post)는 이 운동이 본질에서 '내적 경건'을 지향하므로 종교개혁(Reformation)과 인문주의(Humanism)와는 대조된다고 주장한다(Post, 1968: 680). 필자는 이 운동이 개인적으로는 내적 경건을, 공동체적으로는 진정한 기독교적 사회를 구현하려는 시도였다고 본다.

기독교 인문주의자였던 에라스무스(Erasmus)도 데벤터의 라틴학교 출신으로 토마스의 책 등을 통해 이 운동의 영향을 받아 『우신예찬(*Stultitiae Laus*)』을 출판하여(1511) 당시 교회의 부패를 비판하였고 헬라어 신약성경 본문을 편집, 출판하여(1516) 이후 개혁자들에게 큰 영향을 주었다. 루터와 칼뱅 또한 이 운동의 영향을 받았다. 루터는 1497년 막데부르크(Magdeburg)에 있던 공동생활 형제단에 의해 운영되던 중등학교에 1년간 다녔는데 이때 이 운동의 영향을 받았고(Hyma, 1965: 610, Dlabačová & Hofman, 2018: 220-221) 나아가 공동생활 형제단에 있던 한스포르트(Wessel Gansfort)가 쓴 로마가톨릭교회 성찬론 비판에 깊이 공감하였다. 칼뱅도 몽떼귀대학 (Collège de Montaigu)에서 공부할 때 이 운동을 알게 되었는데 이 대학 학장이었던 플랑드르 출신의 개혁 사제 얀 스탄동크(Jan Standonck)는 네덜란드 하우다(Gouda)에 있던 공동생활 형제단 출신이었다(Dlabačová & Hofman, 2018: 222). 또한, 칼뱅은 토마스의 책 『그리스도를 본받아』를 읽고 영향을 받아 작은 책 『그리스도인의 삶(*De vita hominis christiani*)』을 썼다(Calvin, 1550). 또한 스트라스부르(Strasbourg)에 머물며 이 운동의 영향을 받은 슈투름(Johann Sturm)이 세운 학교에서 가르치면서 큰 감동을 하여 제네바 아카데미를 세웠다(Strand, 1977: 43-56). 나아가 '북구의 제네바'라고 불리던 엠든(Emden)에서 활동하던 개혁자들도 이 운동의 영향을 많이 받았다(최용준, 2017: 197-225).

세상을 변화시키는 세계관

이 운동에 대해 영어(Zijl, 1963), 독일어(Iserloh, 1975) 및 네덜란드어(Van Dijk, 2012)로 된 연구물들은 많으나 국내 한글로 된 연구는 김명수의 박사 논문(2009) 및 저서(2015)가 유일하다. 하지만 그의 저서는 박사 논문과 같은 내용이며 양자 모두 영문도서에 의존하고 네덜란드 원전을 직접 인용하지 못하고 있다. 반면에 이 글은 네덜란드어 원전에서 직접 고찰하고자 한다. 먼저 이 운동이 구체적으로 어떻게 일어났는지 호로터의 생애와 사역 그리고 후계자들의 공헌 등을 역사적으로 살펴보면서 그것이 유럽을 어떻게 변혁시켰고 이 운동이 남긴 유산은 무엇이며 한국 교회와 사회에 주는 교훈이 무엇인지를 결론적으로 도출하겠다.

II. 디보치오 모데르나 운동에 관한 역사적 고찰

1. 히어트 호로터의 생애와 사상[4]

1) 호로터의 생애

호로터는 1340년 10월 데벤터의 비교적 안정되고 부유한 집안에서 태어났다. 당시 데벤터는 유럽의 주요 무역항이었기에 시 운영이 거의 무역 상인들에 의해 이루어졌다. 그의 부친은 시에 큰 영향을 미치는 조직인 상인 길드 회원으로 해외네트워크도 있었으며 1348년에는 데벤터 시장이 되었다. 따라서 호로터는 일찍 라틴학교에 들어가 공부했는데 당시 교육은 주로 라틴어, 논리학 및 음악으로 교회 지도자들을 배출하는 데 중점을 두었다.

그가 10살이 되었을 때 부모가 페스트로 갑자기 세상을 떠나자 삼촌에

---

4 현재 데벤터에는 그를 기념한 히어트 호로터 하우스가 있는데(www.geertgrootehuis.nl) 이 건물은 최초의 공동생활 형제단 예배당이 있던 자리에 세워졌다.

의해 양육 받다가 15세가 되던 1355년에 파리(Paris) 소르본(Sorbonne) 대학으로 유학 갔다. 여기서 그는 당시에 저명한 학자였던 윌리엄 오컴(William of Ockham)의 제자가 되어 2년 만에 학사학위를 받았고 그 후 신학과 교회법을 공부하여 1년 후 박사 학위를 받았다. 그 후 1358년부터 1362년까지 그는 쾰른(Köln)과 프라하(Praha)도 방문하였고 1366년에는 당시 교황이 있던 아비뇽(Avignon)을 다녀온 후 1368년부터 1374년까지 아헨(Aachen) 돔 성당에서 그리고 1371년부터 1374년까지는 위트레흐트 성당에서도 의전 사제(canonicus)로 일했다.

1372년에 흐로터는 중병에 걸려 생명이 위독했으나 당시 담당 사제는 그가 마술책들을 가지고 있다는 이유로 병자성사(heilige oliesel) 집전을 거부하였다. 그러자 그는 마술책들을 모두 불태웠고 성사를 받은 후 기적적으로 나았다. 그러면서 그는 깊이 회심하였고 1374년에 의전 사제직도 내려놓은 후 자신의 집을 가난하고 경건한 여성들에게 제공하여 공동생활 자매단이 시작되었다.

그 후 3년간 그는 아른헴의 모니끄하우즌에 있는 카르투시오수도원(kartuizer klooster Monnikhuizen bij Arnhem)에 머물며 기도와 연구 및 집필에 전념했다. 거기서 친구이자 수도원장이었던 헨드릭 에거 판 깔까르(Hendrik Eger van Kalkar)와 수도사들의 엄격하고 진지한 태도에 깊이 감동하였다.[5] 1378년부터 1379년까지 그는 책을 구하러 다시 파리를 방문하였는데 돌아오며 지금의 벨기에 브뤼셀 남쪽의 흐루는달(Groenendaal) 수도원에 있던 얀 판 루스브룩(Jan van Ruusbroec)을 만났고 그 후 양자 간 서신 교환이 계속되었다.

흐로터는 1379년에 위트레흐트에서 부제(diaken)로 임명된 후 네덜란드

---

5   www.geertgrootehuis.nl/wie-was-geert-groote

북쪽 도시들인 쯔볼레와 데벤터 외에도 깜뻰(Kampen), 암스테르담(Amster-dam), 할렘(Haarlem), 하우다(Gouda), 레이든(Leiden), 델프트(Delft), 주트펜(Zutphen) 등을 다니며 라틴어가 아닌 네덜란드어로 설교하면서 성직자들의 타락과 개인 재산을 소유한 수도원들을 비판하기 시작했다. 그러자 그를 따르는 무리가 생겨나기 시작했으며 이들은 교회법보다 개인의 신앙양심이 더 중요하다고 보았다. 그 결과 공동생활 형제단과 자매단 및 빈데스하임 공동체(Windesheimer Congregatie)가 탄생하게 되었다.

위트레흐트 주교는 처음에 호로터를 지원해 주었지만, 그가 평신도들의 죄뿐만 아니라 세속적 사제들의 성물 매매, 탐욕, 축첩행위 등도 비판하자 그의 설교를 금지했다. 하지만 호로터는 자신의 설교 중심이 그리스도이며 내용은 가톨릭 교리와 조화를 이루고 자신도 교회에 복종한다고 하면서 교황 우르반(Urban) 6세에 항소하였으나 소용이 없었다. 그러나 그는 개인적인 접촉을 통해 많은 영혼에 큰 영향을 주었다.[6]

더는 설교할 수 없게 되자 호로터는 데벤터를 떠나 바우드리헴(Wou-drichem)에 머물며 기도, 묵상, 연구 및 집필에 전념하였고 성경을 네덜란드어로 번역하여 평신도들이 직접 읽고 이해할 수 있도록 했다. 하지만 그는 페스트에 걸린 친구에게 문병 갔다 전염되어 1384년 8월 20일, 43세의 나이로 세상을 떠났다. 그는 디보치오 모데르나 운동의 선구자였으며 역사적으로 볼 때 데벤터에서 가장 중요한 인물일 것이다.

그의 사후 이 운동은 라더베인스(Florens Radewijns)[7], 체어볼트(Gerard

---

6 이러한 호로터의 근본주의적인 태도로 인해 그를 반대하던 사람들은 그를 이후에 나타난 도미니쿠스회의 설교자요, 이탈리아 피렌체의 종교 개혁자며 사제였던 사보나롤라(Girolamo Savonarola: 1452-1498)와 비교하기도 했다(www.geertgrootehuis.nl/wie-was-geert-groote).

7 라더베인스는 1350년 리어담(Leerdam)에서 태어나 1378년 프라하에서 신학을 공부한 후 호로터의 강연을 듣고 감명을 받아 사제가 되었다. 위트레흐트 성 베드

Zerbolt van Zutphen)[8](Van Dijk, 2011), 토마스, 첼레 등에 의해 계승되었고 그의 영향력은 지금까지도 미치고 있다.[9]

2) 흐로터의 사상

중세 로마가톨릭교회가 부패하자 이미 다른 지역에서도 개혁 운동이 일어났다. 흐로터보다 백 년 앞서 이탈리아에서는 프란시스(Francesco d'Assi-si: 1181-1226)가 프란체스코 수도회를 창시하여 개혁을 주도하였고, 스페인

로 교회의 의전 사제로 일하다가 흐로터의 설교를 들은 후 이 직분도 내려놓고 데벤터로 와서 1380년부터 '공동생활 형제단' 및 디보치오 모데르나 운동을 주도했다. 흐로터 사후에 공동생활 형제단은 그의 집에서 계속되었고 그는 이를 발전시켜 1386년 빈데스하임 공동체를 창설했으며 경건 서적들도 집필하여 토마스가 『그리스도를 본받아』를 쓰는 데 영향을 주었다. 빈데스하임 공동체를 시작할 때 토마스의 형인 요한도 있었고 토마스도 13세 때부터 21세까지 라더베인스의 돌봄과 지도를 받았는데 그는 자기 스승에 대해 성경 및 모든 거룩한 학문에 통달하였으며 매우 경건하고 겸손하며 단순하고 열정적인 동시에 자애롭고 매우 절제하는 인물이라고 묘사하고 있다. 하지만 그의 엄격한 생활은 건강을 해쳐 결국 1400년 3월 24일에 데벤터에서 세상을 떠났다. 그는 형제단에서 성인으로 존경받았으며 그의 유골은 흐로터의 그것과 함께 데벤터의 형제교회(Broederkerk)에 보존되어 있다. (nl.wikipedia.org/wiki/Florens_Radewijns)

8 체어볼트는 1367년 주트펀(Zutphen)에서 태어나 1383년부터 1385년까지 데벤터의 공동생활 형제단이 운영하는 성 레부이누스학교에서 공부했다. 흐로터를 본받아 학업, 묵상 및 기도에 힘썼고 플로렌스하우스에 함께 살면서 책을 사랑하여 도서관장과 필사자가 되었다. 라더베인스 사후에 학교 교장으로 일하다 1398년에 페스트가 데벤터에 돌자 아머스포르트(Amersfoort)에 머문 후 돌아왔으나 빈데스하임에서 중병으로 31세에 소천했다. (nl.wikipedia.org/wiki/Gerard_Zerbolt_van_Zutphen)

9 흐로터가 세상을 떠난 지 600년이 되던 1984년 4월 14일부터 6월 24일까지 위트레흐트에 있는 왕립 카따레인 수녀원 박물관(Rijksmuseum Het Catharijneconvent)에서 '히어트 흐로터와 디보치오 모데르나'라는 제목의 전시회가 개최되어 흐로터 및 이 운동의 다양한 부분들이 전시되었다. 이어서 데벤터에서는 8월 17일부터 10월 17일까지 '히어트 흐로터 시대의 영적 및 세계적 데벤터(Geestelijk en Wereldlijk Deventer ten tijde van Geert Grote)'라는 제목의 다른 전시회가 열렸다. 이 중에 드 바그(De Waag) 역사박물관은 세상의 면을, 아테나움 도서관(Athenaeum Bibliotheek)은 영적인 면을 전시했다. 또한, 여러 논문도 발표되었다(Defoer & Slechte, 1984: 4-5).

세상을 변화시키는 세계관

과 프랑스 남부에서는 도미니쿠스 구즈만(Dominicus Guzmán : 1170-1221)이 도미니크 수도회를 설립하여 갱신을 시도하였다. 나아가 많은 수도원은 베르나르두스(Bernardus de Clairvaux : 1090-1153)가 세운 시토회(Ordo Cisterciensis)에 가입하여 교회를 새롭게 하려고 노력하였다.

하지만 흐로터가 가장 강조한 점은 각자 자신의 영혼에 대해 책임져야 한다는 것이었다. 하나님을 만나는데 중개자는 필요 없고 자신의 신앙생활이 가장 중요하다고 보았다. 따라서 형제자매 공동체에 참가하는 사람들은 수도원에 서원할 필요가 없다고 주장하여 당시 교회와 긴장 관계를 형성할 수밖에 없었다. 그러자 더 심각한 사태를 피하고자 몇몇 공동체들은 성 프란체스코 수도원 규율을 채택했는데 평신도들을 위한 이 규율은 흐로터의 이상과도 잘 맞았기 때문이었다. 이 운동은 결국 종교개혁의 선구라고 볼 수 있는데 종교개혁도 이 운동이 퍼진 지역에서 일어났고 그중에서도 북서유럽의 한자동맹 지역이 그 중심지였다.

또한, 흐로터 사상의 핵심은 내적 평화를 추구하는 것이며 이는 자신을 부인하고 침묵 때문에 성취된다고 보았다. 그리스도의 고난과 구속, 죽음, 최후심판, 천국과 지옥을 묵상하는 것이 본질적이었으며(Hand, 2006) 또한 일상생활 및 노동에서 덕을 쌓으며 기도와 명상을 통해 내면으로 들어가는 것을 강조했다(Weismayer, 1992: 571-572). 그가 남긴 저작(Getijdenboek)은 매일 8번 말씀과 기도로 묵상하는 교재이다(Grote, 1940). 흐로터는 회심 후 소천할 때까지 약 10년간 수도원을 세우지도 않았고 제자들을 키우지도 않았다. 하지만 그는 주변의 동료들에게 깊은 영감을 주어 형제자매 공동체가 확장되었고 빈데스하임 수도원도 생겨났는데 이것이 디보치오 모데르나 운동의 시초가 되었다(Hiddema, 1984: 6-11). 그의 사상 중심에는 '고난받는 그리스도'가 있었으며 이는 그 후 토마스가 『그리스도를 본받아』를 쓴 것을 보아도 잘 알 수 있다.

2. 평신도 공동체 및 빈데스하임 수도원 운동

디보치오 모데르나 운동은 이처럼 개인이 하나님 앞에 직접 나아가는 진정한 경건 생활을 통해 교회개혁 및 사회변혁을 추구한 동시에 초대교회 공동체를 본받은 평신도 중심의 공동체 운동도 일으켰다.

1) 공동생활 자매단

평신도들에게 관심이 많던 흐로터가 자신의 집을 결혼하지 않은 자매 중 평신도로 하나님을 섬기기 원하는 가난한 여성들을 위해 제공하면서 1379년에 공동생활 자매단이 창설되었다(Bollman, 2004). 당시에는 흑사병이 돌면서 남성들이 많이 죽어 여성들의 숫자가 훨씬 많았고 홀로 사는 여성들을 위한 사회복지제도가 없었기에 이들은 함께 살면서 서로 도왔다. 그들은 일 년에 한 번 선출한 임원들의 감독하에 살았고 흐로터는 자매들의 영적인 부분을 돌보면서 그들이 바느질 등의 수공업을 통해 자급자족하도록 했다. 처음에는 재산을 공동소유하지 않았으나 1384년 쯔볼레에 설립된 자매단은 재산도 공유하였다.

이 자매들은 실천적 경건을 추구했는데 나중에도 수녀원처럼 서원은 하지 않고 1392년에 임명된 요하네스 브링커링크(Johannes Brinckerinck) 원장의 감독 하에 함께 생활했다. 15세기 초 데벤터에 6개의 자매단이, 쯔볼레와 주트펀에 4개, 덴 보쉬(Den Bosch), 아머스포르트 및 위트레흐트에 3개, 흐로닝언(Groningen)에 2개, 델프트, 하슬트(Hasselt), 호른(Hoorn), 레이든 및 레든(Rheden)에 각각 하나씩 있었다. 그들 중 가장 중요한 지도자는 살로메 스틱컨(Salome Sticken, 1369-1449)이었다(Van Dijk, 2015).

2) 공동생활 형제단

흐로터의 설교가 자매들뿐 아니라 형제들에게도 큰 영감을 주자 라더베

세상을 변화시키는 세계관

인스가 형제들을 위해 쯔볼레에 큰 집을 제공하여 공동생활 형제단도 시작되었다. 심지어 성직자 중 일부도 이 형제단에 가입했다. 이들은 검소하고 경건한 삶을 살면서 예배, 독서, 및 노동을 하며 함께 식사하고 식사 때마다 성경을 읽었다. 형제단들은 엄격한 규율을 준수하였으나 수도원처럼 특별한 서원은 하지 않았고 필사 또는 학생들 하숙 등을 통해 생계를 이어갔다. 이러한 형제단은 독일에도 급속히 퍼져나갔고 더륵 판 헤륵센(Dirk van Herxen)이 1409년에 쯔볼레 형제들의 집 관장이 되면서 쯔볼레가 디보치오 모데르나 운동의 중심지가 되었다. 하지만 1416년의 혁명으로 형제단을 반대하는 사람들도 있어 판 헤륵센은 쯔볼레를 떠나야만 했다. 하지만 그는 덴보쉬, 두스부르그(Doesburg), 흐로닝언 및 하르더베이끄(Harderwijk)에 새로운 공동생활 형제단을 설립했다.

형제단의 규정은 거의 수도원과 같았다. 그들은 덕성 함양과 검소한 삶이외 다른 것을 바라지 않았으며 집도 매우 소박한 서민주택이었다. 쯔볼레 형제들은 정체성을 상실할까 염려하여 규모를 확대하지 않았고 일 년 수입도 한계를 정했으며 기타 수입은 도서관과 가난한 사람들을 위해 사용했다. 또한, 매주 토요일에는 형제들의 필사본을 전시 및 판매하였는데 당시 필사본은 고가에 판매되었다. 그중 대표적인 것은 1464년에서 1476년 동안 쓰인 다섯 권의 성경으로 '쯔볼레 성경'이라고 불린다.

이 형제들 대부분은 평신도들이었다. 그들은 자선사업, 병자간호, 성경 연구 및 경건 서적을 필사하는데 헌신했고 나아가 학교들을 설립하여 교육에 힘썼는데 그 수준이 높기로 유명했다. 탁월한 인재들이 이 학교에서 배출되었는데 그중에 니콜라우스 폰 쿠에스(Nikolaus von Kues), 토마스와 에라스무스가 있다. 2016년에 경제학 저널(Economic Journal)은 이 형제단이 "문맹률을 낮추고 출판수준을 높이며 네덜란드 도시의 발전에 기여했다"고 평가했다(Akçomak, Webbink, ter Weel, 2016: 821-860). 따라서 이 형제단은 사회경제적으로도 큰 공헌을 했다고 말할 수 있다.

한자 도시들인 데벤터와 쯔볼레는 무역을 통해 이 운동을 확산시켜 15세기에 형제단은 독일에 정착했다. 독일 헤르포르트(Herford)에 있던 형제 공동체는 종교개혁 때까지 있었으나 지역 관공서는 이를 폐쇄하려고 했다. 그러자 형제들은 1532년에 루터에게 편지를 보내 도움을 요청했고 루터는 시의회에 편지를 보내 이들을 보호해 주었다(Wengert (ed). 2005: 125-152). 그 결과 이 헤어포르트 공동체는 1841년까지 남아 있었다.

3) 공동생활 형제단 및 자매단의 가치들

이 디보치오 모데르나 운동을 네덜란드에서 새롭게 조명하고 있는 밍크 더 프리스(Mink de Vries)는 네이메헌(Nijmegen)에서 이 운동을 집중적으로 연구하는 티투스 브란스마 연구소(Titus Brandsma Instituut)[10]와 데벤터의 디보치오 모데르나 센터(Centrum voor Moderne Devotie) 등 기타 연구를 통해 공동생활 형제단 및 자매단의 사회적 가치들을 다음과 같이 요약했는데 필

---

10 본 연구소는 1930년대에 흐로터의 필사본들을 정리하여 출판하려 했으나 완성하지 못한 네이메헌 대학의 티투스 브란스마(1881-1942) 교수를 기념하여 1968년에 설립되었으며 1989년부터 이 연구를 *Gerardi Magni Opera Omnia*라는 이름으로 진행하고 있다. *Corpus Christianorum, Continuatio Mediaeualis*라는 제목으로 총 7권이 출간될 예정이며 현재 4권이 출판되었다. 1권: Ioannis Rusbrochii *Ornatus spiritualis desponsationis* Gerardo Magno interprete, ed. R. Hofman, Turnhout: Brepols, 2000. 2권: Gerardi Magni *Opera omnia I, 1: Prolegomena ad Gerardi Magni Opera omnia. Die Forschungslage des gesamten Schrifttums (mit Ausnahme des Stundenbuches)*, inl. R.Th.M. van Dijk O.Carm., ed. R. Hofman, Turnhout: Brepols, 2003. 3권: Gerardi Magni *Opera Omnia, Pars ii.1. Sermo ad clerum Traiectensem de focaristis - Opera minora contra focaristas*, cura et studio R. Hofman, Turnhout: Brepols, 2011. 4권: Gerardi Magni *Opera Omnia, Pars ii.2. Scripta contra simoniam et proprietarios*, cura et studio R. Hofman et Marinus van den Berg, Turnhout: Brepols, 2016. (www.titusbrandsmainstituut.nl/nl/onderzoek/spiritualiteit-en-moderniteit/moderne-devotie/opera-omnia-geert-grote/)

세상을 변화시키는 세계관

자도 이에 동의한다.

첫째, 다른 사람을 조건 없는 사랑으로 선입관 없이 받아들인다.

둘째, 삶의 모든 영역에서 성령의 역사를 받아들이며 신뢰한다. 선악을 구별하는 것이 중요하다.

셋째, 기도는 매우 중요한 가치를 가진다.

넷째, 각 사람은 평등하다.

다섯째, 공동체가 어떤 결정을 할 때 각자 한 표를 행사하며 결정 과정은 공개한다.

여섯째, 한 사람이 하나의 노래, 텍스트 및/또는 만남에 큰 감동하였을 경우, 또는 자연의 아름다움을 경험했을 경우, 이것을 노래로 만들거나 텍스트로 적어 두는 것이 좋다.

일곱째, 성경을 공부하고 읽으며 이에 대해 다른 사람들과 나누는 것은 기도와 마찬가지로 매우 중요한 가치이다.

여덟째, 형제자매로서 당신은 그리스도 안에서 자유다. 즉 그리스도를 의뢰함으로 죽음의 경계도 넘어 독립적이다.

아홉째, 손님을 환대하는 것은 매우 중요한 은사이다. 원칙상 모든 사람을 환영한다. 열린 공동체라는 의미이다.

열 번째, 이웃 사랑 특히 약자에 대한 사랑을 강조한다. 가난한 사람, 병자, 외로운 사람과 외국인들을 특히 돌본다.

마지막으로 내적인 평안을 추구하는 것은 각 형제자매에게 중요한 가치이다.

(De Vries, 2018)

중세 역사가인 캐스퍼 엘름(Kaspar Elm)은 이들을 평신도와 사제 계급 사이에 있는 제3의 중간 계층으로 보았다(Van Engen, 2008: 14). 이들은 새로운 교단을 설립하는 것을 원치 않았고 지역 교회에 충실했으며 겸손과 사랑의 공동체를 형성하여 살면서 덕을 함양하기 위해 노력했다. 또한, 이들은 많은 경건 서적들을 모국어로 번역하여 개인 경건에 활용하였으며 이들 중 가능한 사람에게 말씀 나눔(collations)도 허용되었는데 이것은 오직 덕을 세우고 영혼을 구원하기 위함이었다.

4) 빈데스하임 수도원 운동

공동생활 형제단이 특별한 수도원의 규율을 따르지 않는다는 비판에 직면하자 흐로터는 유언을 통해 인정된 수도회의 규정을 채택할 것을 조언하였다. 그러자 라더베인스는 이를 받아들여 6명의 형제를 선발하여 이 일을 맡겼는데 그중 하나가 토마스의 형 요한이었다. 요한은 에임스타인(Eymsteyn) 수도원에 가서 규율을 배워왔다. 흐로터가 세상을 떠난 후 1386년에 베르톨드 텐 호브(Berthold ten Hove)가 빈데스하임에 있는 땅을 라더베인스에게 기증하자 그는 이곳에 임시 수도원을 세우고 다음 해 3월에 수도원과 교회를 정식으로 개원하였고 6명의 수도사가 서원하였다. 규율은 디보치오 모데르나 운동에 맞게 정해졌다. 그 후 쯔볼레의 아그니튼베르그(Agnietenberg)에 두 번째 공동체가 생겼다.

공동생활 자매단 또한 수녀원으로 발전하게 되는데 암스테르담에 1389년에 설립된 자매공동체가 1393년에 어거스틴 수녀원의 규율을 도입하여 성 마리엔펠드(St. Mariënveld) 수도원이 되었고 빈데스하임 공동체에도 가입하였다. 1401년에 브링커링크는 디쁜페인(Diepenveen)에 수녀원을 설립하고 1412년에 빈데스하임 공동체에 가입하였다(Van Herwaarden, 1984: 21). 그러자 네덜란드의 귀족 중에도 수도원과 수녀원 운동이 일어나 1444년에는 델프트에 시온(Sion) 수도원이 설립되었으며 이곳을 중심으로 한 공동체가 확장되어 나중에는 25개의 수도원과 수녀원이 가입하였다. 이외에도 십쿨로(Sibculo)에 다른 수도원이 설립되었는데 시토수도회(Cister-

세상을 변화시키는 세계관

ciënzers)에 속해 있었다. 여기서 십쿨로 연합체(Collegatie van Sibculo)가 생겨났는데 이 단체는 시토 수도회 내 약 20개의 개혁적인 수도원들이 모인 협력체로 이 중에는 어거스틴 수녀회의 규율을 선택한 평신도 자매회도 있었다. 나아가 이 수도원들과 수녀원들은 서로 밀접한 관계와 교제를 유지하였으며 그 안에 흐로터의 영성이 살아있었다.

빈데스하임 수도원의 두 번째 원장인 요한 보스 판 호이스든(Johann Vos van Heusden : 1391~1424) 때에는 더 많은 수도원이 세워졌다. 빈데스하임 공동체의 규정은 매우 엄격했지만 충분한 숙면, 좋은 식사 그리고 순종이 잘 이루어지도록 하는 부분은 확실히 보장되었다.

빈데스하임 공동체의 가장 중요한 공헌은 개혁 사역이었다. 이것은 수도원 개혁에만 국한되지 않고 세속적인 사제와 평신도들에게도 해당하였다. 빈데스하임 수도원은 카르투시안 및 도미니칸 수도회와 같이 전혀 새로운 규율을 따라 보다 중앙화된 형태를 취했다. 모든 수도사는 원장에게 복종해야 했는데 가령 원장은 필요시 수도사들을 이동시킬 권한을 가지고 있었다. 1573년 이후 수도원들 전체를 대표하는 원장은 여러 수도원 원장들에 의해 선출되었다. 이곳은 어거스틴 수도회의 규율을 따르는 공동체로써 공동생활 형제단과 수도원이 결합하여 생활하면서 설교도 하고 책을 쓰며 여러 봉사도 했다. 이런 모델은 당시 타락한 수도원들을 개혁하는 운동의 시발점이 되었다.

이러한 운동은 네덜란드 주변 도시로 번져나가 쯔볼레를 비롯해 흐로닝언, 덴 보쉬, 하우다 등지로 퍼졌고 나아가 베스트팔렌(Westfalen), 라인강 주변, 작센(Sachsen), 바이에른(Bayern), 엘사스(Elsas), 홀슈타인(Holstein), 폼머른(Vommern), 플랑드르 지역 그리고 남쪽으로는 스위스까지 확장되었다(Acquoy, 1968: 1). 그리하여 1402년에는 7개의 수도원, 1407년에는 12개, 1412년에는 16개, 1424년에는 29개 그리고 1430년에는 45개였는데 그중 형제 수도원이 37개였고 수녀원이 8개였다. 1497년에는 무려 84개로 불어났는데 이렇게 급성장하게 된 것은 당시에 개혁을 원하는 사람들이 그만큼 많았기 때문이다. 이 운동은 전체 한자동맹도 시로 퍼져 16세기에 전성기를 누렸고 빈데스하임이 중심이 되어 종교개혁 운동이 일어나기 전 네덜란드와 독일의 로마가톨릭교회를 개혁하는 데 중요한 역할을 했다.

하지만 빈데스하임 수도원은 1572년부터 몰락하기 시작했고 종교개혁 및 스페인에 대항하는 독립전쟁 기간에 오란여 공을 따르던 독립군에 의해 1581년에 완전히 파괴되었다. 그 과정에 성 얀 판 오스터베이끄(St. Jan van Osterwijk)를 비롯해 적지 않은 순교자들도 있었고 마지막 수도사는 마르셀루스 렌티우스(Marcellus Lentius)였다. 빈데스하임에 지금까지 남아 있는 건물은 80년 독립전쟁 기간에는 맥주 양조장으로 사용되다가 1634년부터 현재까지 개신교회 건물로 쓰이고 있다. 종교개혁에 살아남은 공동체들은 1728년에도 32개가 있었으나 18세기 말 및 19세기 초에 프랑스 혁명으로 거의 사라졌다. 당시 황제였던 오스트리아의 요셉 2세(Joseph II) 담당하에 있던 네덜란드 공동체들은 폐쇄되었고 그 후 프랑스 혁명군들은 나머지 공동체들도 없애버렸다. 20세기 초까지 남아 있던 공동체는 네덜란드의 우덴(Uden) 공동체뿐이었다.[11]

빈데스하임에는 수많은 작가가 있었다. 가장 유명한 사람은 역시 토마스였고 그 외에도 다수의 역사책을 펴냈다. 라틴어 성경인 벌게이트(Vulgate) 성경에 대한 수정판 및 여러 교부의 텍스트 수정작업도 여기서 이루어졌다. 가브리엘 비엘(Gabriel Biel)은 최후의 독일 스콜라 학자로 이 공동체의 회원이었으며 르네상스 학자인 에라스무스도 회원이었다.

---

11 칼 에거(Karl Egger) 신부는 교황 피우스 12세(Pius XII)에게 빈데스하임 공동체의 부활을 제안하자 교황 요한 23세(John XXIII)가 1961년에 허락하여 빈데스하임의 모체 건물이 독일 바이에른(Bayern)주 파링 수도원(Paring Abbey)에 복원되어 있다.

세상을 변화시키는 세계관

빈데스하임 공동체를 통한 디보치오 모데르나 운동은 약 200년간 여러 수도원 및 수도회들에 영향을 미쳤고 당시 네덜란드와 유럽 사회의 다양한 분야에 큰 변화와 발전을 가져왔으며 종교개혁을 준비하는 등 전체적으로 큰 영향을 주었다. 가령 성경을 헬라어와 당시 언어(Nederduits)로 번역하여 일반 시민들도 성경을 읽을 수 있게 되었다. 로마가톨릭교회 및 중세 사회의 위계적 권위구조가 타파되고 신앙의 민주화가 이루어졌다. 백성들은 권력 남용과 지옥 및 심판을 통해 겁주는 설교에 대해 등을 돌렸다. 사람들은 더욱 자신의 양심과 판단을 중시했으며 진리는 교회로부터만 오는 것이 아님을 천명했다. 특히 공동체의 삶과 내적 갱신이 그 중심 요소였다. 그 결과 기독교 인문주의자인 한스포르트와 에라스무스가 등장했고 더욱 더 자유롭고 실용적인 사고방식이 나타나게 되었으며 그러한 공동체가 발전하게 되었다. 물론 이 모든 과정에서 성경은 가장 중심적 임무를 수행했다. 이런 점에서 볼 때 디보치오 모데르나 운동이 종교개혁의 선구자라고 하는 것은 부패한 당시 교회와 사회를 개혁하려는 것으로 보아야 할 것이며 따라서 교리적 차이점은 여전히 남아 있으며 이에 대해서는 별도로 추가적이고 심도 있는 연구가 필요하다고 본다.

5) 조직관리 및 사회공헌

이들이 살던 집들과 수도원들을 관리하기 위해서는 세심한 행정이 요구되었다. 새로운 회원들이 들어오고 탈퇴하며 그들의 자녀들이 태어나고 회원들이 세상을 떠날 때마다 적지 않은 법적 업무들이 수반되었다. 그런 점에서 흐로터가 원래 법학자였다는 것은 결코 우연이 아닐 것이다. 이들은 공증 및 정관 업무를 감당해야 했으며 부동산 관리도 적지 않은 일이었다. 또한, 쯔볼레에서 학교를 시작한 첼레도 지적인 업무 외에 모든 학습 용품들에 대한 재고정리 및 물류관리에도 많은 노동이 필요했다. 나아가 도서관 운영, 서점에서의 판매, 구매 및 지점 개설 등 할 일들이 적지 않았다.

형제자매들 간의 업무 분담, 공동체 주택과 수도원들 관리, 책임자 임명 및 부원 배치하는 일들 또한 쉽지 않았고 공석이 생기면 대체 인력도 선발 해야 했다. 왜냐하면, 당시에는 흑사병이 창궐하여 매일 사망자가 발생했으므로 후임자를 세우는 업무도 신경 쓰이는 일이었다. 가령 1391년에 흑사병이 플로렌스하우스에서 발생하자 공동체를 두 곳으로 나누어 데벤터와 아머스포르트로 이전시켜 전염을 막기 위해 노력했다. 이러한 모든 사역을 통해 그들은 매 순간 새로운 도전에 대한 대처 능력을 키웠다.

나아가 이들은 내적 경건을 추구할 뿐만 아니라 그들이 속한 사회를 실질적으로 변혁시키기 위해 노력했다. 그들의 검소한 의복과 삶에 대한 진지하고 경건한 태도는 분명한 목적의식이 있음을 세상 사람들에게 보여주었다. 당시 데벤터에서는 그들의 존재 자체만으로도 부유하고 세속화된 사람들을 자극하기에 충분했을 것이다. 이런 면에서 네덜란드의 역사학자 프리츠 판 오스트롬(Frits van Oostrom)은 이 디보치오 모데르나 운동은 영적 갱신 운동으로 전 세계적 의미가 있다고 본다(Van Oostrom, 2013).

3. 디보치오 모데르나 운동의 영성

흐로터 이후 세대들이 이 운동을 계승하면서 당시 개혁 운동은 형제단 및 자매단을 중심으로 퍼져나갔다. 그리하여 15세기에는 평신도들의 경건 운동이 확대되어 소그룹에서 개인 기도가 증가하였다. 특히 그리스도의 생애 및 고난을 매일 묵상하였는데 이는 여러 서적뿐 아니라 다양한 조각에도 표현되었다. 이 시대만큼 그리스도의 수난에 관해 많은 책이 나온 적이 없었고 이 책들은 지역 언어로 쓰여 평신도들이 직접 읽고 묵상하는 교재로 사용되었다. 또한, 요한 슈트켄(Johan Schutken)과 라더베인스는 성경을 번역하여(Caron, 1984: 26-28) 나중에 네덜란드어로 성경이 출판되는데 공헌했다.

디보치오 모데르나 운동에는 주요 지도자들의 모범적 생애가 동력원이었다. 당시 형제자매들은 많은 시간을 기도와 독서에 사용하는 동시에 열심히 일했다. 이들은 될 수 있는 대로 침묵하며 그리스도를 묵상하는 경건 생활을 했는데 이것을 '내면성(innigheid)'이라고 불렀다(Caron, 1984: 28-29). 특히 그리스도의 성육신, 수난 및 죽으심을 통해 인간을 구원하신 것을 묵상하면서 그 고난을 본받고자 노력하였다. 또한, 이것을 노래로 표현하였는데 자매들이 여러 찬양을 작사 작곡하였다(Caron, 1984: 31).

이처럼 이 운동은 그리스도 중심적이었다. 성탄절에는 그리스도의 탄생을 깊이 묵상하며 내적 경건의 주제로 삼았고 그리스도를 신랑으로 묵상하는 자매들도 많아 세상을 떠나 천상의 예루살렘으로 가면서 그들의 영혼이 신랑 되신 그리스도와 신비로운 결혼생활로 들어간다고 생각했다. 따라서 지상에서 그들의 삶은 천상의 결혼을 준비하며 고난의 연단을 받는 과정으로 보았다. 이 세상에서 침묵하고 순종하며 겸손히 덕을 쌓는 삶은 그리스도와 영원히 함께 거할 '처소'를 준비하는 것으로 간주했다. 이처럼 자매들은 하나님과의 영적 연합을 추구했지만, 신비주의자들은 아니었다. 자매들이 간혹 신비로운 경험을 하기는 했지만, 금욕과 건덕을 위한 삶에 더 집중했다(Caron, 1984: 32).

이들은 지금 그리스도께서 하늘의 예루살렘에 있는 보좌에 앉아계시며 죽음 이후에 심판이 있고 그 후 천국과 지옥으로 나누어진다고 보았다. 따라서 흐로터도 늘 회개하는 삶을 살았으며 곧 죽음과 심판이 온다는 사실을 늘 의식하고 있었다. 이것은 이 땅에서의 삶이 곧 지나간다는 것을 인식하게 하였고 이 세상에서 받는 고난은 하늘의 영광과 비교할 수 없다고 믿었다. 이를 주제로 한 성화도 많이 제작되었는데 특히 델프트 또는 레이든 지역의 수도원에서 그려졌다(Caron, 1984: 34).

특히 흐로터는 당시 위트레흐트 돔 성당 건축을 바벨탑에 비유하면서 이에 대해 비판적인 생각을 하고 있었다. 교회가 재산을 가지고 있다면 가난한 자들을 돌보는 일을 우선시해야지 건물에 지나치게 투자하고 그 안을 값비싼 예술품으로 장식하기 위해 많은 재정을 지출하는 것은 옳지 않다고 믿었기 때문이다. 이에 비해 토마스는 하나님의 집을 아름답게 장식하는 것을 인정하면서 이것은 하나님께 영광이 된다고 생각했다. 예배당 안의 다양한 장식물들이 신앙을 더 깊게 해 주는 데 도움을 준다고 보았다. 하지만 그도 인간에게 지나친 숭배를 하는 것은 경고했다.

또한, 이들은 예술을 통해 경건 생활을 지속했는데 매일 성화들을 보는 것이 큰 도움이 되었기 때문이다. 어떤 자매들은 매일 십자가에 못 박힌 그리스도의 그림을 보며, 다른 자매들은 성모 마리아를 보고 묵상하면서 경건 생활에 힘썼다. 또한, 예배당의 다양한 제단화들도 신앙생활에 큰 도움이 되었는데 여기에는 주로 고난을 겪으시는 그리스도가 형상화되어 있었다(Caron, 1984: 36-37). 이 제단화를 그린 대표적인 화가는 레이든에서 활동하던 꼬르넬리스 엥어브레흐츠(Cornelis Engerbrechtsz)와 네덜란드 남부에서 활동하던 얀 판 에이크(Jan van Eyck)였다. 특히 얀이 제단화로 그린 '어린 양 경배(Adoration of the Lamb)'는 최고의 명작으로 인정받고 있다. 조각품들도 이 운동의 영향을 많이 받았는데 가령 목재로 조각된 성 어거스틴 상 등이 있다(Caron, 1984: 38). 당시에 그리스도는 보통 겸손하며 단순하고 맨발에 평범하게 보이는 모습으로 그리고 17세기에는 주로 십자가를 지고 가는 모습으로 조각되었다(Caron, 1984: 40). 이 분야에는 여룬 보쉬(Jeroen Bosch)가 대표적인 대가였다.

요컨대 디보치오 모데르나의 영성은 그리스도에 집중하되 특히 인간이 되신 그리스도, 구세주이신 그리스도와 신랑이신 그리스도를 형상화하였다. 형제자매들은 특히 그리스도의 생애 및 고난을 깊이 묵상하되 자매들은 베들레헴을, 형제들은 십자가에 못 박히신 모습에 더 집중했다(Caron, 1984:

40). 이와 관련한 성화들과 성상들은 보통 수도원과 수녀원의 채플에 있었지만, 지금까지 보존된 것은 거의 없다. 당시 가장 많이 조각된 성인들은 어거스틴, 그레고리우스(Gregorius), 히에로니무스(Hieronymus), 아그네스(Agnes) 및 베르나르두스(Bernardus) 등이다(Caron, 1984: 41).

4. 디보치오 모데르나 운동에서 도서들

디보치오 모데르나 운동에는 도서들의 영향이 매우 컸는데 이는 무엇보다 흐로터의 역할 때문이었다. 그는 계속해서 책을 읽었는데 교회개혁은 가능한 초대교회 모습으로 돌아가는 것이며 그것은 책들을 통해서라고 보았다. 이렇게 그가 책에 깊은 관심을 두게 된 것은 파리 유학 시절과 아른헴 수도원에 있을 때 받은 영향 때문이다. 당시 유럽 지성의 중심지였던 파리 대학에서 많은 책을 접하면서 그는 다양한 분야의 지식을 얻을 수 있었고 아른헴 수도원에서 수도사들이 책들을 복사하고 보존하는 방식에 큰 감동을 하였다. 토마스도 "말은 금방 사라지지만 문자는 계속해서 남아 다른 사람들이 읽을 수 있다.… 책이 없는 영혼은 무기 없는 군인, 고삐 없는 말, 펜이 없는 작가 그리고 날개 없는 새와 같다"라고 말했다(Bedaux, 1984: 43).

그래서 흐로터는 회심 후 다시 파리로 가서 많은 서적을 사들였다. 당시에는 아직 인쇄술이 발명되지 않아 그때 서적들은 직접 필사한 책들이었다. 라더베인스도 책에 대한 관심이 많아 나중에 쯔볼레에 설립한 형제 공동체에 도서관과 필사실(scriptorium)을 만들어 도서관장(librarius)의 감독을 받도록 했다(Bedaux, 1984: 44). 도서관장은 책들을 잘 관리하면서 텍스트가 잘 보이지 않으면 다시 써서 보완했고, 찢어지거나 손상된 책들은 수리하였으며 대출도 정확히 기간을 준수하도록 신경을 썼다. 매년 여름 모든 책을 점검하고 재정비했으며 식사 때마다 책을 읽는 사람도 있었다. 공동체 밖으로 책을 대출할 때는 관장의 허락이 필요했고 특별한 책은 학장의 허가도 받아야 했다.

또한, 필사하는 사람들도 있었는데 이들은 특히 '펜의 형제들(broeders van de penne)'이라고 불렀다.[12] 필사 과정에 오류가 없도록 철저한 감독도 이루어졌고 잉크도 질 좋은 것을 사용해 책이 나중에 변질되지 않도록 특히 신경을 썼다. 매년 재정보고가 이루어져 이에 따라 다음 해의 인력 및 도서 가격의 조정이 이루어졌다. 주문을 받아 책을 한 권 복사하는 것은 상당한 수입원이 되었는데 보통 신앙 서적의 주문이 들어왔다. 또한, 다양한 도서들을 주문하여 도서관은 계속 확장되었다. 이러한 사역으로 들어오는 수입이 어느 정도 기준을 넘으면 남은 금액은 다른 도서관에 3분의 1을 그리고 나머지 3분의 2는 가난한 사람들을 위해 사용했다(Bedaux, 1984: 45-46).

도서에 사용하던 종이는 처음에 프랑스에서 수입했으나 1400년 이후부터 네덜란드에서 대량 생산하여 양피지보다 훨씬 가격이 저렴했다. 당시 형제들은 매일 4-5시간 정도는 필사하는 노동을 했다. 하지만 15세기 중반에 인쇄술이 발명되면서 이 분야에 큰 경쟁이 일어나게 되었고 필사하는 주문은 주로 큰 예전에서만 이루어졌다. 하지만 나중에는 이것도 인쇄술에 따라 대체되었고 하우다(Gouda)와 브뤼셀(Brussel)에서는 형제들이 자체적으로 출판사를 설립하여 수입을 유지하려고 노력했다(Bedaux, 1984: 46).

형제들은 집에 필사를 위한 별도의 공간이 없어 보통 자신의 방에서 일했다. 서체 또한 도서의 형태, 기능 및 필요에 따라 다양한 형태를 취했다. 그중 몇 가지를 소개하면 먼저 'fractura'라고 하는 서체는 상당히 큰 글자로 주로 예전 서적에 사용하였는데 이는 사람들이 일정한 거리에서도 함께 읽을 수 있기 위함이었다. 다음에 'rotunda'라는 서체가 있는데 이는 더욱 둥근 서체로서 매우 읽기가 쉬워, 주로 편지나 성자의 삶에 관한 책에 사

---

12 www.geertgrootehuis.nl/onthulling-beelden-op-3-september-2017

세상을 변화시키는 세계관

용되었다. 'bastarda'라는 서체는 일상적 형태로 대부분의 도서관 서적은 이 서체를 사용하였다. 'currens'는 매우 빨리 쓴 서체로 읽기는 조금 어려워 주로 개인 용도로 사용하였다. 이 서체로 쓰인 많은 경건 서적들이 보존되어 있다. 당시 형제자매들이 어떤 책들을 주로 사용하였는지는 정확히 알 수 없는데 왜냐하면 많은 책이 분실되었기 때문이며 남은 책들도 일부만 확인 가능하다(Bedaux, 1984: 48).

데벤터에 있던 플로렌스하우스의 도서관은 당시 매우 중요한 역할을 했다. 이곳에 흐로터의 도서들이 모두 보관되어 있었고 그의 편지들을 읽어보면 그가 어떤 책들을 중요하게 생각했고 어떤 필자들의 책들을 복사하기 원했는지 알 수 있는데 특히 교부들과 성경주석서들을 원했다. 고전 중에는 세네카와 아리스토텔레스의 윤리학을 좋아했고 중세시대에는 주로 신학자들의 책들을 많이 읽었으며 법학 도서들도 많이 소장하고 있었다. 당시 도서관은 이미 카탈로그를 만들었으며 그중에 두 개가 남아 있다. 대부분 도서는 라틴어로 쓰였으나 일부 필사본은 중세 네덜란드어로 쓰였다.

이 운동에 참여한 형제들은 책을 만드는 데 헌신했으며 수많은 책을 직접 손으로 써서 남겼는데 그 필체가 매우 아름답고도 경건함을 느낄 수 있다. 전체적으로는 최소한 5,000권의 필사본이 남아 있으며 라틴어 책들을 포함하면 최대 8,000권에 이른다. 형제들은 집에 책들을 보관하는 문화가 매우 강조되어 그들이 소장했던 책들은 최소한 60만 권으로 추정된다. 인쇄술이 발명되기 이전인 이때부터 네덜란드인들은 책을 많이 읽는 문화(boekcultuur)가 정착되었다. 나아가 이 사역에 자매들도 중요한 공헌을 했으며 이 형제자매들은 소책자들, 설교들, 대화록뿐만 아니라 전혀 새로운 장르도 창조하였는데 그 대표적인 것이 대조 및 제안(collatie en propositum)이다. 나아가 가장 중요한 점은 이들의 텍스트문화(tekstcultuur)인데, 이것은 원칙적으로 개방성(openheid)을 기초로 한다. 이들은 매우 세밀하고 정교한 텍스트를 쓰기 위해 노력하면서 늘 점검, 수정, 개정하는 일이 일상화되었지만, 더 거시적인 차원에서는 텍스트에 대해 포괄적인 자유(grote vrijheid)를 가지고 있었다. 그러므로 이들의 텍스트를 읽어보면 강한 주장을 하는 구조라기보다는 저자가 자신만의 용도를 위해 본문 옆에 기록한 추가적인 설명들, 경구들, 인용들과 같은 주석(rapiarium) 구조 및 모듈 형식을 취하고 있다. 이러한 형태를 가장 잘 보여주는 책이 토마스의 『그리스도를 본받아』이다. 이러한 사역은 네덜란드인들의 삶 속에 뿌리내려 지금도 네덜란드어로 쓰인 문서들을 보면 글자 크기가 비교적 작으면서도 매우 치밀하고 깊이가 있어 읽고 이해하고 생각하는 데 시간이 오래 걸린다. 따라서 이 운동이 네덜란드 사회 및 문화에 얼마나 큰 공헌을 했는지 알 수 있다.

네덜란드에 대한 스페인의 지배가 끝나자 1591년에 플로렌스도서관에 있던 책들은 압수되어 시립도서관에 소장되었다. 1610년에 이 책들을 공개 판매하였는데 이때 흐로터가 소장했던 많은 고가 서적들이 팔려 지금은 어디에 있는지 알 수 없지만, 어거스틴, 그레고리우스, 암브로시우스, 히에로니무스와 요한 크리소스톰(Johannes Chrysostomus)같은 교부들의 책들은 잘 보존되어 있다. 1639년 이후 책을 필사하는 것은 점점 감소하였고 그 시간은 공동연구로 대체되었다(Bedaux, 1984 : 49).

5. 디보치오 모데르나 운동에서의 교육

디보치오 모데르나 운동을 확산하는데 교육은 매우 중요한 역할을 했으며 첼레가 큰 공헌을 했다. 쯔볼레에서 태어난 그는 어린 나이에 라틴학교를 다녔고 그 후에 데벤터에 있는 라틴학교에 다녔으며 프라하와 파리에서도 공부한 것으로 보인다. 그는 흐로터를 위해 책들을 자주 필사했으며 함께 파리에 가서 서적들을 사 오곤 했다. 흐로터는 첼레가 수도사가 되는 것을 반대하면서 신앙갱신 운동 및 교육 분야에 헌신해 줄 것을 권유했다. 당

세상을 변화시키는 세계관

시 첼레는 아직 공동생활 형제단에 속하지는 않았지만, 부동산 구매 및 다른 여러 가지 일에 큰 도움을 주었다. 또한, 그는 기도 생활에 집중했으며 하나님을 크게 신뢰하는 사람이었다.

첼레는 1377년부터 1415년까지 세계 최초의 김나지움이라고 할 수 있는 쯔볼레 라틴학교 교장이 되어 디보치오 모데르나 운동을 확산시켰다. 그의 성경 강해 및 교육은 학생들, 시민들 및 많은 교회와 수도원 지도자들에게 영향을 주었고 시의 고위 공무원들도 그에 의해 양성되었다. 책들을 현지어로 필사하여 판매하면서 그 수익금으로 학생들을 지원했다. 그는 제자들에게 성경 및 교부들의 저작들을 가르쳤고 학생들을 나이별로 나누어 진급시험도 치르게 했다. 학생 수가 많을 때는 800에서 1,000명에 달하였는데 당시 시 전체 인구는 5천 명이 되지 않았다. 고학년 학생들은 저학년 학생들을 가르치기도 했으며 파리에서 유학한 두 명의 교사도 있었다. 이 학교를 졸업하면 대부분 대학교로 진학했다.

첼레는 엄격한 규율을 시행하였으나 학생들에게 많은 기회를 주어 부자나 가난한 학생을 차별하지 않았다. 부유하나 게으른 학생들은 퇴출했지만 가난하면서도 열심히 공부하는 학생들은 수업료를 면제해 주었고 시민들과 형제들 그리고 자신의 집 등에 학생들을 수용했다. 첼레의 명성은 급속히 퍼져나가 이 학교는 유럽 전체에 알려지게 되었고 여러 나라에서 유학생들이 왔다. 이처럼 첼레는 성공적인 교육개혁을 통해 19세기 이후 김나지움이라고 불리는 교육체계의 기초를 놓았으며 수많은 제자가 교회, 수도원과 시청의 지도자가 되어 디보치오 모데르나 운동의 이상을 실현하는 데 공헌했다.

첼레는 또한 교회 음악가로 성 미가엘 교회, 즉 쯔볼레 대교회(Grote Kerk)에서 오르간을 연주하며 자신이 가르치던 학교의 학생들을 모아 성가대를 조직하여 지휘하기도 했다. 그는 그레고리안 성가를 선호하여 주로 단음으로 불렸으며 성탄절에만 화음으로 찬양했다. 하지만 1415년 쯔볼레는 디보치오 모데르나 운동의 여성수도원 문제로 위트레흐트의 영주이자 주교였던 프레더릭 판 블랑켄하임(Frederik van Blankenheim)과 갈등 관계에 처했다. 그러자 첼레는 교회 음악가와 교장이라는 두 직위를 동시에 수행하기 어렵게 되어 결국 교장직을 사임했고 다른 두 명의 교장에 의해 대체되었으며 그 후 이 학교의 전성기는 지나갔다.

첼레의 저작들은 유실되었지만, 그의 제자 중 한 명인 부쉬는 빈데스하임의 역사를 기록하면서 첼레의 생애에 관해 기록을 남겼고(Busch, 1886) 다른 유명한 제자인 토마스도 아그니튼베르그의 역사를 기록하면서 첼레에 관해 언급했다. 이 학교 졸업생 중에 한스포르트와 네덜란드 출신의 유일한 교황이었던 아드리아누스 6세(Paus Adrianus VI: 1459‒1523), 네덜란드 의회 민주주의의 기초를 놓은 정치가였던 토르베케(Johan R. Thorbecke: 1798‒1872) 그리고 조직신학자 바빙크(Herman Bavinck: 1854‒1921) 등이 있다.[13]

이러한 교육개혁은 평신도들의 문맹률을 급속히 낮추었고 특히 성경을 자국어로 읽고 이해할 수 있게 되면서 다가올 종교개혁의 발판을 놓았다. 그 후 많은 개혁자가 남녀노소 불문하고 모든 이들에게 교육의 기회를 주었으며 특히 칼뱅은 제네바 아카데미를 통해 수많은 인재를 배출하였다. 네덜란드가 스페인과의 독립전쟁에서 승리한 후 많은 디보치오 모데르나 수도원들을 폐쇄했지만, 그 건물을 교육용으로 재활용하기도 했다. 가령 독립운동 지도자였던 빌럼 판 오란여(Willem van Oranje) 공은 레이든에 있던 성 바

---

13 지금도 쯔볼레의 김나지움은 그의 이름을 따서 첼레아눔(Celeanum)이라고도 불리며 네덜란드의 10대 명문교로 인정받고 있다. 나아가 요한 첼레 과제 인스티튜트(Huiswerkinstituut)와 첼레센트룸(Celecentrum)으로 불리는 음악학교도 있다. 공동생활 형제단 옆에 있던 그의 집에는 첼레의 문(Celepoortje)과 그의 동상도 있다.

세상을 변화시키는 세계관

바라(St. Barbara) 수도원을 폐쇄한 후 그 건물을 네덜란드 최초 대학인 레이든 대학교 건물로 사용하였다.[14]

첼레는 새로운 교육 방식을 실험했는데 기본교육과 대학교육을 연결하는 것이었다. 여기서 학생들은 쓰기와 주기도문 그리고 다른 기도문들을 읽는 법을 배웠다. 당시 라틴학교는 라틴어뿐만 아니라 교회음악 교육에도 심혈을 기울였다. 학생들은 가령 아침 6시, 7시 그리고 9시에는 교회에 가서 그레고리안 미사에 찬양을 드렸다. 그리고 형제단은 학생들에게 하숙을 제공하여 얻은 이익으로 일부 생계를 유지했다. 결국, 이 김나지움은 칼 5세(Karl V)에 의해 네덜란드 북쪽의 영적 중심지가 되었으나 16세기에 쇠퇴하기 시작하였다.

교육에 관한 첼레의 가치관에 관해 연구한 드 프리스는 다음과 같이 요약하였으며 필자도 동의한다.

> 첫째, 고학년 학생들은 신입생들이나 2학년생들을 멘토로 도와준다. 학교에 다닌 지 오래될수록 책임감은 더 커진다.
> 둘째, 각 학생은 각기 재능이 있으며 자기 방식대로 배울 수 있다.
> 셋째, 각 학생은 서로 참여하며 모두 한배를 타고 있어 누구도 소외될 수 없다.
> 넷째, 학교는 모든 학생에게 개방되어야 한다. 가난한 학생들에게도 장학금으로 학업의 기회를 주어야 한다.
> 다섯째, 사람을 차별하지 않는다. 따라서 누구도 편애하거나 무시해서는 안 된다.
> 여섯째, 교육의 중심 목적은 지식 전달이 아니라 더 훌륭한 사람이 되어 사회에 필요한 인재가 되는 것이다.

---

14 그는 독립운동을 하던 중 디보치오 모데르나 수도원인 델프트의 성 아가타(St. Agatha) 수도원에 머무르다 거기서 암살당했다. 이는 그도 이 운동에 깊은 관심이 있었다는 증거라고 할 수 있다.

일곱째, 음악 교육은 다른 재능들을 촉진해 요한 첼레의 학교에서 중요한 부분이었다.

여덟째, 학교 공동체 내외에서 서로 돌아보며 병자, 가난한 자와 외국인들을 돌본다.

아홉째, 학교의 학생이 된다는 것은 교육, 행동, 규정 및 의복/돌봄의 영역에 동의하는 것이다.

열 번째, 교육에 중요한 가치들은 절제, 겸손, 경건 및 공동체성이다.

열한 번째, 학생들이 개인적인 공책을 가져 개인적으로 배운 것들을 모아 복습하고 대화하는 데 사용하도록 가르쳤다.

마지막으로 첼레는 성경 및/또는 교부들의 텍스트에 대해 학생들과 대화했다.

(De Vries, 2018)

토르베케는 수상으로 재직할 때 중등교육에 관한 법률을 제정하여 1867년에 쯔볼레에 공동생활 자매단이 살던 곳에 74명의 학생으로 직업학교를 개교했다. 1876년에는 최초의 여학생 마위더만(Geertje Muijderman)의 입학이 허용되었고 1880년에는 여학생들을 위한 공립학교도 문을 열어 유명한 여류작가 안팅크(Margot Antink)가 가르쳤다. 개혁교회 학생들을 위한 학교도 1869년부터 첼레 구역 및 형제단 건물에 자리 잡았다. 19세기까지도 15세기에 세워진 학교 건물들이 사용되었는데 이는 쯔볼레의 교육이 디보치오 모데르나 운동과 밀접한 관련이 있음을 보여준다(Berkenvelder, 1980 : Chap. 11, Hofman, 2009 : 187-200).

6. 토마스 아 켐피스

토마스는 독일 크레펠트(Krefeld) 근처 켐펜(Kempen)에서 태어났다. 부친은 대장장이였고 모친은 교사였다. 1393년에 그는 형이 먼저 가서 추천

세상을 변화시키는 세계관

했고 당시 디보치오 모데르나 운동의 중심지였던 데벤터의 라틴학교에 가서 직접 흐로터의 지도를 받았으며 7년간 라더베인스 집에 머무르면서 그의 영향도 받았다. 토마스는 공부하면서 많은 문서를 필사했는데 나중에 그는 필사만으로도 생계를 유지할 정도의 전문가로 인정받았다. 얼마 후 그는 형이 원장으로 있던 쯔볼레 근처의 성 아그니튼베르그 수도원에서 의전 사제가 되었다.

그는 당시에 널리 퍼져있던 신비주의 학파에 속해 고요한 삶을 살면서 시간을 쪼개어 미사, 고해성사 청취, 경건 훈련, 필사 및 복사하는 데 전념했다. 그는 성경을 네 번 필사했는데 그중의 한 권이 다섯 부분으로 나뉘어 지금도 다름슈타트(Darmstadt)에 보관되어 있으며 '다름슈타트 성경'이라고 불린다. 그 외에도 그는 많은 글을 남겼는데, 거의 라틴어로 적었다. 그는 성경을 깊이 알아 그의 저작은 항상 성경 구절, 특히 신약을 인용한 것들도 가득 차 있었다. 그의 저작들은 모두 경건을 주제로 한 소책자, 묵상, 서신 및 설교였다. 그의 역사적 소책자 중에는 흐로터의 생애, 라더베인스의 생애, 아홉 명의 다른 형제들 및 리두이나 판 스히담(Liduina van Schiedam)에 관한 것도 있었고(Kempis, 2014), 아그니튼베르그 수도원의 역사에 관해서도 『*Chronicon montis Sanctae Agnetis*』라는 책을 썼는데(De Kruijf, Kummer & Pereboom, 2000: 127-196) 이 중 한 부분은 쯔볼레에서 그의 스승이었던 첼레에 관해 기록했다.

디보치오 모데르나를 대표하는 그의 『그리스도를 본받아』는 약 1418년에서 1427년까지 라틴어로 처음 쓰였다(Espín & Nickoloff, 2007: 609). 이 책에서 그는 자신의 내적 신앙체험을 말하면서 사람들을 하나님과 대화하도록 인도하고 있다(Berkenvelder, 1980). 이 책은 요한복음 8장 12절의 "나를 따르는 사람은 어둠 속에 다니지 아니하고, 생명의 빛을 얻을 것이다"라는 말씀으로 시작한다. 즉 영원한 축복을 받기 원하는 사람은 그리스도의 가난, 검소, 겸손 및 자기 부인의 삶을 따라가야 한다는 것이다. 하지만 이 책은 저자에 대해 강조하지 않는다. "누가 이것을 말했는지 묻지 말고, 그 내용이 무엇인지 묵상하라"고 말한다(I. 5. 6). 이 책은 네 개의 책을 모은 것으로 제1권은 '영적 생활에 관한 유익한 훈계'로 25장이며 제2권은 '내적 생활의 경성'에 관한 12장으로 되어 있고, 제3장은 '내적인 위로'에 관한 59장이며, 마지막 4권은 '성례전'에 관한 18장으로 되어 있다. 이 책은 개인적 기도의 삶 및 하나님과의 인격적 관계에 초점을 맞추어 올바른 그리스도인의 삶을 깊이, 진지하게 추구하면서 궁극적으로 그리스도를 본받고자 노력했다.

본서는 독일의 신비주의 학자 에크하르트(Eckhart: c.1260 – c.1328)가 1300년에 집필한 『가르침에 관해(Reden der Unterweisung)』 및 『신적인 위로(Buch der göttlichen Tröstung)』와 유사한 점이 있다. 하지만 그의 신비주의는 정죄를 받았기에 토마스의 책은 보다 도덕적이고 교회 친화적으로 쓰였다. 그는 흐로터와 조금 달리 '그리스도를 개인적으로 체험하는 것'을 강조한 다소 감정적인 경건 운동을 주도했다.

그리스도를 본받는 이상은 기독교 신학, 윤리학 및 영성에서 매우 중요한 요소였다. 이 개념 및 실천에 관한 내용은 이미 초대교회의 바울 서신들에 나타난다(Jestice, 2004: 393-394). 성 어거스틴은 그리스도를 본받는 것을 그리스도인의 삶에 근본적인 목적이며 아담의 범죄를 본받는 것에 대한 치료라고 보았다(Alexander, 2008: 218). 프란시스는 그리스도를 영적으로 본받는 것뿐만 아니라 육체적으로도 본받는 것이 중요하다고 믿어 그리스도처럼 청빈한 삶을 살면서 설교했다. 그리스도를 본받는 것은 비잔틴 신학에서 항상 있는 주제였는데 14세기에 니콜라스 카바실라스(Nicholas Cabasilas)는 『그리스도 안에서의 삶(Life in Christ)』이라는 책에서 그리스도 안에서 인격적인 삶을 사는 것이 그리스도인의 가장 기본적인 덕으로 보았다(O'Collins, 2004: 115). 이런 배경에서 디보치오 모데르나 운동은 진정한 경건을 재발견하고 미지근한 사제들을 재회심시키는 것이었다(Molendijk, 2006: 59-62). 이 책은 북부 유럽을 넘어 결국 종교개혁 운동으로 귀결되었다(Wakefield, 1983: 113-114). 개신교도 중에도 이 책은 성경 다음으로 가장 많이 번역, 출판되어 읽힌 책으로(Miola, 2007: 285) 1650년 이전에 이미 745회나 인쇄되었고(von Habsburg, 2011) 기독교의 고전으로 평가된다. 네덜란드의 유명한 화가 빈센트 판 고흐(Vincent van Gogh)는 1877년 9월 4일 그의 동생 테오(Theo)에게 쓴 편지에서 "이 책은 너무나 고귀하며 이 책을 쓴 사람은 분명 하나님의 마음을 가졌을 것"이라고 적은 것을 보면서 헹크 드 용(Henk de Jong)은 빈센트도 이 책의 영향을 많이 받았음을 지적한다(De Jong, 2017). 토마스는 1471년 소천하여 수도원 교회 동쪽에 묻혔으나 1672년에 유해가 쯔볼레의 성 미가엘 교회로 옮겨져 지금까지 보관되어 있다. 최근 몇 년간 그의 다른 저작들도 네덜란드로 번역되어 출판되었다(Kempis, 2004, 2009, 2011, 2013, 2015, 2018).

7. 디보치오 모데르나 운동의 유산

종교개혁에 영향을 미친 디보치오 모데르나 인물 중에 위트레흐트의 성 히에로니무스 학교(Sint-Hiëronymusschool) 교장이 된 힌느 로드(Hinne Rode)가 있다. 나중에 그는 한스포르트의 성만찬에 관한 개혁적인 글을 루터에게 전달했다. 1520년 엠든에서 최초로 개신교 예배를 대교회(Große Kirche)에서 인도한 아포르타누스(Georg Aportanus)도 이 운동의 영향을 받고 공동생활 형제단에서 훈련받은 후 최초로 개혁주의적 성만찬을 1526년에 제정하였다. 알베르트 하르덴베르크(Albert Hardenberg)는 호로닝언의 공동생활 형제단에서 자라며 이 운동에 큰 영향을 받아 1527년에 아두아르드(Aduard)에 있던 성 버나드 시토 수도원(Zisterzienserkloster St. Bernhard)의 수도사가 되었다. 유럽 북서부 프리슬란트 지역에서 일어난 이 개혁 운동은 디보치오 모데르나 운동이 종교개혁을 여는 열쇠 역할을 했음을 알 수 있다 (최용준, 2017: 199-227).

반 엥언도 이 운동이야말로 가장 지속적이고 성공적으로 영향을 미친 교회갱신 운동이었으며 이후에도 청교도주의(Puritanism) 등과 같은 여러 다른 형태로 발전하였다고 본다(Van Engen, 2008: 3). 하지만 이 운동과 종교개혁을 바로 연결하는 것은 신중해야 한다. 그도 이 운동이 중세 말에 일어난 가톨릭 운동이지 르네상스나 종교개혁의 초기 형태라고 보기는 어렵고 당시 형제자매들이 제도적인 구조 및 경건의 형태를 그리스도인의 완전함이라는 특별한 비전을 추구하는 것과 일치하려는 노력으로 보며 이 노력이 어떤 경우에는 르네상스 또는 종교개혁에서 다루어진 이슈들과 충돌을 가져왔음을 지적한다(Van Engen, 2008: 10).

최근 이 운동은 다시 큰 관심을 끌어 이 운동의 발상지인 데벤터의 하이데마(Heidema) 시장 및 쯔볼레의 메이어(Meijer) 시장은 지난 2011년 11월 많은 영역에 이 운동의 유산을 함께 발전시키기로 양해각서를 체결했다.[15] 즉, 두 시장은 사회 영역, 관광 및 문화, 행정, 경제, 예술, 교육 및 영적인 삶 등 모든 분야를 망라하여 가능한 한 서로 통합하는 것을 목표로 하고 있다. 이 운동은 점차 전국으로 퍼져 지금은 네덜란드 정부도 관심을 가지고 이 운동과 관련된 트랙킹(zwolle.christenunie.nl/modernedevotie) 및 자전거 코스도 개발되고 있어 더 많은 사람이 자신 및 지역적 정체성을 찾도록 도움을 주고 있다.

네덜란드의 역사가 헤르멘 쁠레이(Hermen Pleij)와 판 오스트롬도 이 운

---

15 www.trouw.nl/home/zwolle-en-deventer-blazen-moderne-devotie-nieuw-
     leven-in~a93cb7de

동에 더 많은 관심을 가져야 한다고 주장하며 이 운동이 유네스코 세계유산으로 등재될 수 있다고 보는 사람들도 있다.[16] 현재 이 운동은 드 프리스에 의해 재조명되고 있는데 그는 토마스의 책을 현대 네덜란드어로 재번역, 출판하였고(2008), 이 시대에 접목하기 위한 웹사이트(postmodernedevotie.nl)를 개설하여 다양한 활동을 펼치고 있다(2013).

III. 나가는 말

이 글에서는 디보치오 모데르나 운동이 어떻게 일어났으며 이것이 어떻게 중세 말의 네덜란드 및 유럽 사회를 총체적으로 변화시켰는지 고찰하였다. 이 운동의 특징을 요약하면서 현대 한국 상황에 적용 가능한 점들이 무엇일지에 대해 다섯 가지로 정리하면서 결론을 맺고자 한다.

첫째로 이 운동은 무엇보다 개인 경건을 회복하려는 운동이었다. 어떤 중개자도 없이 하나님과의 인격적인 관계와 교제가 가장 중요하며 그분 앞에서 책임의식을 가지고 살아가야 함을 깨우쳐 주었다. 따라서 이 운동은 본질에서 각 사람의 삶에 가장 중요한 것이 무엇인지를 추구하는 내적 갱신 운동이며 그 하나의 방법으로 독서를 강조했다. 성경 외에도 여러 도서를 읽고 묵상하며 서로의 생각을 나누고 나아가 관련 음악을 듣고 조각 등 예술품을 감상하기도 했다. 또한, 당시 일부 사제들의 탐욕을 비판하면서 개인의 겸손 및 검소한 삶도 강조하였는데 이러한 면들은 우리가 본받아야 할 것이다. 경제개발 때문에 소득수준은 높아졌으나 오히려 빈부격차가 심화하고 부동산 가격의 폭등 및 사회 불평등구조가 심화하여 인구가 감소하며

---

16 www.thomasakempiszwolle.nl/cms/index.php/nieuws/nieuws/342-2016-feb-deventer-motie-aangenomen.html

자살률이 증가하는 등 한국 사회는 매우 심각한 위기에 처해 있다. 이럴 때 일수록 그리스도인들이 앞장서서 경건, 검소 및 정직한 윤리를 실천하여 한국 사회를 보다 건강하고 성숙한 공동체로 변혁시켜야 할 것이다.

둘째로 이 디보치오 모데르나 운동은 참된 공동체 회복 운동이었다. 이 공동체 생활은 사도행전에 나타난 초대교회 성도들의 삶을 본받고자 한 것으로 철저히 '성경적'인 운동임을 알 수 있다. 이들은 공동체로 살지만 평범한 시민들로 사회의 일부였다. 이들은 학업, 명상 및 기도에 힘썼으며 구걸하지 않고 자신의 일터에서 열심히 일했다. 책들을 모으고 공부하면서 필사하던 형제들은 데벤터를 문화와 책의 도시로 변혁시켰다. 한국 교회도 물량주의 및 세습과 같은 세속적 가치를 배격하고 진정한 공동체성의 회복을 위해 진력해야 한다. 공동생활 형제단 및 자매단과 같은 자발적 공동체들이 생겨난다면 교육, 지역사회의 문화 및 경제 등 다양한 면에서 이바지할 것이며 한국 사회 전체의 유대 및 결속력을 강화하는 데에도 공헌할 것이다.

셋째로 이 운동은 교육을 통한 사회변혁 운동이었다. 첼레는 최초로 김나지움을 설립하여 수많은 인재를 배출했고 결국 이들은 개혁의 지도자들이 되어 세상을 변화시켰다. 한국교회도 기독학교의 중요성을 재발견하고 기존의 미션스쿨 및 기독교 대학 중 성경적 정체성을 잃어버리고 세속화된 곳들을 개혁하여 다시금 올바른 인재들을 양성해야 한다. 최근에 기독대안학교들이 생겨나고 있는 점은 긍정적으로 볼 수 있으나 열악한 재정 상황 및 구체적인 방향 설정에 아직 어려움이 많다. 따라서 이러한 운동을 벤치마킹하고 교회와 학교 및 가정이 단결하여 교육 분야에 더욱 관심을 가지고 지원하며 불필요한 사교육을 철저히 배제하면서 인성, 지성 및 영성이 통합된 교육을 추구해야 한다.

넷째로 이 운동은 철저히 평신도들 중심적인 운동이었으며 여성들도 매우 적극적으로 참여했다는 점이 특징이라고 말할 수 있고 종교개혁도 이 부

세상을 변화시키는 세계관

분을 더욱 발전시켰다. 한국 교회도 남성 목회자들의 권위주의를 타파하고 평신도들과 여성들의 중요성을 새롭게 회복해야 할 것이다. 한국 사회도 아직 남녀 간의 격차가 큰데 이를 개선해 나가도록 교회와 그리스도인들이 더욱 앞장서야 할 것이다.

마지막으로 이 운동은 정치 경제 사회 문화 등 모든 면에서 변혁을 추구했다. 이 운동에 참여한 평신도들은 총체적 개혁에 헌신하여 세상을 변화시킨 믿음의 사람들이었으며 삶의 모든 영역에서 하나님의 주권을 드러내고자 했고 그렇게 함으로 귀하게 쓰임 받았던 하나님 나라의 일군들이었다. 하지만 한국 교회는 아직도 성속을 구별하려는 이원론에서 완전히 벗어나지 못하여 주일 중심의 신앙에 머물고 있으며 특히 사회 개혁의 주체가 되지 못하고 있다. 따라서 한국 교회와 기독인들은 이 운동의 역사를 더욱 깊이 연구하고 본받아 이 시대 한국 사회에 새롭게 적용함으로 책임과 사명을 잘 감당해야 할 것이다.

참고문헌

김명수 (2009). "Devotio Moderna 운동과 종교개혁" (박사 학위 논문, 국제 신학대학원 대학교).

_____ (2015). 『기독교 르네상스와 루터의 종교개혁』 서울: 그리심.

최용준 (2017). "엠든(Emden)의 종교개혁과 변혁에 관한 역사적 고찰", 「신앙과 학문」 22권4호 (통권 73호), 197-225.

Acquoy, J. G. R. (1968). *Het klooster te Windesheim en zijn invloed*. 3 dln. Utrecht 1875-1880, repr. in 2 banden, Amsterdam.

Akçomak, İ. S.; Webbink, D.; ter Weel, B. (2016). "Why Did the Netherlands Develop So Early? The Legacy of the Brethren of the Common Life". *The Economic Journal*. 126 (593): 821-860. doi:10.1111/ecoj.12193.

Alexander, D. C. (2008). *Augustine's early theology of the church*. New York: Peter Lang.

Athenaeumbibliotheek, Museum De Waag, Deventer: Het Catharijneconvent, Utrecht. (1984). *Geert Grote en de moderne devotie*. Utrecht.

Bedaux, J. C. (1984). "Boeken bij de moderne devotie", *Geert Grote en de moderne devotie*. Utrecht. 43-49.

Berkenvelder, F. C. (1980). *Korte geschiedenis van Zwolle*. Zwolle: Waanders.

Bollman, A. M. (2004). *Frauenleben und Frauenliteratur in der Devotio moderna, Volkssprachige Schwesternbücher in literarhistorischer Perspective*. Groningen: s.n.

Busch, J. (1886). *Des Augustinerpropstes Johannes Busch Chronicon Windeshemense und Liber de reformatione monasteriorum*. Grube, K. (ed.), Halle.

Caron, M. L. (1984). "Ansien doet gedencken: De religieuze voorstellingswereld van de moderne devotie" *Geert Grote en de moderne devotie*. Utrecht. 25-42.

Calvin, J. (1550). *De vita hominis Christiani, insigne opusculum*. Genève: Jean Crespin & Conrad Badius & Conrad Bade.

세상을 변화시키는 세계관

Defoer H. L. M. & Slechte, C. H. (1984). "Verantwoording", *Geert Grote en de moderne devotie*. Utrecht. 4-5.

De Jong, H. (2017). *Dat boek is subliem: Vincent van Gogh over de Navolging van Christus*. Utrecht: Kok.

De Vries, M. (2013). *Pleidooi voor postmoderne devotie: navolging vanuit vrijheid en gemeenschap*. Boekencentrum.

_____. (2018). Unpublished manuscript.

Dlabačová, A. & Hofman, R. (red.) *De Moderne Devotie: Spiritualiteit en cultuur vanaf de late Middeleeuwen*. Zwolle: Wbooks, 2018.

Espín, O. O. & Nickoloff, J. B. (2007). *An introductory dictionary of theology and religious studies*. Collegeville, Minn: Liturgical Press.

Goudriaan, K. (Ed.) (2008). *Vernieuwde innigheid. Over de Moderne Devotie, Geert Grote en Deventer*. (Deventer reeks). Nieuwegein: Arko.

Grote, G. (1940). *Het getijdenboek van Geert Grote*, ed. N. van Wijk. Leiden: E.J. Brill.

Hand, J. O. (2006). "Prayers and Portraits: Unfolding the Netherlandish Diptych", *National Gallery of Art*, Washington D.C.

Herweyer N. & Slechte, C. H. (1984). "Deventer in de 14e eeuw" *Geert Grote en de moderne devotie*. Utrecht. 50-62.

Hiddema, Sj. (1984). "Geert Grote, 1340-1384", *Geert Grote en de moderne devotie*. Utrecht. 6-11.

Hofman, R., „Joan Cele (1343-1417) en de bloei van de Latijnse school te Zwolle" in: *Middeleeuwse magister*. Feestbundel aangeboden aan Árpád P. Orbán bij zijn emeritaat (Middeleeuwse Studies en Bronnen 117), M. en E. Rose (eds.), Hilversum 2009, 187-200.

Hyma, A. (1965). *The Christian renaissance; a history of the "Devotio moderna."* 2d ed. Hamden: Archon.

Iserloh, E. (1975). *Thomas von Kempen und die Devotio Moderna*. In: ders. (Hrsg.): *Kirche - Ereignis und Institution. Aufsätze und Vorträge, I: Kirchengeschichte als Theologie*. Münster/Westfalen 1975, S. 111-136.

Jestice, P. G. (2004). *Holy people of the world: a cross-cultural encyclopedia*, Vol. 3. ABC-CLIO.

Kempis, T. à. (1982). The Imitation of Christ. edited and paraphrased by Donald E. Demaray. Grand Rapids: Baker. Trans. by De Vries, M. (2008). *De Navolging Van*

Christus In Jonge Taal, Adveniat Geloofseducatie B.V.

_____. (2000). *Chronicon montis Sanctae Agnetis*. trans. by De Kruijf, U., Kummer, J. & Pereboom, F. Een klooster ontsloten. *De kroniek van Sint-Agnietenberg bij Zwolle door Thomas van Kempen*, Kampen: Stichting IJsselacademie.

_____. (2004). *Alleenspraak Der Ziel*, trans. by R. Hofman, ten Have.

_____. (2009). *De Rozentuin*, trans. by Vincent Hunink, Christien Kok.

_____. (2011). *Brevier*, trans. by J. Koekkoek, Christien Kok.

_____. (2011). *Gelijk het gras*, trans. by R. Hofman, Christien Kok.

_____. (2013). *Het leven van Jezus Christus*, trans. by J. Koekkoek, Christien Kok.

_____. (2014). *Een bovenaardse vrouw: Het leven van de Heilige Maagd Liduina*, trans. by R. Hofman, Hilversum: Verloren.

_____. (2015). *Verborgen manna*, trans. by J. Koekkoek, Christien Kok.

_____. (2018). *Dialoog met novicen*, trans. by F. de Roo, Christien Kok

Magni, G. (2003) *Opera omnia I, 1: Prolegomena ad Gerardi Magni Opera omnia. Die Forschungslage des gesamten Schrifttums* (mit Ausnahme des Stundenbuches), inl. R.Th.M. van Dijk O.Carm., ed. R. Hofman, Turnhout: Brepols.

_____. (2011) *Opera Omnia*, Pars ii.1. *Sermo ad clerum Traiectensem de focaristis – Opera minora contra focaristas*, cura et studio R. Hofman, Turnhout: Brepols.

_____. (2016) *Opera Omnia*, Pars ii.2. *Scripta contra simoniam et proprietarios*, cura et studio R. Hofman et Marinus van den Berg, Turnhout: Brepols.

Miola, R. S. (2007). *Early modern Catholicism: an anthology of primary sources*. Oxford University Press.

Molendijk, A. L. (2006). *Paradigms, poetics, and politics of conversion by Jan N. Bremmer, Wout Jac. van Bekkum*. Peeters Publishers.

O'Collins, G. (2004). *A concise dictionary of theology*. Edward G. Farrugia.

Post, R. R. (1968). *The modern devotion. Confrontation with reformation and humanism*. Leiden, E. J. Brill.

Rusbrochii, I. (2000) *Ornatus spiritualis desponsationis Gerardo Magno interprete*. ed. R. Hofman (Corpus Christianorum, Continuatio Mediaeualis, 172) Turnhout: Brepols.

Strand, K. A. (1977). "John Calvin and the brethren of the common life: the role of Strassburg" *Andrews University Seminary Studies*. 43-56.

Van Dijk, R., red. by R. Hofman & C. Caspers (2012) *Twaalf kapittels over ontstaan,*

세상을 변화시키는 세계관

bloei en doorwerking van de Moderne Devotie. Hilversum: Verloren.

_____. (2011) *Gerard Zerbolt van Zutphen–Geestelijke opklimmingen*. Amsterdam University Press.

_____. red. by R. Hofman (2015) *Salome Sticken(1369-1449) en de oorsprong van de Moderne Devotie*. Hilversum: Verloren.

Van Engen, J. H. (1988). *Devotio Moderna: basic writings*. New York: Paulist Press.

_____. (2008). *Sisters and Brothers of the Common Life: The Devotio Moderna and the World of the Later Middle Ages*. University of Pennsylvania Press.

Van Herwaarden, J. (1984). "Gemenschappen en kloosters van de Moderne Devotie", *Geert Grote en de moderne devotie*. Utrecht. 12-24.

Van Oostrom, F. (2013). "Moderne Devotie in tekst en context" wp.titusbrandsmainstituut.nl/nl/wp-content/uploads/2014/12/Frits-van-Oostrom Moderne-Devotie-in-tekst-en-context.pdf

Von Habsburg, M. (2011). *Catholic and Protestant Translations of the Imitatio Christi, 1425-1650: from Late Medieval Classic to Early Modern Bestseller*. Ashgate.

Wakefield, G. S. (1983). *The Westminster Dictionary of Christian Spirituality*. Westminster John Knox Press.

Weismayer, J. (1992). "Geert Groote", Christian Schütz (Hrsg.): *Praktisches Lexikon der Spiritualität*. Herder, Freiburg i.Br. u. a.

Wengert, T. J. (ed.). (2009). *The Pastoral Luther. Essays on Martin Luther's Practical Theology. Lutheran Quarterly Books*. Wm. B. Eerdmans Publishing.

Zijl, T. P. van. (1963). *Geert Groote, Ascetic and Reformer (1340-1384)*. The Catholic University of America Press, Washington D.C.

nl.wikipedia.org/wiki/Florens_Radewijns
nl.wikipedia.org/wiki/Gerard_Zerbolt_van_Zutphen
postmodernedevotie.nl
www.geertgrootehuis.nl
www.thomasakempiszwolle.nl/cms/index.php/nieuws/nieuws/342-2016-feb-deventer-motie-aangenomen.html
www.titusbrandsmainstituut.nl/nl/onderzoek/spiritualiteit-en-moderniteit/moderne-devotie/opera-omnia-geert-grote
www.trouw.nl/home/zwolle-en-deventer-blazen-moderne-devotie-nieuw-leven-in-

~a93cb7de

zwolle.christenunie.nl/modernedevotie

엠든(Emden)의 종교개혁과 변혁에 관한 역사적 고찰[1]

I. 들어가는 말

2017년은 종교개혁 500주년이다. 하지만 필자는 'Reformation'을 '종교개혁'으로 번역하는 것은 옳지 않다고 본다. 왜냐하면 'Reformation'은 단지 '종교개혁'만이 아니라 사회 문화 전체를 아우르는 '총체적 변혁(Transformation)'이었기 때문이다. 그 대표적 예 중 하나가 독일의 엠든이라고 할 수 있다. 유럽의 여러 지역에서 개신교도들이 박해를 피해 16세기 중반에 이곳에 오기 전까지 엠든은 매우 가난하고 인구가 약 3천 명인 작은 어촌이었다. (Voß, 2014: 15) 하지만 이곳에 왔던 개신교 피난민들은 다수가 무역상인, 곡물 업자와 인쇄기술자 등 고급인력들이어서 이들을 통해 엠든은 문화적, 경제적으로도 번영을 누리면서 인구도 약 2만 명으로 급증하여 유럽에서 가장 큰 항구도시가 되었고 독일에서 가장 인구가 많은 도시 중 하나가 되었다.[2] 또한, 이곳은 비텐베르크, 제네바와 함께 종교개혁 중심지 중 하나로 많은 목회자를 훈련해 네덜란드 지역에 파송하고 재정도 지원하면

---

1 본 논문은 「신앙과 학문」 2017년 제22권 4호(통권 73호), 197-225에 실렸다.
2 이런 의미에서 1561년에서 1611년까지를 엠든의 "황금시대(Das Goldene Zeitalter)"라고 부른다.

서 개혁 운동의 확산에 이바지하여 '북구의 제네바'라는 별명도 얻었다. 따라서 2013년에 유럽 개신교회 협의회에서는 이곳을 유럽의 '첫 번째 종교개혁도시(reformationsstadt)'로 지정했다.[3]

당시 엠든이 속한 프리슬란트(Friesland) 지역은 특별히 "프리슬란트의 자유(Friesische Freiheit)"라고 불리는, 정치적으로 군주가 없이 족장(Häuptling)이 다스리는 상당히 민주적인 사회였으므로 개신교도들이 박해를 받자 특히 엠든에 피난처를 찾아 몰려들었다(de.wikipedia.org/wiki/Friesische_Freiheit). 이 중에는 학식이 높은 엘리트들도 함께 왔는데 브레멘(Bremen)과 뤼네부르크(Lüneburg)에서 루터교 신학자들도 왔고 비텐베르크에서 안드레아스 칼슈타트(Andreas Karlstadt)도 왔으며 멜키오르 호프만(Melchior Hoffman)은 슈베비쉬 할(Schwäbisch Hall)에서 왔고 네덜란드에서도 많은 영적 지도자와 평신도들이 왔다.

엠든의 개혁을 시작하던 지도자들은 이미 스위스 종교 개혁자들과도 연결되어 있었다. 가령 엠든 근처 보르숨(Borssum)과 올더숨(Oldersum)에서 1531년부터 1548년까지 목회하던 헤르마누스 아퀼로몬타누스(Hermannus Aquilomontanus, 1488-1548)는 취리히(Zürich)의 하인리히 불링거(Heinrich Bullinger)와 이미 서신을 교환하면서(Krömer, 2007: 31-67) 이 지역에서 성상을 제거하는 등 개혁운동을 최초로 시작하였으며(Smid, 1974: 152) 나중에 엠든으로 온 폴란드 출신의 인문주의자 요하네스 아 라스코(1499-1560)도 스위스 종교개혁의 영향을 받았다. 아 라스코가 엠든으로 오면서 아퀼로몬타누스를 존경하며 '아버지(Vater)'로 불렀다고 한다(Krömer, 2007: 17-18). 그 후 겔리우스 파버(1490-1564), 알버트 하르덴베르크(1510-1574) 및 멘조

---

3   www.luther2017.de/de/neuigkeiten/emden-ist-erste-reformationsstadt-europas 이에 관련된 동영상은 www.emden.de/kultur/reformationsstadt-europas/kurzfilm 참고.

세상을 변화시키는 세계관

알팅(1541-1612) 등 개혁교회 지도자 중 알팅은 특히 장 칼뱅(Jean Calvin, 1509-1564)의 영향을 받아 칼뱅주의를 엠든에 심기 위해 노력했다. 하지만 동시에 이들은 당시 엠든에 있던 루터교 신학자들과 재세례파 등 다양한 교파 지도자들[4]과 계속 대화하면서 일치를 추구했으며 또한 여기서 일어난 개혁을 유럽의 다른 나라들에 보급하는 데 공헌하기도 했다.[5]

이처럼 엠든의 종교개혁은 매우 독특한 방식으로 진행되었으며 개혁의 다양한 형태를 볼 수 있다. 따라서 "서로를 인정하면서 작지만, 함께 성장하는 것(Concordia res parvae crescunt: Durch Eintracht wachsen kleine Dinge)"이 엠든 시청의 로고이기도 한데 다양한 그룹의 시민들이 모여 살던 엠든의 역사는 이것을 실제로 잘 보여주고 있다. 지금도 엠든은 인구 약 5만 명으로 오스트프리슬란트에서 제일 큰 도시이며 학문의 중심지인 동시에 독일의 세계적인 자동차회사인 폭스바겐(Volkswagen)이 파사트(Passat) 모델을 제조하여 전 세계로 수출하는 자동차 수출항구로서 유럽에서 세 번째로 크다.

이 엠든의 개혁에 대해 영어, 독일어 및 네덜란드어로 된 연구물들은 많이 있으나 한글로 된 선행연구 및 저서는 거의 없고 개혁주의학술원에서 출간한 『칼빈 시대 유럽대륙의 종교개혁가들』에서 김재윤이 "아 라스코의 삶과 신앙, 그리고 개혁교회"라는 논문을 게재한 것이 있을 뿐이다(개혁주의학술원, 2014). 하지만 유럽의 종교개혁사를 볼 때 엠든은 결코 과소평가할 수 없는 곳이다. 따라서 이 글에서는 엠든의 개혁 운동이 어떻게 구체적으로 일어났으며 그것이 이 도시를 어떤 방식으로 변혁시켰는지 고찰한 후 이 운

---

4 이 중에는 매우 신비주의적 성향을 지닌 헨드릭 니클라스(Hendrik Niclaes)라는 사람도 있었는데 1540년에 엠든에 와서 '사랑의 집(Haus der Liebe)'이라는 운동을 했으나 나중에 이단으로 규정되었다. (www.ostfriesischelandschaft.de/fileadmin/user_upload/BIBLIOTHEK/BLO/Niclaes.pdf)

5 reformation-cities.org/cities/emden

동이 남긴 유산은 무엇이며 이것이 한국 교회와 사회에 주는 교훈이 무엇인
지를 결론적으로 도출하겠다.

II. 엠든의 종교개혁과 변혁

1. 역사적 배경

먼저 언급해야 할 중요한 점은 엠든의 개혁이 마르틴 루터(Martin Luther)
나 칼뱅에 의해 갑자기 생겨난 것이 아니라 이전부터 다양한 준비과정을 거
친 열매였다는 사실이다. 이 과정 중 주목해야 할 첫 번째는 바로 "디보치
오 모데르나(Devotio Moderna : 새로운 경건)" 운동이다. 이 운동은 1378년 히
어트 호로터(Geert Grote)에 의해 네덜란드의 데벤터(Deventer)에서 시작
되었고 14-15세기에 쯔볼레(Zwolle)의 "공동생활 형제단(Broeders van het
Gemene Leven)" 운동으로 퍼져 북유럽의 많은 지역에 큰 영향을 주었다
(Smid, 1974: 114). 이들 형제단원들은 초대교회 성도들의 복음적 신앙생활
을 회복하기 위해 신학적 사변이나 외면적 형식보다는 영적 내면성의 충실
및 수도원 개혁 그리고 믿음이 약화한 성직자들의 재교육에 힘썼다. 이 중
에 위트레흐트(Utrecht)의 성 히에로니무스 학교(Sint-Hiëronymusschool) 교
장이 된 힌느 로드(Hinne Rode)가 있다. 나중에 그는 종교개혁의 선구자였
던 베슬 한스포르트(Wessel Gansfort, 1419-1489)의 성만찬에 관한 개혁적인
글을 마르틴 루터에게 전달하기도 했다.[6] 이들은 또한 신약성경 헬라어와
다른 성경연구에 집중했으며 구어체로 된 성경의 보급을 힘썼고 이를 위한
인쇄 출판에도 선구자였다. 『그리스도를 본받아(De imitatione Christi)』를 저
술한 토마스 아 켐피스(Thomas à Kempis, 1380-1471)가 이 운동의 대표라고

---

6 nl.wikipedia.org/wiki/Hinne_Rode

세상을 변화시키는 세계관

할 수 있다. 또한 에라스무스(Erasmus of Rotterdam)도 이 운동의 영향을 받아 기독교 인문주의자로 『우신예찬(Stultitiae Laus)』을 출판하여 당시 교회의 부패에 대해 비판하였고 헬라어 신약성경의 본문을 편집하여 출판했다(1516년). 차후에 언급하겠지만 엠든의 개혁자 중 많은 이들이 이 운동의 영향을 받았기에 이런 과정은 종교개혁을 준비한 매우 중요한 공헌이었다.

이어 주목할 두 번째로는 네덜란드 북부 흐로닝언(Groningen) 근처에 있던 아두아르드 수도원(klooster van Aduard)에서 일어난 인문주의 운동이다. 이 수도원은 당시 북유럽의 기독교인문주의 교육의 중심지로 이곳에서 한스포르트, 에라스무스보다 앞선 인문주의자였던 루돌프 아그리콜라(Rudolf Agricola, 1443-1485) 및 독일에서 온 알렉산더 헤기우스(Alexander Hegius, 1439-1498) 등은 15세기에 소위 "아두아르드 모임(Aduarder kring)"을 형성하였는데 이 중에 특히 한스포르트는 "디보치오 모데르나" 운동을 지지하며 면죄부, 교황권 및 가톨릭의 성만찬 교리에 대해 비판하고 성경연구를 강조하여 루터 및 엠든의 개혁에 큰 영향을 주었고 필립 멜랑흐톤(Philip Melanchthon)도 이를 인정하였다.[7]

엠든은 독일과 네덜란드 북부 지역 사이에 있는 돌라트(Dollard) 만의 독일 지역에 위치한 항구이지만 16세기에는 현재와 같은 국가적 구별이 없었고 언어(mittelniederdeutsche)도 같았다. 당시에 루터의 개혁 사상이 퍼지면서 오스트프리슬란트에도 그의 글들이 읽히게 되었는데 이는 이곳의 영주였던 에드자르드 1세(Edzard I)가 1519년에 이미 이를 승인했기 때문이다. 그리하여 1520년 엠든에서 최초로 개신교 예배를 대교회(Große Kirche)에서 인도한 게오르그 아포르타누스(Georg Aportanus: ca. 1495-1530)는 "디보치오 모데르나"의 영향을 받고 "공동생활 형제단"에서 훈련받은 후 최초

---

7   nl.wikipedia.org/wiki/Abdij_van_Aduard

로 개혁주의적 성만찬을 1526년에 제정하였는데 이는 츠빙글리(Huldrych Zwingli)와 칼슈타트의 사상과도 연결되어 있었다(Welker, Beintker, & de Lange, 2016: 147). 1529년에 에드자르드 1세의 아들인 엔노 2세(Enno II)가 영주가 된 후 그가 초청한 브레멘의 루터교 신학자 요한 펠트(Johann Pelt) 및 요한 티만(Johann Tiemann)이 엠든에 와서 설교하였다.[8] 재세례파들도 엠든에 많이 와 1530년에 평신도 지도자였던 호프만은 300여 명에게 세례를 주며 재세례파 운동을 시작하여 엠든 교회에 속한 성도들이 유럽에서 취리히 다음으로 많았다(Voß, 2014: 15).

1568년부터 80년간 네덜란드가 스페인으로부터 독립하기 위해 전쟁을 하면서 수많은 네덜란드 개신교 난민들이 박해를 피해 엠든으로 왔다. 그러면서 엠든은 "하나님의 피난처(Herberge Gottes)"라고 불렸으며 나아가 다양한 개혁가들이 사역하면서 큰 변혁을 이루게 되었다. 가령 스위스에서 신학을 공부한 후 돌아온 게하르드 톰 캄프(Gerhard tom Camp)는 1559년에 엠든에 도서관을 설립했다.[9]

당시 엠든은 문화적으로뿐만 아니라 경제적으로도 번영을 구가하였는데 이는 당시 개신교 피난민들 다수가 직조상인들, 곡물 업자들 그리고 인쇄기술자들이어서 도시의 발전에 공헌하였기 때문이다. 또한, 1574년부터 1576년 동안 르네상스식으로 건축된 엠든 시청(Emder Rathaus)은 암스테르담(Amsterdam) 출신의 건축가 라우렌스 판 스테인빙클(Laurens van Steenwinkel)이 당시 엠든이 누리던 '황금시대'를 상징하는 건물로 설계하

---

8   하지만 엠든의 대교회에서는 1540년까지 가톨릭의 미사와 개신교회 예배가 동시에 드려졌다. (Lange van Ravensway, 2013: 670)

9   1993년에 이 도서관은 요하네스 아 라스코의 이름을 따서 새롭게 명명되었으며 지금도 종교개혁 및 근대 종교사에 관해 매우 중요한 도서들을 소장하고 있으면서 다양한 학술행사를 개최하고 있다(www.jalb.de).

였는데 당시 안트베르펜(Antwerpen) 시청 건물을 모델로 하였다(Lange van Ravenswaay, Voss & Jahn, 2014: 20). 이는 안트베르펜이 15세기 세계 무역과 부의 중심지였으나 스페인 군대에 의해 함락된 이후 그 중심이 엠든으로 옮겨졌음을 상징하는 의미로 해석될 수 있을 것이다. 시청 건물 안에는 플레미시 화가였던 요하네스 페르하겐(Johannes Verhagen)이 1576년에 그린 큰 그림이 있는데 모세가 광야에서 바위를 쳐 물을 내어 사람들이 마시는 장면이다.[10] 이것은 당시 네덜란드 개신교도들이 박해를 피해 엠든에 와서 누리던 경제적 풍요를 상징하는 것으로 보인다.

그렇다면 엠든에서의 개혁은 구체적으로 어떻게 진행되었는지 그 대표적 지도자들이었던 아 라스코, 파버, 하르덴베르크 및 알팅의 사역들을 중심으로 고찰하는 동시에 당시에 중요했던 사회변혁과 빈민 구제 사역 및 엠든 총회에 대해 살펴보겠다.

2. 요하네스 아 라스코(Johannes a Lasco, 1499-1560)

1) 폴란드에서 엠든으로(1499-1542)

요하네스 아 라스코(폴란드식 이름은 얀 라스키: Jan Łaski)는 폴란드 귀족 출신으로 바르샤바 근처 라스크(Łask)에서 태어나 크라쿠프(Krakow)에서 자란 후 이탈리아에서 대학공부를 했다. 귀향한 후 1521년에 국왕 비서관 및 그니에즈노(Gniezno) 교구 주임 사제가 되었다. 1524년 그는 취리히에서 츠빙글리, 바젤(Basel)에서 에라스무스를 만났는데 특별히 에라스무스에게서 깊은 인상을 받아 1525년에 그의 집에서 반년간 함께 살며 그의 제자가 되었다. 그는 츠빙글리의 후계자인 불링거에게 보낸 편지에서 다음과 같이

---

10 landesmuseum.eezeebee.com/places/details/8

적고 있다. "에라스무스가 나를 인도하여 신학에 몰두하게 하였고, 진정한 종교를 만나게 해주었다."[11] 그 후 그는 인문주의 연구에 헌신하다 1527년 그는 친형 히에로니무스(Hieronymus)와 함께 국제정치에 개입하여 10년간 헝가리 왕위 계승전에 관여하면서 여러 갈등에 휩싸여 집안 재정 상태는 악화하여 결국 교회 내 모든 직을 사임하였다. 그 후 1537년에 그는 라이프치히(Leipzig)로 가서 멜랑흐톤을 만났고 네덜란드 출신의 사제이며 신학자인 알버트 하르덴베르크(Albert Hardenberg)를 프랑크푸르트(Frankfurt am Main)에서 만나 함께 루벤(Leuven)으로 가서 개신교계와 교류하였다. 1540년에 그가 폴란드 성직자로서는 처음으로 플레미시 여성인 바바라(Barbara)와 결혼하자 이 소식이 폴란드에 알려지면서 독신 서약을 위반했다는 명목으로 그에게 지급되던 보수가 중단되었고 그는 종교 재판의 위협을 받아 엠든으로 도피해야만 했다. 그 후 그는 다시 폴란드 교회의 개혁을 시도하였으나 실패로 돌아가자 1542년에 안나(Anna) 백작 부인이 제안한 오스트프리슬란트 교구장(Superintendent)으로 엠든에 돌아와 개혁을 시작했다.

2) 엠든에서의 개혁 사역(1542-1549)

그가 엠든에 오자 많은 성도가 그를 환영했다. 그는 당시 브레멘에서 사역하던 하르덴베르크에게 다음과 같이 적고 있다. "우리는 모두 친척보다 더 따뜻한 사랑으로 성도들의 환영을 받았네. 그들의 정성과 우정 그리고 기꺼이 베푸는 모습을 나는 지나치게 칭찬할 수 없다네. 우리는 함께 조국에 도착한 기분이네."[12] 그는 1543년부터 오스트프리슬란트 지역 교회들을 정비하면서 먼저 교회공동체를 천주교 수도원에 있던 수도사들과 재세례파

---

11 www.luther2017.de/kr/reformation/und-ihre-menschen/johannes-a-lasco

12 de.wikipedia.org/wiki/Johannes_a_Lasco

세상을 변화시키는 세계관

신도로부터 구별하였고, 교회 내에 있던 제단과 성상들을 제거했다(Jürgens, 2002: 222-244). 이는 그가 루터보다 츠빙글리적인 개혁을 더 선호한 것으로 보인다.

동시에 그는 여러 교회를 방문하여 상황을 점검하였고 다른 교파의 그리스도인들과도 꾸준히 대화하여 가령 당시에 남아 있던 프란체스코 수도사들 및 여러 재세례파 대표들도 만났다. 가령 그는 메노 시몬스(Menno Simons, 1496-1561) 및 다빗 요리스(David Joris, 1501-1556)와 토론하였는데 시몬스는 당시 평화를 추구하며 엠든에 정착한 재세례파의 지도자였다. 이렇게 당시에 공적인 교회 지도자가 박해받는 그룹의 지도자들과 공개적으로 토론한 것은 역사적으로 처음 있던 일이다. 이들은 서로 의견이 달랐지만 상호 존중하면서 각 주제를 토론했다. 특히 그리스도의 성육신에 대해 논쟁하면서 시몬스는 이에 대해 깊이 들어가기를 원치 않았으나 아 라스코는 더 끈질기게 토론했는데 이는 메노의 입장에 약점이 있음을 보았기 때문이다.[13] 나중에 이 두 사람은 이 주제에 관한 팸플릿을 출판했으며(Welker, Beintker, & de Lange, 2016: 150) 아 라스코는 별도로 1545년에 본(Bonn)에서 『메노 시몬스에 대한 변호(Defensio adversus Mennonem Simonis)』라는 최초의 저작도 남겼다[14].

그는 오스트프리슬란트 지역의 교회들을 새롭게 개혁하는 책임을 감당하면서 먼저 제도적 개혁으로는 지역의 "신앙고백 교육"을 강화했으며 이를 위해 엠든에서 신학교육을 위해 헌신적으로 일했다. 또한, 당회를 재구성하여 교회 행정 및 치리를 확립했으며 지금까지도 계속 이어지고 있으며

---

13 1544년 1월 아 라스코와의 대화 후 시몬스는 얼마 지나지 않아 그해 7월에 엠든을 떠나 쾰른으로 갔다(de.wikipedia.org/wiki/Menno_Simons#Anschluss_an_die_T.C3.A4uferbewegung).

14 de.wikipedia.org/wiki/Johannes_a_Lasco

"Coetus"라고 하는 오스트프리슬란트 지역 목회자들의 모임을 처음으로 주선하였다. 이러한 모임을 통해 그는 당시 여러 논쟁이 되는 주제들을 함께 해결하려고 노력하였으며[15] 나중에는 설교 후보자들에 대한 시험도 시행했다. 이 모임에 루터교회 목회자들도 함께 모여 토론을 했는데 그는 언제나 중도적 입장을 찾기 위해 노력했다(Jürgens, 2002: 315).[16] 즉 상호 동의한 공통적인 부분은 강조하되 논쟁이 될 수 있는 부분은 열어놓았다. 그 결과 양측에서 받아들일 수 있는 성만찬 및 요리 문답을 담은 『교리집(Moderatio doctrinae)』을 발간하였고 엠든의 여러 목회자와 함께 1546년에는 『엠든의 대요리 문답(Grote Emder Catechismus)』을 출간하였다(Van der Heide, 2002: 24). 이를 통해 그는 교회적, 신학적으로 일치를 추구했으며 화해를 위해 노력했지만 그런데도 완전히 일치된 교리 및 교회의 통일을 이루지는 못했다(Welker, Beintker, & de Lange, 2016: 150-151). 그래서 그는 한때 교구장 직을 내려놓기도 했으나 안나 공작부인의 만류로 다시 직분을 맡았다.

하지만 당시 엠든에는 여전히 천주교를 신봉하는 세력들이 남아 있었다. 특히 요한 폰 팔켄부르크(Johann von Valkenburg, 1506-72) 공이 여러 가지로 아 라스코를 공격했다. 그는 계속해서 수상한 난민들이 엠든으로 들어오는 것에 대해 반감을 품어 그들을 쫓아내려고 했다. 그러자 그는 쾰른(Köln)에서의 종교개혁을 교훈으로 삼아 엠든으로 오는 사람들에게 "신앙 청문회(Glaubens Verhöre)"를 실시한 후 다른 사람들에게 위협이 될 만한 사람만 추방하였다. 하지만 메노나이트 교도들은 평화주의자들이므로 엠든에 머물러도 좋다고 그는 보았다. 가톨릭의 반대자들은 계속 집요하게 그를 추방하

---

15 이를 그는 "einträchtigen Verschiedenheit(조화로운 다양성)"이라고 불렀다(Busch, 2000:143).

16 하지만 나중에는 성만찬 교리에 대한 견해 차이가 벌어지면서 개혁교회 목회자들만 모이게 되었다.

세상을 변화시키는 세계관

기 위해 노력했으나 그는 대부분 귀족으로부터 지원과 보호를 받았다(Welker, Beintker, & de Lange, 2016: 151).

3) 런던에서의 개혁 사역(1549-1553)

독일의 개신교와 천주교 영주들이 싸운 슈말칼덴(Schmalkalden) 전쟁(1546-1548)에서 개신교도가 패배한 후 1555년에 아우크스부르크(Augsburg) 평화협정이 맺어졌는데 그 협정은 개신교도에게 사제혼인과 평신도 성찬만 허용하였고 다른 개혁된 양식의 신앙생활을 인정하지 않았다. 그러자 아 라스코는 더는 엠든에 있을 수 없어 1549년 영국의 개혁자이며 캔터베리 대 주교였던 토마스 크랜머(Thomas Cranmer)의 초청으로 런던에 갔다(Rodgers, 1995: 7). 그는 런던에서 영국 왕 에드워드 6세(Edward VI)의 임명을 받아 개신교 피난민 교회의 교구장이 되어 교회법 및 요리 문답을 집필하며 영국 교회의 개혁에도 동참하였다. 네덜란드뿐만 아니라 왈룬 지역 및 프랑스에서 피난 온 개신교 난민들도 많이 있어 이들을 위해서도 엠든에서의 사역 경험을 살려 1550년에 교회법인 "Forma ac Ratio(형식과 이론적 근거)"라는 중요한 저작을 남겼다(Jürgens, 1999: 66-67, Springer, 2007). 동시에 이 저작은 1552년에 공동기도서, 존 낙스(John Knox)의 스코틀랜드 교회개혁, 1563년 독일의 팔라티나트(Palatinate) 지역 교회의 예배서 그리고 네덜란드 개혁교회에 영향을 미친 피터 다테누스(Pieter Dathenus)의 예배서 및 기도서에도 영향을 주었다.[17] 또한, 그는 칼뱅처럼 교회공동체의 복지사업을 발전시켜 "가난한 자들을 위한 식탁"도 설립하였다.[18]

---

17 en.wikipedia.org/wiki/Jan_Łaski
18 www.luther2017.de/kr/reformation/und-ihre-menschen/johannes-a-lasco

4) 엠든에서의 두 번째 개혁 사역(1553-1555)

이 런던의 피난민 교회는 약 4천 명이나 되었지만 5년밖에 가지 못했다. 철저한 가톨릭 신봉자였던 메리 1세가 즉위하여 영국 내 개신교도를 박해하자 아 라스코는 175명의 교회 구성원들과 함께 두 척의 덴마크 상선을 타고 코펜하겐으로 피난하려고 했다. 그러나 이들은 성만찬과 관련된 루터교 교회법을 따르지 않았기 때문에 그곳에 받아들여지지 않았다. 그 후 이들은 다시 독일의 로스톡(Rostock), 뤼벡(Lübeck) 및 함부르크(Hamburg)에 정착하려 했으나 계속 거절당했다. 그러자 이들은 엠든으로 방향을 돌려 1553년 다시금 환대를 받으며 정착하게 되었다.[19] 그는 그때의 감격을 다음과 같이 말했다. "심지어 나의 가장 가까운 친척도 이렇게 따뜻하게 환영해 주지는 못했을 것이다."(Welker, Beintker, & de Lange, 2016: 153)

엠든에서 두 번째 사역하면서 아 라스코는 교회뿐만 아니라 그와 함께 한 개혁교회 성도들과 함께 엠든 도시 전체의 변혁에도 크게 공헌하였다. 비록 그가 두 번째 머문 기간은 2년 정도밖에 되지 않지만, 그가 떠난 이후에도 엠든은 계속해서 변혁되었는데 이 부분은 별도로 다루겠다.

5) 폴란드에서의 마지막 개혁 사역(1557-1560)

1555년에 그는 성만찬과 관련된 요리 문답 수정작업 중 다시 논쟁에 휩

---

19 엠든으로 온 네덜란드 개신교 피난민들은 1660년, 대교회의 오른쪽 입구 문 위에 자신들이 이 도시에 무사히 정착하게 된 것을 감사하며 기념물을 돌에 새겨 놓았는데 작은 배 한 척이 바다 위에 떠 있는 모습이다. 이것을 "그리스도의 배(Schepken Christi)"라고 하며 그 주변에 둥글게 이런 문장을 새겨 놓았다. "하나님의 교회는 박해를 받아 유랑했으나 하나님께서 이곳에서 위로를 주셨다. (Godts Kerck vervolgt, verdreven, Heft Godt hyr Trost gegeven)" 그리고 그 밑에는 1553년이 새겨져 있다. 이 문은 2차 대전 때의 폭격에도 파괴되지 않아 지금도 요하네스 아 라스코 도서관 건물 동쪽 문 위에 있으며 피난과 영접, 축출과 통합이라는 현재 독일 개혁교회(Evangelisch-reformierten Kirche)의 역사적 상징이기도 하다.

세상을 변화시키는 세계관

싸여 엠든을 떠나야만 했다. 그 후 잠시 프랑크푸르트에서 피난민 교회 목회자로 섬기며 성만찬 논쟁을 해결하기 위해 노력하였으나 루터교도들과 합의점을 찾는 데 실패하였다. 1548년부터 폴란드에도 개혁 운동이 조금씩 일어나자 그는 조국으로 돌아와 1557년부터 폴란드 교회개혁을 위해 헌신했다. 그 결과 개신교도들이 급속히 증가하였으나 결국 왕이 가톨릭으로 남자 폴란드는 가톨릭 국가가 되었고 1560년에 그는 당시 개혁 운동의 중심지였던 핀추프(Pinczów)에서 별세하였다.[20] 그가 엠든에서 사역한 기간은 길지 않았지만 남긴 유산은 매우 크다고 할 수 있다. 무엇보다 개혁교회의 전통을 확립한 동시에 엠든에 온 개신교도들을 통해 도시 전체를 변혁시켜 나갔으며 그곳의 다양한 교회 지도자들과의 대화 및 협의체 구성을 통한 화해와 일치의 추구 또한 중요한 공헌이라고 말할 수 있겠다.

3. 엠든의 변혁

아 라스코와 함께 런던에서 엠든으로 온 성도들은 대부분 네덜란드 출신의 엘리트 개신교도로 부유한 의류 및 곡물 상인들이었다. 이들은 선진적인 무역 및 금융 기법으로 엠든의 황금시대를 열었는데 (Hagedorn, 1910: 126) 대표적인 인물로 파울 판 빙그네(Paul van Wingene)와 그의 부인 마가레테 첼로스(Margarethe Celos)가 있는데 이들은 당시 고급 직물제조업자로 엠든에서도 직물업으로 큰 부를 쌓았다.

그 후에 수많은 네덜란드 개신교도들이 엠든으로 오게 되었고 그중에 인쇄업자들도 많아 엠든은 인쇄 무역의 중심지가 되었으며 당시 네덜란드 개신교 지역에서 출판된 서적들의 약 70%가 엠든에서 출판되었다. 이들은 개혁 운동을 다른 지역으로 확산하는 데 큰 공헌을 하였다. 대표적인 인쇄

---

20 de.wikipedia.org/wiki/Johannes_a_Lasco

업자들은 스티븐 미어드만(Steven Mierdman), 쟝 말레(Jean Mallet), 쟝 가이야르드(Jean Gailliard), 니클라스 판 덴 베르그(Niclaes van den Berghe), 길리스 판 데어 에르펜(Gillis van der Erven) 등이 있다(Pettegree, 1992: 87-108).

엠든에서는 성경 번역 및 출판도 매우 활발하였는데 가이야르드는 1554년에 칼뱅의 저작들을 네덜란드어로 번역하기도 하였고 나중에는 성경을 네덜란드어로 직접 번역하여 출판하기도 했다(Voß, 2013: 22-23). 아 라스코의 친구였던 얀 우텐호브(Jan Utenhove)는 1556년에 신약성경을 그리스어에서 네덜란드어로 번역하여 출판하였고, 1560년에는 칼뱅의 기독교강요를 네덜란드어로 번역, 출판하기도 하였으며, 기타 요리 문답 및 시몬스의 저작들도 출판하였다(Pettegree, 1992: 87-108). 1562년에 네덜란드어로 인쇄된 "엠든 성경(Emder Bibel 또는 Deux-Aes-Bibel이라고도 함)"은 구약을 곧프리드 판 빙엔(Godfried van Wingen)이, 신약은 요하네스 디르키니우스(Johannes Dyrkinius)가 루터 성경을 기초로 번역하였으며 1637년에 원어에서 번역한 네덜란드의 공식 성경(Statenbijbel)이 나오기 전까지 가장 많이 읽힌 네덜란드어 성경이다.

또한, 엠든의 네덜란드 개신교도들은 대교회를 '어머니 교회(Moederkerk)'로 부르며 네덜란드 개혁교회의 중심지가 되는 데 크게 공헌하였다.[21] 나아가 새로운 학교들이 설립되었고 인쇄술의 발달로 더 많은 평민이 문맹에서 벗어나게 되었다. 이렇게 개신교에 대한 천주교의 박해로 프랑스, 플랑드르 그리고 네덜란드 등지에서 계속 많은 개신교 난민들이 엠든으로 유입되면서 엠든의 교회와 사회가 변혁되자 1540년 이후부터 엠든은 개신교 난민들이 가장 오고 싶은 곳이 되었다(Schmidt, 1994). 특히 네덜란드에서 온 개신교 난민들은 언어가 달라 엠든에 독자적인 교회를 세웠던 프랑스어

---

21 www.luther2017.de/kr/reformation/und-ihre-menschen/johannes-a-lasco

세상을 변화시키는 세계관

권의 위그노들과 영국의 개신교회들과는 달리 언어가 비슷하여 기존의 개혁교회에 합류하면서 따뜻한 환영을 받았다.

교회공동체의 성결을 유지하기 위한 수단으로 "교회의 치리(Kirchzucht)"가 있었다. 덕, 질서 또는 교회의 규정을 위반한 경우 교회 당회에 보고되었다. 그러면 치리회는 우선 처벌보다는 회개하도록 경고하고 감독하였다. 하지만 두 번의 경고에도 효력이 없을 때는 결국 "출교(Kirchenbann)"를 선언하였다(Strohm, 2000: 145-171). 1554년에는 "엠든 요리 문답(Emder Katechismus)"이 작성되어 19세기 후반까지 사용되다 하이델베르크 요리문답(Heidelberger Katechismus)으로 대체되었는데 교회의 치리에 관해 다음과 같이 규정하고 있다: "형제가 죄를 범하면 그에게 가서 직접 대화하라. 그가 당신의 말을 들으면 그 형제를 얻은 것이다. 하지만 그가 듣지 않으면 한 명이나 두 명을 더 증인으로 데리고 가라. 그래도 듣지 않으면 교회에 보고하라. 이런 경우 목회자와 장로들은 함께 의논한 후 교회의 허락을 받아 순종을 거부하는 자에게 최종적으로 출교를 선포한다. 하지만 그 후 그가 회개하고 교회 앞에서 자신의 잘못을 시인하면 다시 받아들여야 한다."[22]

이 시기에 엠든은 급속히 발전하여 경제적인 번영을 통해 수많은 건물이 새롭게 건축되었는데 특히 네덜란드 양식으로 지어졌다. 인구가 급속히 증가하자 도시도 북쪽으로 더 확장되었고 요새도 새롭게 건설되어 30년 전쟁의 피해를 보지 않았다. 결국, 개신교 난민들은 엠든에 엄청난 부를 가져다주었고 무역과 상업이 크게 활성화되어 영국 전체에 등록된 배들 숫자보다 엠든에 있는 배들의 숫자가 더 많았으며 1564년에는 런던에 있던 상인 모험가 회사(Company of Merchant Adventurers)가 유럽대륙 본부를 당시 세계 최대 무역중심지였던 안트베르펜에서 엠든으로 옮길 정도였다(Welker,

---

22 www.diakonie-emden.de/armenversorgung-im-16-jahrhundert/index.html

Beintker, & de Lange, 2016 : 155).

앤드루 페테그리(Andrew Pettegree)에 의하면 엠든은 당시에 개신교 난민들의 피난처인 동시에 다양한 기술을 배울 수 있는 훈련장이었다. 이로 인해 스페인으로부터 독립하려던 네덜란드 공화국은 점점 더 개신교 국가로 자리 잡게 되었고 엠든은 이들로 인해 무역이 급증하고 공동체 생활 및 국제적 위상이 제고되는 등 총체적 변혁을 경험하였으며 네덜란드 독립운동의 지도자였던 빌름 판 오란여(Willem van Oranje) 공의 군대에 군사 및 재정 지원을 하였으며 새로운 교회 조직에 대한 모델도 제공하였다(Pettegree, 1992).

그 외에도 엠든에는 많은 교회가 새롭게 세워졌으며 각자 자신들의 모국어로 예배를 드릴 수 있었다. 가령 독일 영토에 최초로 세워졌던 프랑스 개혁교회 이외에 영국 및 스코틀랜드 교회도 설립되었다. 그리고 계속해서 다양한 개신교 난민들이 왈룬, 브라반트, 보헤미아 형제단 및 팔라타인 지역에서 와서 이곳에 정착하여 괄목할 만한 발자취를 남겼다(Welker, Beintker, & de Lange, 2016 : 155-156).

4. 겔리우스 파버 (Gellius Faber, ca. 1490-1564)

1) 생애

파버는 1490년경 네덜란드 북쪽 프리슬란트의 레우바르든(Leeuwarden)에서 태어나 그 근처에 있는 옐숨(Jelsum)이라고 하는 곳에서 천주교 사제로 일했다. 그러다가 메노 시몬스와 함께 1536년에 오스트프리슬란트에 와서 개혁교회 사역자가 되어 노르든(Norden)에서 1년간 사역한 후 1537년에 엠든에 와서 사역했다. (Van der Heide, 2002 : 20) 1544년에 그는 시몬스 및

세상을 변화시키는 세계관

아 라스코와 함께 신학 논쟁에도 참여하였으며 1564년에 소천하였다.[23]

2) 엠든에서의 개혁 사역 (1537-1564)

아 라스코가 엠든에 오기 전부터 파버는 이곳에서 개혁주의적인 예배를 인도하고 설교하였으며 아 라스코가 엠든의 교구장으로 있는 동안 그와 함께 동역했다(Van der Heide, 2002: 22-25). 그는 아 라스코를 "우리가 존경하며 학식이 매우 깊고 하나님을 경외하는 분인 동시에 형제(unse leve hoch begavede unde Godtfrüchtige Herr unde broder)"라고 불렀다(Faber, 1552: BiiiI). 아 라스코가 런던으로 떠나자 파버는 더 독립적으로 사역하였다. 하지만 가톨릭교회와 어느 정도 타협하지 않으면 안 되어 가령 이신칭의 교리는 받아들였지만, 예배 예식에는 가톨릭 전통이 다시 적지 않게 들어왔다(Van der Heide, 2002: 25). 그럼에도 불구하고 그는 1546년에 출간된 "엠든의 대요리문답" 중 성만찬 부분을 1549년에 일부 수정하여 다시금 루터교회와의 일치를 추구했다. 즉 성만찬 시에 그리스도의 몸과 피가 단지 상징적으로 기념하는 것일 뿐만 아니라 실제로 제공된다고 본 것으로 이는 칼뱅과 불링거의 입장이며 이를 "취리히 협정(Consensus Tigurinus/of Zurich)"이라고 한다.[24] 하지만 다시 엠든으로 돌아온 아 라스코는 이것이 지나치게 루터의 입장으로 기울었다고 생각하여 수정된 대요리 문답의 출판을 중지시켰다. 그 대신 하나의 타협책으로 아 라스코는 파버와 함께 어린이들을 위한 『엠든의 작은 교리 문답집(Kleine Emder Catechismus)』을 1554년에 출간하였다(Van der Heide, 2002: 27).

1552년에 파버는 재세례파가 쓴 1550년의 저작에 대한 반론으로 78쪽

23　gameo.org/index.php?title=Faber_de_Bouma,_Gellius_(d._1564)

24　en.wikipedia.org/wiki/Consensus_Tigurinus

분량의 책자(제목: *Eine antwert Gellij Fabri, dener des billigen wordes binnen Embden, up einen bitterhönischen breeff der Wedderdöper*)를 출판했으나 소실되었다. 이에 대해 시몬스는 자신과 동료들이 부당하게 공격을 받는다고 생각하여 1554년에 다시 답변(제목: *Een klare beantwoordinge over een Schrift Gellii Fabri*)을 적었는데 재세례파 사역자들, 세례, 성만찬, 징계, 교회관 및 성육신에 관한 주제를 다루었다. 이 책은 시몬스가 출판한 가장 방대한 저서인데 여기서 그는 왜 재세례파 사역자가 되었는지 회심에 관해서도 기록하고 있다.

파버는 아 라스코가 런던에 있는 동안 계속 교회의 일치를 위해 다양한 노력을 기울여 아 라스코보다 더 루터의 입장을 수용하고 멜랑흐톤과 마틴 부쩌(Martin Bucer)의 이론도 받아들였다. 천주교 사제들과 루터교 목사들이 성만찬에 관해 충돌했을 때에도 그는 중간에서 화해를 주선했다(Van der Heide, 2002 : 28).

그러자 아 라스코는 자신의 후계자로 브레멘에 있던 하르덴베르크를 데려오려고 노력했으나 하르덴베르크가 이를 사양하였다. 그리하여 당시 크리스토프 판 올덴부르크(Christoph van Oldenburg) 공작과 엠든 시작이 멜랑흐톤에게도 접촉하였으나 그도 거부하여 아 라스코가 엠든을 떠난 1555년 이후 당분간 교구장 자리가 공백 상태로 있을 뻔하였지만 결국 파버가 이 직무를 감당하였다.

당시 당회 기록들을 보면 그가 얼마나 교회공동체의 다양한 이슈들에 관해 일치와 화합을 위해 노력했으며 교회와 정부 간에도 중재 역할을 했고 엠든 교회공동체는 대체로 그의 권위를 인정했음을 알 수 있다. (Van der Heide, 2002 : 31-37) 기타 파버는 교회음악에도 큰 재능이 있어 찬송가를 작사하여 『엠든 찬송가(*Emder gezangboek*)』 출판에도 관여하였다(Van der Heide, 2002 : 29-30). 따라서 그도 당시 엠든에서 매우 중요한 역할을 한 개

세상을 변화시키는 세계관

혁자 중 한 사람이라고 말할 수 있다.

5. 사회 복지 및 빈민 구제 사역

16세기 당시 엠든에는 지금과 같은 사회복지제도가 없었다. 따라서 가난한 사람들은 이웃들의 자비에 의존할 수밖에 없었다. 질병이나 노령 그리고 사망의 경우 사람들은 스스로 해결방안을 찾아야만 했으며 이것은 경제적 여유가 있는 사람들에게만 가능했다. 엠든으로 온 개신교 피난민 중 1553년에 아 라스코와 함께 온 사람들은 대부분 부유한 엘리트층이었으나 그 후에 온 개신교도들은 가난한 사람들이 많았으며 그들은 너무 가난해 노후를 준비할 여유가 없었다. 따라서 가족들이 서로 도와 가능한 대로 고아들, 병자들과 노인들을 보살펴 주었고 부모가 나이 들면 자녀들이 돌봐주었다.

하지만 당시 엠든 시민 중 이미 잘 조직된 수공업자, 선원 및 상인길드는 이미 상조회 같은 형제단을 구성하여 서로 돌봐주었는데 가령 "카란드 형제단(Kaland-Bruderschaften)", "성모 형제단(Unserer lieben Frauen-Bruder-schaft)", "성 안나 형제단(St. Annen-Bruderschaft)", "성 안토니우스 형제단 (St. Antonius-Bruderschaft)" 등이 있었다(Barghoorn & Wagenaar, 1997: 37). 이런 이름들은 이미 15세기부터 사용하여 천주교적 뉘앙스가 있어 초기에는 성자들을 숭상하기도 하였으나 나중에는 빈민 구제 사역으로 전환되었다. 이 단체들은 우선 회원들을 서로 돌아보았고 다음에 교회 성도들 그리고 마지막으로는 구걸하는 빈민들을 구제하였다.[25] 하지만 1495년부터 엠든에는 네 가지 대표적인 구제 사역, 즉 클레멘트 형제단, 엠든의 곡물 구제협회, 나그네 빈민을 위한 구제 사역 및 엠든 시민을 위한 구제 사역이 있었는데 이에 대해 각각 살펴보겠다.

---

25 www.diakonie-emden.de/armenversorgung-im-16-jahrhundert/index.html

1) 클레멘트 형제단 (Die Clementiner Bruderschaft)

먼저 클레멘트 형제단은 원래 "경건한 형제단(fromme Bruderschaft)"으로 불렸으며 하나님께 영광을 돌리고 성 클레멘트 교황에게 경의를 표하기 위해 그리고 동시에 성도들의 복지를 돌아보고 돌아가신 분들의 장례를 주관하기 위해 설립되었다. 1495년에 시작되어 종교개혁 이전에 이미 "선원 길드(Schiffergilde)" 또는 "가난한 선원들의 동료"라고 불리면서 선원들의 과부와 고아들을 구제했다. 당시에 선원이 된다는 것은 위험 부담이 컸던 동시에 고기를 많이 잡으면 수입도 많아 돈을 많이 번 회원들은 실패한 선원 가족들을 돌보았던 것이다.[26]

이 형제단을 기념하기 위해 엠든 시민들은 매년 1월 6일, 시청 앞에서 "성 동방박사의 날(heiligen Dreikönigstag)" 행사를 했는데 이때 많은 성금이 모였다. 하지만 1676년에 이 제도가 폐지되고 신년 구제헌금으로 대체되었다. 모금원은 집마다 다니며 구제를 요청했는데 이 전통은 지난 세기까지 남아 있었으며 이 단체는 지금도 있으나 더는 모금하지는 않고 기존 기금의 이자는 공적으로 유익한 곳에 기부하고 있다.[27]

2) 엠든 시의 곡물 구제협의회 (Stadt Emdens Kornvorrat)

이 단체는 1557년에 세속적 기원에 의해 설립되었으나 교회도 매우 적극적으로 참여했는데 그 목적은 곡물가 상승의 경우 이를 보전해 주는 것이다. 즉 곡물 가격이 급격히 상승할 경우 안나 백작부인과 시민들이 기금을 조성하여 이를 구매하여 보관하다가 가격이 내렸을 때 또는 춘궁기에 가난한 시민들에게 저렴한 가격으로 공급하여 누구든지 굶는 사람이 없도록 한

---

26 www.diakonie-emden.de/armenversorgung-im-16-jahrhundert/index.html
27 www.diakonie-emden.de/armenversorgung-im-16-jahrhundert/index.html

세상을 변화시키는 세계관

것이다. 엠든의 교회들도 이것을 매우 의미 있는 사역으로 생각하여 교회 내에서 자체 운영하기도 했다. 이 제도는 20세기까지 지속하였고 1차 세계 대전 이전에는 그 자본금으로 새로운 병원을 건축하기도 했다. 1978년에 이 단체는 해산되었고 남은 재산은 "나그네 빈민을 위한 구제 사역"에 기부 되었다.[28]

3) 나그네 빈민을 위한 구제 사역 (Die Diaconie der Fremdlingen Armen)

앞서 언급한 것처럼 엠든은 당시 새롭게 탄생한 개신교의 보루였으며 특히 16세기 중반에 네덜란드 개신교 난민들이 많이 유입되었다. 지금은 당시 이들이 얼마나 힘든 삶을 살았는지 상상하기 어렵지만, 이들 중 부유한 계층도 있어 부익부 빈익빈 현상이 있었다. 그러면서 약 30년 만에 엠든의 인구가 네 배로 증가하자 기존의 교회 사역으로는 감당할 수 없는 큰 문제 가 발생하였다. 그래서 엠든 시는 계속 유입되는 난민들에 대해 스스로 빈 곤의 문제를 해결한다는 조건으로 그들을 받아들였다. 당시 개혁교회의 입 장은 열심히 일한 결과 적절한 부를 누리는 것은 하나님의 축복이며 죄가 아니지만 그러면서도 가난한 사람이 없도록 서로 돌아보는 것을 강조하였 으므로 구걸은 허용되지 않았다.

1553년에 나그네 즉 외국인 빈민을 위한 구제 사역의 필요성이 엠든에 서 제기되었다. 안나 백작 부인의 지원으로 아 라스코가 의장이 되어 재단 을 설립하기 위한 준비 작업을 했다. 하지만 그가 1555년 엠든을 떠나자 후계자가 없었다. 그 후에 빈민 구제의 필요성이 더 커지자 1558년에 8명 의 위원을 선출하여 공식적으로 "엠든의 가난한 외국인들을 위한 봉사재단 (Diaconie der aermen vremblinghen binnen Embden)"으로 출범하였다(Mülder,

---

28 www.diakonie-emden.de/armenversorgung-im-16-jahrhundert/index.html

1933: 7). 이 재단은 교회 지향적이었지만 동시에 교회로부터 독립된 단체였고 지금도 그렇다. 이를 위해 매주 월요일에는 오전 9시부터 시청 앞 광장인 델프트(Delft)에서 모금이 허용되었다. 모금하는 남자는 소위 검은색의 '스페인 망토'를 입은 채 모금 통을 들고 있었다. 이러한 모습은 2차 세계 대전 초반까지 계속되었고 도움이 필요한 빈민들에게는 숙소 및 빵과 같은 기본적인 식량이 지급되었다.

이를 위해 나중에는 12명의 집사가 선출되었으며 매년 2명이 기도 후 투표로 선출되어 교체되었다. 이들은 매주 월요일 빈민들을 방문하여 필요를 채워주었고 모든 사역을 기록으로 남겼다. 일단 그들을 방문하면 다양한 조언도 해주고 감사 기도로 마쳤다. 그리고 매년 초에 전체 총회에 공적으로 결산 보고를 하였고 그 보고서에 임직자들이 서명하였다. 그러자 도움을 받던 빈민들도 열심히 일하여 조금씩 가난에서 벗어났으며 이들이 중산층이 되면 다른 빈민들을 구제하면서 하나님께서 그들에게 주신 축복을 감사하였다.

1594년에 스페인 군인들이 포위했던 흐로닝엔을 포기하고 철수하자 네덜란드 난민들도 고향으로 돌아가기 시작했다. 1609년에 스페인과 네덜란드 간에 정전조약이 체결되자 더 많은 난민이 돌아갔다. 네덜란드의 독립운동은 1648년 베스트팔렌 평화조약으로 성취되었고 그 후 이 난민들을 돕던 사역은 종결되었다.

4) 엠든 시민을 위한 구제 사역 (Die Diaconie der Huus-Sittenden Armen)

1648년에 외국인 빈민을 위한 구제 사역이 끝난 후 1665년에 흑사병으로 수많은 희생자가 발생하고 30년 종교전쟁, 홍수 및 다른 이유로 엠든에 원래 살던 시민 중 빈민이 발생하자 이들을 돕기 위한 구제 사역이 교회적으로 계속되었다. 2차 대전이 끝난 후 1954년부터 이 사역은 새롭게 시작

세상을 변화시키는 세계관

되어 이제는 물질적 도움뿐만 아니라 정신적, 영적 지원도 제공한다. 구제 위원들은 전쟁으로 파괴된 대교회를 1995년에 재건한 이후 지금도 대교회 당회실에서 전통에 따라 '스페인 망토'를 입고 모여서 회의하여 구제 대상을 결정한 후 마지막에 함께 포도주를 한 잔 마시며 은밀히 집행하기 위해 모든 내용을 잊어버린다는 구호를 함께 암송한다[29](Barghoorn & Wagenaar, 1997 : 44-47).

6. 알버트 하르덴베르크(Albert Hardenberg, 1510-1574)

1) 학업 및 사역(1510-1567)

알버트 하르덴베르크는 네덜란드 오버아이슬(Overijssel)의 하르덴베르크(Hardenberg)에서 태어났다. 흐로닝엔의 "공동생활 형제단"에서 자라며 "디보치오 모데르나" 운동에 큰 영향을 받아 개인의 경건 및 그리스도를 따라가는 헌신의 삶을 배우며 1527년에 아두아르드에 있던 성 버나드 시토 수도원(Zisterzienserkloster St. Bernhard)의 수도사가 되었다. 1530년에 루벤으로 가서 3년간 신학을 공부하다 개신교도가 되었으며 이탈리아로 가다 프랑크푸르트에서 중병에 걸려 머물던 중 아 라스코를 만나 매우 가깝게 지내게 되었다. 그 후 그는 마인츠(Mainz)에서 1537년에 박사 학위를 받았다 (Lange van Ravenswaay, Voss & Jahn, 2014 : 74).

그는 1539년에 아 라스코와 함께 루벤에 가서 강연하다 개혁 사상으로 조사를 받는 등 어려움을 겪다가 풀려나 아두아르드 수도원에 숨어 도서관에서 일했다. 그 후 멜랑흐톤과 아 라스코의 조언으로 엠든에 와 있다가 다

---

29   이러한 모습은 www.youtube.com/watch?v=GylxwB3bjh4&feature=youtu.be에서
     볼 수 있다.

시 1543년에는 비텐베르크에 가서 멜랑흐톤을 만나 친분을 쌓으며 신학 공부를 하게 되었다. 그 후에 다시 부쩌의 영향을 받아 스트라스부르그와 바젤 그리고 취리히에 머물며 교회법 및 개혁신학을 배웠다.

부쩌의 주선으로 그는 다시 퀼른으로 가서 당시 그곳에서 종교개혁을 시도하던 헤르만 폰 비드(Hermann von Wied) 대주교를 도와 신학자문위원으로 일했는데 1544년에 개최된 슈파이어 제국회의(Reichstag in Speyer)에 참여하여 부쩌와 멜랑흐톤이 작성한 개혁서 "단순한 염려(Einfältiges Bedenken)"를 변호하였고 나중에는 라틴어로 번역까지 하였다. 그 후 폰 비드 대주교는 그를 1545년에 열린 보름스 제국회의(Reichstag zu Worms)에 보냈고 이어 린쯔 암 라인(Linz am Rhein) 그리고 얼마 후에는 켐펜(Kempen)에서 목회를 하게 했는데 특별히 이곳에서는 천주교의 고해성사(Beichtpraxis)를 반대하다가 거의 죽을 뻔 한 위기도 경험하였다(Lange van Ravenswaay, Voss & Jahn, 2014: 77).

그 후 그는 퀼른을 떠나 아인벡(Einbeck)에서 사역하였으나 츠빙글리와 가깝다는 이유로 사직을 당하였다. 그 후 슈말칼덴 전쟁에서 야외 설교자로 사역하다가 드라켄부르그(Drakenburg) 전투에서 중상을 입었지만 살아남았고 이 전쟁에서 개신교 군대가 승리함으로 1547년에 브레멘 돔 교회에서 최초로 개신교 설교자 및 신학 교수가 되었고 흐로닝엔 출신의 게르트루이드 시싱거(Gertruid Sissinghe)와 결혼하였다.

처음에 그는 다른 사역자들과 관계가 좋았으나 성만찬에 대한 견해의 차이로 야콥 프롭스트(Jakob Probst) 및 티만과 같은 다른 루터교회 목회자들과 갈등이 생겼지만 중, 하류층의 서민들은 그의 개혁교회를 지지하였다. 이 논쟁에 멜랑흐톤이 가세하면서 하르덴베르크를 옹호하였으나 갈등은 격화되었고 1555년에 티만과의 논쟁이 심화하여 도시 전체가 분쟁에 휘말리게 되었다. 결국, 덴마크 왕 크리스치안 3세(Christian III)의 개입으로 사태가 종결되면서 하르덴베르크는 1561년 2월 18일 브레멘을 떠나게 되었다.[30] 1562년에 그는 올덴부르크(Oldenburg) 근처에 있는 라스테데(Rastede) 수도원에 머물던 중 런던, 비텐베르크 그리고 마부르크 등지에서 초청이 왔으나 거절하였다. 그 후 1565년에 빌헬름스하펜(Wilhelmshafen) 근처 젱바르든(Sengwarden)의 설교자가 되었다. 그 후 1567년부터 엠든의 설교자가 되어 1574년 이곳에서 페스트로 생을 마감할 때까지 섬겼다.

2) 엠든에서의 개혁 사역(1567-1574)

아 라스코가 1555년에 엠든을 떠난 후 겔리우스 파버가 1564년까지 사역했고 3년 후 하르덴베르크는 엠든에서 설교자로 사역을 시작했다. 그는 1540년에 아 라스코와 함께 엠든을 방문하여 설교한 적이 있기에 이미 잘 알려져 있었다(Janse, 1994: 102). 그의 주 사역은 대교회에서 설교하는 것이었지만 당회도 인도하였는데 그 분야는 국가, 정치, 사회, 사회 복지 및 보건, 결혼 및 가정, 칼뱅주의 교회와 교회 협의회 그리고 치리였다. 이 중에서도 그는 특히 세 번째 사역, 즉, 교회 행정, 신학적 및 교회법적 주제들에 대한 해설 및 조치, 자매 교회들에 대한 설교자 지원, 개혁교회 간의 국내외적인 협력 등에 집중했다(Janse, 1994: 104).

나아가 엠든 지역 목회자들의 모임인 'Coetus' 의장으로 섬기면서 목회자들에 대한 영적인 감독 역할뿐만 아니라 새로운 설교자 선발과 임명 및 교회공동체와 목회자 간에 갈등이 발생했을 때 조정하는 사역도 했다(Janse, 1994: 106-107). 이와 동시에 그는 16세기 당시 북부 독일 지역에서 가장 많은 도서를 소장하고 있었는데 이 도서들은 지금까지도 엠든에 있는

---

30 de.wikipedia.org/wiki/Albert_Hardenberg

요하네스 아 라스코 도서관에 보관되어 있다.[31]

또한, 하르덴베르크는 세속 정치 영역에 대한 교회의 독립성도 강조했다. 그 한 가지 예로 엠든 지역에 있던 유대인들을 추방하자는 청원이 당회에 접수되었을 때 그는 이를 거부하면서 이것은 교회가 할 일이 아님을 분명히 했다(Janse, 1994: 109). 그는 1574년 5월 18일에 소천하여 대교회에 묻혀있으며 그의 사역은 칼뱅주의 사역자 멘조 알팅이 이어받았다. 결국, 그는 아라스코 및 파버의 개혁 사역을 계승하여 개혁교회 및 신학을 견고히 하며 엠든 지역에서의 개혁 운동을 지속해서 주도하였다고 말할 수 있다.

7. 엠든 총회(Synode von Emden, 1571)

하르덴베르크가 사역하는 기간 중 1571년 10월 4일에 최초로 엠든 총회가 개최되었다. 1559년에 프랑스어권 교회들은 이미 총회를 통해 교회의 조직을 갖추었으나 네덜란드 개혁교회들은 80년간 독립전쟁을 하면서 엠든뿐만 아니라 노이스(Neuss), 베젤(Wesel), 엠머리히(Emmerich), 고흐(Goch), 레이스(Rees), 아헨(Aachen), 쾰른, 프랑크푸르트, 하이델베르크 및 프랑켄탈(Frankenthal) 등 여러 지역으로 흩어졌기 때문에 이 개혁교회들을 통합하는 총회를 개최하기가 쉽지 않았다. 그리하여 1568년 10월에 베젤에서 36명의 네덜란드 난민들이 모인 개혁교회 목사와 장로들이 모여 총회의 필요성을 논의하였다. 총회 시기는 1571년 10월 1일로 잡고 처음에는 장소를 프랑크푸르트로 정했다가 다시 쾰른으로 변경되었고 나중에 엠든으로 최종 결정된 것이다. 엠든에서도 하르덴베르크가 시무하던 대교회에서 하는 것은 정치적 간첩의 참여 등 여러 부담이 있어 프랑스어권 교회에서 조

---

31 이 도서들은 독일 정부의 후원으로 1998년에 전부 디지털화하여 인터넷에서 검색할 수 있다.

세상을 변화시키는 세계관

용히 개최되었다(Lange van Ravenswaay, Voss & Jahn, 2014: 57-58).

10일간 계속된 총회에 29개 교회 대표가 참석하였고 의장은 가스파르드 판 데어 헤이든(Gaspard van der Heyden)이 맡았으며 엠든을 대표해서 프랑스어권 교회 목사인 요하네스 폴리안더 아 께르끄호븐(Johannes Polyander a Kerckhoven)이 서기로 섬겼다. 이 총회를 통해 네덜란드 개혁교회의 규정 및 교리를 확립하고 장로교 정치 제도를 도입하였으며 벨직 신앙고백과 네덜란드어권에서는 하이델베르크 요리 문답을, 프랑스어권 교회들은 제네바 요리 문답을 채택하였다.[32]

나아가 보충성(Subsidiarität) 원칙을 천명하면서 위계서열적인 교회구조를 배격하며 중요한 결정을 내림에 있어 개별 교회도 참여(Partizipation)할 수 있는 참여의 원칙도 강조하면서 제 1조에 다음과 같이 천명하고 있다: "어떤 공동체도 다른 공동체들보다 위에 있지 않으며, 어떤 목회자도 다른 목회자들보다 위에 있지 않고, 어떤 장로도 다른 장로들보다 위에 있지 않으며, 어떤 집사도 다른 집사보다 위에 있거나 우선순위에 있지 않다. 오히려 자신을 가장 작은 자로 여기며 겸손해야 한다."[33](Perlich, 1973: 49)

총회 조직은 당회, 노회 그리고 총회라는 세 단계로 구분되는데 이는 칼뱅이 1559년에 제네바에서 실행한 "교회법(Ordonnances ecclesiastiques)"을 따른 것이다. 여기서 각 지역 교회공동체는 목회자, 장로와 집사들이 모인 회의[34] 가 스스로 모든 결정을 내린다(제6조). 그러나 여기서 처리할 수 없는

---

32 de.wikipedia.org/wiki/Synode_von_Emden

33 원문은 다음과 같다: „Keine Gemeinde soll über andere Gemeinden, kein Pastor über andere Pastoren, kein Ältester über andere Älteste, kein Diakon über andere Diakone den Vorrang oder die Herrschaft beanspruchen, sondern sie sollen lieber dem geringsten Verdacht und jeder Gelegenheit aus dem Wege gehen."

34 Presbyterium, Kirchenrat, Kirchenvorstand 또는 Konsistorium이라고도 한다.

사안들에 관해서는 지역 노회에서 결정하며 노회는 각 당회에서 2명(목사와 장로)의 총대를 파송하여 구성한다(제7조). 지역 노회에서 결정하기 어려운 사안은 총회에서 결정한다(제8, 9조).

이러한 엠든 총회의 결정은 1578년 네덜란드의 도드레흐트(Dordrecht) 총회에서 재확인되었으며 전 세계 개혁 및 장로교회뿐만 아니라 대부분의 개신교회 헌법 및 조직의 모델이 되었다. 나아가 이러한 정치 모델은 전 세계 민주국가들의 헌법에도 반영되었다는 점에서 매우 중요한 의미가 있다고 할 수 있다.

8. 멘조 알팅(Menso Alting, 1541-1612)

1) 학업 및 하이델베르크 사역(1541-1575)

멘조 알팅은 네덜란드 출신의 개혁주의 설교자요 종교 개혁자였다. 그는 흐로닝엔 근처인 엘드(Eelde)에서 태어났다. 흐로닝엔의 성 마틴 학교(Sint Maartenschool)에서 공부하면서 스승인 레그네루스 프라이디니우스(Regnerus Praedinius)에게서 개혁인문주의(Reform humanismus)를 배웠다. 당시에 함께 공부했던 친구 중에 하르덴베르크와 한스포르트가 있었는데 이들 모두 "공동생활 형제단"에서 훈련받았다. 하지만 알팅은 이곳에서의 학업을 잠시 중단한 후 나중에 독일의 여러 곳에서 공부했다(Voß, & Jahn, 2012: 13-14).

그 후 알팅은 독일의 쾰른대학에서 신학을 공부했다. 1564년에 그는 네덜란드 북부 하른(Haren)에서 부교역자로 일하다 몇 개월 후 그 근처 슬렌(Sleen)의 목회자가 되었다. 1565년에 그는 성경, 특히 로마서를 깊이 연구하다 개혁에 가담하여 하이델베르크에서 학업을 마친 후 헬펜(Helpen)으로 돌아와 있다가 슬렌에서 종교개혁을 일으켰으나 큰 성과를 거두지는 못했다(Voss & Jahn, 2012: 15).

1566년 네덜란드의 가톨릭 성당에 있던 성상들을 파괴한 사건(Beelden-storm) 이후 네덜란드에서 스페인의 알바 공에 의해 개신교도들에게 박해가 시작되자 알팅은 1567년 7월에 독일로 피난 와서 하이델베르크 등 여러 곳을 전전하던 중 1574년에는 테오도르 베자(Theodor de Beza)를 알게 되었고 하이델베르크 요리 문답을 집필한 자카리아스 우르시누스(Zacharias Ur-sinus) 및 카스파 올레비안(Caspar Olevain)과도 오랫동안 친분을 가지게 되었다. 그 후 하이델베르크에서 설교자로 사역하다가 1575년에 엠든 교회의 청빙을 받자 처음에는 몇 번 거절했으나 마침내 수락하여 엠든에서 담임 사역자로 일하게 되었다.

2) 엠든에서의 개혁 사역 (1575-1612)

이 시기에 엠든 주민의 절반은 네덜란드에서 온 개신교도들로 약 6천 명 정도였다. 그는 하르덴베르크를 계승하여 1575년 10월 그는 엠든의 대교회에서 담임 설교자가 되었으며 동시에 정치 지도자가 되어 엠든에서 칼뱅주의의 부흥을 일으켰다. 이전의 교회 지도자들과는 달리 알팅은 루터교회와의 타협보다는 더욱더 개혁주의적으로 교회적, 정치적 지도력을 발휘했다.

또한, 알팅은 1578년 엠든에서 종교 대화(Emder Religionsgespräches)를 열어 당시 그곳에 있던 재세례파 지도자들과 대화했다(Lange van Raven-swaay, Voss & Jahn, 2014: 17). 이를 통해 그들 간의 다양한 갈등과 문제점들을 해결하려고 노력했다(Voss & Jahn, 2012: 17).

당시 프리슬란트의 영주인 빌럼 로드베이끄(Willem Lodewijk)는 스페인과의 전쟁에서 승리한 후 알팅을 1594년에 흐로닝엔과 드렌테로 초청하여 설교하게 했는데 그해 7월 17일 흐로닝엔의 마르티니교회(Martinikerk)에서 최초로 개혁주의 예배를 인도했으며 그 후 드렌테에 가서 설교했다. 이때부터 그는 "드렌테의 개혁자(de kerkhervormer van Drenthe)"라는 별명도 얻게 되었다. 그때 그는 그곳에 있던 고인돌을 설교단으로 사용했다고 한다.[35]

1595년 3월 18일, 그는 오스트프리슬란트의 루터란 영주인 에드자르드 2세에 대항하여 엠든에서 칼뱅주의 주민들의 반란을 주도하였다. 이를 "엠든의 혁명(Emder Revolution)"이라고 부른다(Lange van Ravenswaay, Voss & Jahn, 2014: 16). 그 결과 1595년 7월 5일에 맺어진 "델프자일 협약(Vertrag von Delfzijl)"에 의해 그때부터 1744년까지 엠든은 반독립적 지위를 누리는 칼뱅주의적 도시 공화국이 되었다. 그 후 1612년 알팅은 70세에 소천하였다. 그는 앞선 개혁자들이 이룬 사역을 더욱 견고히 하여 엠든에서의 교회개혁뿐 아니라 정치적 안정과 독립성을 확립하는 데 공헌했다고 말할 수 있다.

III. 나가는 말

이 글에서는 엠든에서 종교개혁이 어떻게 일어났으며 그 사회를 총체적으로 변화시켰는지 고찰하였다. 본 연구에서 먼저 도출하고 싶은 첫 번째 결론은 종교개혁이 중세와의 극단적인 단절로 갑자기 일어난 것이 아니라 오히려 연속적인 개혁의 과정이 있었다는 점이다. 물론 루터를 보면 천주교와 대립한 모습들이 더 주목받는 것이 사실이지만 적어도 유럽 북서부 프리슬란트 지역에서 일어난 개혁 운동은 우선 흐로닝엔 근처 아두아르드 수도원을 중심으로 일어난 기독교 인문주의자들이 개혁 사상이 있었으며 나아가 "디보치오 모데르나" 운동이 종교개혁의 길을 열어주는 빗장 역할을 했음을 알 수 있다. 파버, 하르덴베르크 그리고 알팅 모두가 이러한 영향을 받았음을 보여준다.

---

35 nl.wikipedia.org/wiki/Menso_Alting

두 번째로 엠든의 개혁은 단지 교회와 신학만 개혁한 것이 아니라 정치 경제 사회 문화 등 모든 면에서 개혁을 추구했다는 것이다. 개혁자들은 당시 어려운 위기 상황도 신앙으로 극복해 나가면서 여러 문제에 대해 구체적인 대안을 제시하고 해결해 나갔다는 것이다. 가령 개신교 난민들이 물밀듯 유입될 때에도 그리스도의 사랑으로 받아들였고 그중에 가난한 난민들이 많아지자 다양한 구제 사역을 하였다. 이런 점은 제네바에서 개혁을 주도한 칼뱅과 이후 19세기 후반과 20세기 초반에 네덜란드에서 아브라함 카이퍼(Abraham Kuyper)[36]가 신학자와 목회자로 네덜란드의 세속화된 국가교회를 개혁할 뿐만 아니라 암스테르담에서 기독교 대학인 자유 대학교를 세워 수많은 인재를 키웠고 나중에는 기독 정당을 창당하여 수상까지 지내면서 교육 및 사회 개혁을 추구하여 신칼뱅주의를 낳은 것과 일맥상통한다. 한국의 교회는 아직도 성속을 구별하는 이원론에서 벗어나지 못하여 주일 중심의 신앙에 머물고 있으며 특히 사회 개혁의 주체가 되지 못하고 있다. 높은 자살률, 저출산 및 고령화, 소득 불평등의 심화 및 불공정한 한국 사회의 여러 문제에 대해 한국 교회는 더 설득력 있고 구체적인 대안을 제시하며 적극 해결을 위해 참여하여야 할 것이다.

세 번째로 엠든의 개혁자들이 천주교와의 차이점은 강조하면서도 개신교 내에서 다양성을 존중하면서 화해와 일치를 위해 부단히 노력했다는 점이다. 다양한 신앙고백 속에서도 화합을 추구하기 위해 협의체(Coetus)를 만들고 대화 모임에 참여하는 등 최선을 다했다는 점을 잊지 말아야 할 것이다. 한국의 근대교회사를 보아도 선교사들과 교회 지도자들이 교단 간 서로 협력하였다. 하지만 20세기 후반부터 많은 분열이 일어나면서 교회가

---

36 카이퍼의 박사 학위 논문이 칼뱅과 아 라스코의 교회관을 비교한 것이었고, 이후 그는 직접 『아 라스코 전집』을 출판한 것을 보면 그가 아 라스코의 영향을 상당히 받았다고 볼 수 있다.

사회적 영향력을 상실하고 오히려 손가락질의 대상이 되는 점은 매우 안타까운 일이다. 한국 교회들이 특히 이 점을 개혁해야 할 것이다(최용준, 2006).

네 번째로 엠든의 개혁에 결정적인 역할을 한 주체는 개신교 난민들이었다는 점이다. 16세기 종교개혁은 수많은 개신교 난민들을 낳았고 이들은 신앙의 자유를 찾아 전 세계로 흩어졌다. 여기서 주목할 점은 이들 난민을 따뜻하게 받아들이고 그 사회에 통합한 도시들은 얼마 후 경제, 사회, 문화 등 모든 면에서 황금시대를 누렸다는 사실이다. 16세기 스위스의 제네바, 독일의 엠든 그리고 네덜란드 암스테르담의 역사가 이를 분명히 증명한다.[37] 하지만 한국 사회는 아직도 북한에서 오는 새터민들 이외에는 타국의 난민들에 대해 그리 개방적이지 못하며 지역 교회들도 다문화가정에 관한 관심이 부족하다. 한국으로 오는 여러 종류의 난민들과 다문화가정을 복음으로 지혜롭게 섬길 때 한국 사회는 더 큰 축복을 경험하게 될 것이다.

마지막으로 언급하고 싶은 것은 장 칼뱅과 요하네스 아 라스코의 공통점이기도 한데 이들의 신학 사상 이외에도 한 번 떠났던 곳에 다시 가서 개혁의 꽃을 피웠다는 점이다. 이것은 개혁에 한 번 실패하였다고 해서 낙심하거나 절망해서는 안 된다는 소중한 교훈을 우리에게 주고 있다. 모든 개혁에는 수구세력의 저항이 따르기 마련이다. 하지만 진리에 기초한 진정한 개혁은 절대 실패하지 않는 것이다.

엠든의 개혁자들과 성도들은 교회뿐만 아니라 사회의 총체적 개혁에도 헌신하여 세상을 변화시킨 신앙의 거장들이었으며 삶의 모든 영역에서 하나님의 주권을 드러내고자 했고 그렇게 헌신함으로 귀하게 쓰임 받았던 하

---

37 이런 의미에서 엠든의 요하네스 아 라스코 도서관과 오스트프리슬란트 박물관은 공동으로 2017년 5월 14일부터 11월 5일까지 "종교개혁과 피난-16세기의 엠든과 신앙 난민들 (Reformation und Flucht - Emden und die Glaubensflüchtlinge im 16. Jahrhundert)"라는 주제로 특별 전시회를 개최했다. (www.jalb.de/17380-0-309-42.html 참고.)

세상을 변화시키는 세계관

나님 나라의 일군이었다. 따라서 한국 교회와 기독인들은 이 엠든의 개혁 역사를 더욱 깊이 연구하고 본받아 이 시대에 한국 사회에 새롭게 적용함으로 책임과 사명을 잘 감당해야 할 것이다.

참고문헌

개혁주의학술원 (2014). 『칼빈 시대 유럽대륙의 종교개혁가들』 부산: 고신대 개혁주의 학술원.

최용준 (2006). 『하나됨의 비전』 서울: IVP.

Barghoorn, J. & Wagenaar, A. (1997). "500 Jahre Emder Armenversorgung" Züchner, C. (Hrsg.) *Über Zeiten und Räume*. Gerhard Verlag Emden. 37-48.

Busch, E. (2000). "Die Ekklesiologie bei a Lasco und Calvin", Strohm, C. (Hrsg.) *Johannes a Lasco (1499-1560): Polnischer Baron, Humanist und europäischer Reformator*. Tübingen: Mohr Siebeck.

Faber, G. (1552). *Eine Antwert Gellij Fabri, dener des hilligen wordes binnen Emb-den up einen bitter-Hönischen breeff der Wedderdöper*. Madgenburg.

Hagedorn, B. (1910). *Ostfrieslands Handel und Schiffahrt im 16. Jahrhundert*. III. Berlin: Curtius.

Janse, W. (1994). *Albert Hardenberg als Theologe*. E.J. Brill.

Jürgens, H. P. (2002). *Johannes a Lasco in Ostfriesland: Der Werdegang eines europäischen Reformators*. Mohr Siebeck.

_____. (1999). *Johannes a Lasco - Ein Leben in Büchern und Briefen. Eine Ausstellung der Johannes a Lasco Bibliothek*. Foedus.

Krömer, E. (2007). "Der Briefwechsel des Hermannus Aquilomontanus mit Heinrich Bullinger", *Emder Jahrbuch fur historisch Landeskunde Ostfrieslands*. Bd. 87. Risius. 31-67.

_____. (2007). "Hermannus Aquilomontanus", in Martin Tielke (Hrsg.) *Biographisches Lexikon für Ostfriesland*, 4 Bde. Aurich 1993-2007, Bd. 4, 16-18.

Lange van Ravenswaay, J.M.J. (2013). "The importance of the John a Lasco library Emden/Germany for the history and theology of the Reformed churches" *International Congress of Reformed and Presbyterian Churches*. Seoul.

Lange van Ravenswaay, J.M.J., Voss, K.D., Jahn, W. (2014). *Emden: Orte der Refor-*

세상을 변화시키는 세계관

mation. Evangelische Verlagsanstalt Leipzig.

Mülder, J. (1933). *Die Diakonie der Fremdlingen-Armen im Emden: 1558-1933*. Wenzel.

Perlich, D. (1973). *Die Akten der Synode der niederländischen Gemeinden, die unter dem Kreuz sind und in Deutschland und Ostfriesland verstreut sind, gehalten in Emden, den 4. Oktober 1571*. In: Evangelisch-Reformierte Kirche in Nordwestdeutschland (Hrsg.): *1571 Emder Synode 1971. Beiträge zur Geschichte und zum 400 jährigen Jubiläum*. Lomberg, E. (1973). bearb. und red. Neukirchener Verlag.

Pettegree, A. (1992). *Emden and the Dutch Revolt: Exile and the Development of Reformed Protestantism*. Clarendon Press; 1 edition.

Rodgers, D. W. (1995). *John à Lasco in England* (American University Studies) Peter Lang Inc., International Academic Publishers.

Smid, M. (1974). *Ostfriesische Kirchengeschichte*. Pewsum.

Springer, M. S. (2007). *Restoring Christ's Church: John a Lasco and the Forma ac ratio* (St Andrews Studies in Reformation History) Routledge; 1 edition.

Strohm, C. (2000). "Kirchenzucht und Ethik bei a Lasco", Strohm, C. (hrsg.) *Johannes a Lasco (1499-1560): Polnischer Baron, Humanist und europäischer Reformator*. Tübingen: Mohr Siebeck.

Van der Heide, J. W. (2002). *Gellius Faber: pastoor in Friesland, predikant in Oost-Friesland*.

Voβ, K. D. & Jahn, W. (Hrsg. 2012). *Menso Alting und seine Zeit. Glaubensstreit – Freiheit – Bürgerstolz* Oldenburg, Isensee Verlag.

Voβ, K. D. (Hg.) (2013). "Wie eine Lilie unter Dornen.."-theologische, historische und genealogische Aspekte von Wanderbewegungen flandrischer Buchdruckerfamilien im 16. Jahrhundert" in ... *doch die Welt nicht Heimat mir?: Beitrage zu sechs Jahrhunderten Migrationsgeschichte in Ostfrieslandund den benachbarten Niederlanden*. Ostfriesland Verlag. 9-50.

Welker, M., Beintker, M. & de Lange, A. (2016). *Europa reformata: European Reformation Cities and their Reformers*. Leipzig, Evangelische Verlagsanstalt.

Schmidt, H. (1994) *Geschichte der Stadt Emden von 1500 bis 1575*. Pewsum.

de.wikipedia.org/wiki/Albert_Hardenberg

de.wikipedia.org/wiki/Friesische_Freiheit

de.wikipedia.org/wiki/Johannes_a_Lasco

de.wikipedia.org/wiki/Menno_Simons#Anschluss_an_die_T.C3.A4uferbewegung

de.wikipedia.org/wiki/Menso_Alting

en.wikipedia.org/wiki/Consensus_Tigurinus

en.wikipedia.org/wiki/Jan_Ł aski

landesmuseum.eezeebee.com/places/details/8

nl.wikipedia.org/wiki/Abdij_van_Aduard

nl.wikipedia.org/wiki/Hinne_Rode

nl.wikipedia.org/wiki/Menso_Alting

gameo.org/index.php?title=Faber_de_Bouma,_Gellius_(d._1564)

reformation-cities.org/cities/emden

www.jalb.de

www.jalb.de/17380-0-309-42.html

www.luther2017.de/kr/reformation/und-ihre-menschen/johannes-a-lasco

세상을 변화시키는 세계관

칼뱅주의가 제네바의 변혁에 미친 영향에 관한 고찰[1]

I. 들어가는 말

2017년은 교회개혁(Reformation) 500주년이었다. 하지만 이 개혁은 사실 '교회개혁'만이 아니라 사회 문화 전체를 아우르는 '총체적 변혁(Transformation)'이라고 보아야 한다. 그 대표적인 예 중 하나가 스위스 제네바라고 할 수 있다. 프랑스의 개혁가 장 칼뱅(Jean Calvin)이 프랑스 개신교도들인 위그노들(Huguenots)과 함께 제네바에 오기 전까지 스위스는 사실 매우 가난한 나라였다. 특히 당시 제네바는 각종 범죄자, 정치적 망명자들, 간첩들 그리고 선원들로 가득하여 술 취함과 매춘이 성행하여 "유럽에서도 가장 냄새나는 도시(the smelliest city in Europe)"로 불렸다(Bloomer, 2009: 5). 칼뱅도 임종 며칠 전 남긴 유언을 보면 그가 처음 제네바에 왔을 때 이 도시는 "무법천지(Tout estoit en tumulte)"였다고 말하고 있다(Calvin, 1870: 892). 하지만 전 세계로 흩어진 위그노들은 비록 난민들이었지만 사실상 고급 기술을 가진 정밀 시계 가공업자, 인쇄업자, 금속장인, 섬유업자 및 전문적인 직업인들, 즉 기업가, 은행가, 교사, 법률가, 의사, 상인들이어서 이들의

---

1 본 논문은 「신앙과 학문」 2018년 제23권 3호(통권 76호), 323-351에 실렸다.

탈출은 프랑스 편에서 볼 때 고급인력의 고갈(brain drain)이었다(Treasure, 2013: 369-375). 제네바는 당시 인구가 만 명 정도였으나 칼뱅의 개혁을 수용하고 그를 통해 위그노 난민들을 받아들이면서 인구는 두 배로 급증했고 칼뱅의 직업 소명론 및 개신교 노동윤리 등의 성경적 세계관은 제네바를 놀랍게 변혁시켰다. 나아가 프랑스의 앙리 4세(Henri IV)가 1598년에 개신교도의 신앙적 자유를 어느 정도 허용하기 위해 선포한 낭트 칙령(L'édit de Nantes)이 1685년 루이 14세(Louis XIV)의 퐁텐블로 칙령(L'édit de Fontaine-bleau)에 의해 폐지된 이후 더 많은 위그노들이 스위스뿐만 아니라 영국, 네덜란드, 독일 등지로 흩어졌는데 이들은 그 나라의 경제 발전에 지대한 공헌을 했으며 특히 영국의 산업혁명에도 크게 이바지했다(Beaudreau, 2016).[2]

칼뱅은 1541년부터 1564년까지 제네바에서 개혁 운동을 하면서 교회뿐만 아니라 다른 모든 면에서도 변혁을 시도했다. 무엇보다 설교, 치리회(Consistoire) 및 법 제정을 통해 영적, 도덕적 및 사회적 개혁을 시행하였는데 많은 어려움과 반발이 있었으나 마침내 괄목할만한 열매를 맺었으며 1559년에는 제네바 아카데미(Geneva Academy)를 창설하여 교육개혁을 시도하였고 이 기관은 나중에 꼴레쥬 깔뱅(Collège Calvin) 및 제네바 대학교로 발전하였다(Graham, 1971). 그 후에 제네바가 "개신교의 로마(Protestant Rome)"로 불리면서 성시화의 모델과 가장 지속 가능한 도시로 인정받게 된 것은 결코 칼뱅의 사상과 무관하다고 말할 수 없을 것이다. 현재 제네바는 인구가 20만 정도이지만 세계에서 가장 살기 좋은 도시 중 하나일 뿐만 아니라 미국의 28대 대통령 우드로우 윌슨(T. Woodrow Wilson)에 의해 창설된 국제연맹(League of Nations)의 본부가 있었으며 이 건물이 지금은 유엔(UN)의 유럽본부가 되었고 기타 국제기구들이 200여 개나 있는 국제화한 외교

---

2 huguenotmuseum.org/event/huguenots-and-the-industrial-revolution

세상을 변화시키는 세계관

적 수도(diplomatic capital)가 되었다. 나아가 최근 제 4차 산업혁명을 전 세계에 화두로 제시한 클라우스 슈밥(Klaus Schwab)도 제네바 대학교의 경제학 교수로 봉직한 후 은퇴했으며 그가 이끄는 다보스 포럼(Davos Forum)으로 유명한 "세계경제포럼(WEF : World Economic Forum)"도 제네바에 본부를 두고 있다.

지금까지 칼뱅의 생애와 신학에 관한 연구는 매우 많이 이루어졌으며 (McGrath, 1990 ; 정성구, 1980 ; 김재성, 1997 ; 문병호, 2015 등) 그의 사상과 사역이 어떻게 당시 제네바를 변화시켰고(Bainton, 1985 ; Biéler, 1959 ; Bousma, 1988 ; Wallace, 1988 ; Benedict, 2009 ; 오덕교, 2005 ; 안인섭, 2015) 여러 나라로 확산하였는가에 관한 연구도 많다(Bratt, 1964 ; McNeill, 1967 ; Reid, 1982). 하지만 칼뱅주의가 당시의 제네바를 변화시켰을 뿐만 아니라 오늘날의 국제적인 도시로 발전시킨 공헌에 관한 연구는 그리 많지 않다. 따라서 이 글에서는 칼뱅의 사역과 사상이 어떻게 그 당시의 제네바를 총체적으로 변혁시킨 동시에 현재의 제네바를 낳는 데 공헌했는지 고찰한 후 이것이 한국 사회에 주는 교훈이 무엇인지를 살펴보겠다.

II. 칼뱅주의와 제네바의 변혁

1. 역사적 배경

제네바의 역사는 토마스 블루머(Thomas Bloomer)가 말한 것처럼 폭력과 부패, 음모와 용기 등 다양한 요소로 가득하여 있다(Bloomer, 2008 : 103). 중세의 제네바는 이탈리아, 프랑스, 독일 또는 오스트리아를 통해 유럽 여러 곳으로 가는 사람들이 만나는 교차로이며 이탈리아와 북유럽을 연결하는 무역의 중심지로 한때 번영하여 메디치(Medici) 은행가들은 1422년에 이곳에 지점을 설립하기도 했으며 무역 전시회가 열렸기 때문에 여관들도 많앉고 상인들 외에도 제네바 호수의 항해자들, 정치적 망명자들, 범죄자들과 간첩들도 적지 않았다. 하지만 프랑스가 영국과 백년 전쟁을 치른 후 프랑스 왕이 무역의 중심지를 제네바에서 리용(Lyon)으로 옮기는 바람에 제네바는 큰 타격을 입게 되었다(Benedict, 2009: 2). 또한, 16세기 초반 제네바의 교회들도 유럽의 다른 교회들처럼 부패하여 주일 예배 시간에 참여하지 않고 집에서 도박하는 사람, 교회 내에서 크게 웃거나 소동을 벌이는 사람, 술꾼들, 좀도둑들, 다투고 싸우는 사람들 및 간통을 범한 사람들도 있었으며 심지어 가톨릭 사제들이 운영하는 사창가들이 성업할 정도였다. 이처럼 교회가 성결을 상실하자 영적 힘과 권위 그리고 지도력도 잃어버리게 되어(Bloomer, 2009: 5) 제네바는 총체적 위기에 처해 있었다.

그러나 정치적으로 중요한 변화가 일어나기 시작했는데 제네바의 독립을 추구했던 의회(Le Grand Conseil)는 1526년 2월 20일에 베른(Bern) 및 프리부르(Fribourg)와 동맹을 맺어 구 스위스연방(Alte Eidgenossenschaft)에 가입함으로써 시민들의 자유를 보호하는 데 성공하였으며 그해 3월 12일에 스위스 다른 주들의 대표들이 제네바 의회에 모여 이를 확정했다. 따라서 제네바는 중세시대부터 그 지역을 다스리던 주교의 통치권을 박탈하여 영토 확장을 꾀하던 사보이(Savoy) 공작의 지배로부터 해방되었다.

이처럼 16세기 유럽 대부분은 여전히 지역마다 군주가 통치하였으나 제네바만큼은 독립을 쟁취하여 자치 정부를 가진 도시 공화국이 되었다. 나아가 베른이 1528년에 종교개혁을 받아들인 후 여러 지역에 확대하면서 프랑스어권에는 기욤 파렐(Guillaume Farel)을 개혁자로 파송하였다. 파렐은 제네바로 와서 1532년부터 개혁 운동을 시작했고 1535년 8월 26일, 제네바 시의원들은 만장일치로 개신교 도시가 되기로 하였다. 가톨릭 미사는 금지되었고 성상들은 제거되었으며 대부분의 교회 재산은 몰수되어 이것으로 시립 병원을 세우자 가톨릭 공동체들은 제네바를 떠나기 시작했다. 예배는 단순화되었으며 모든 가톨릭 휴일들도 폐지되었고 매춘, 간음, 가무 및 주점들은 엄격히 금지되었다. 이어 프랑스가 사보이 지역을 점령하고 베른이 뻬이 드 보(Pays de Vaud)를 통제하자 제네바 시민들은 성경에 따라 살기로 서약했다(Benedict, 2009: 3). 하지만 파렐은 혼자 모든 개혁 사역을 감당할 수 없음을 알았고 마침 칼뱅이 제네바를 방문하자 그의 동역을 요구하였다.

2. 제네바 1차 개혁(1536-1538)

1536년 7월부터 2년간 파렐과 함께 칼뱅은 제네바를 개혁하려고 노력했지만 쉽지 않았다. 비록 시민들이 정의롭게 살기로 맹세하였으나 분파가 생겨났고 의심도 있었는데 당시 칼뱅은 약관 27세였다. 가장 심각한 교회 정치적 갈등은 제네바와 동맹을 맺은 도시인 베른이 교회 예배에 통일성을 제안하면서부터 시작되었다. 가령 성찬식에서 무교병을 사용할 것을 제안하였는데 파렐과 칼뱅은 이것을 따르지 않고 연기하였다. 결국, 취리히 총회에서 최종 결정이 내려져 시의회는 이것을 요구하였으나 파렐과 칼뱅은 부활절 예배에서 성찬을 실시하는 것을 거부하였고 결국 시의회는 이 두 개혁자를 추방하였다(McGrath, 1990: 98-100; Cottret, 2000: 129-131; Parker, 2006: 85-90; Wallas, 1988: 19-20; McNeill, 1967: 142-143). 그리하여 파렐은 뇌샤텔(Neuchâtel)로 갔고 칼뱅은 바젤(Basel)에 머물다 부쩌(Marin Bucer)의 초청으로 스트라스부르(Strasbourg)로 돌아가 그곳에 있는 프랑스 난민교회의 목회자가 되었다.

3. 제네바 2차 개혁(1541-1564)

1) 개혁의 목표와 세 방법

하지만 1541년 9월 13일, 칼뱅은 제네바 시의회의 요청으로 다시 제네바로 돌아왔다. 당시 제네바는 가톨릭으로 돌이키려는 세력의 위협을 받고 있어 그동안의 개혁이 물거품이 될 상황이었다. 따라서 칼뱅이 다시금 제네바의 선임 목회자로 임명되자 유럽의 수많은 개신교도는 환영했으며 특히 프랑스의 많은 위그노들이 다시 제네바로 몰려들기 시작했다. 칼뱅은 기존의 교회 및 사회 질서가 무너져 진공상태에 있던 제네바에 새로운 패러다임을 통한 "총체적 변혁"이라는 실험을 감행했다. 도시의 다양한 필요에 대해 단지 목회자로서뿐만 아니라 법률가와 신학자로서 성경적 원칙에 의해 정부 구조를 재정비하고 사회를 개혁하면서 교회의 역할을 새롭게 정립했다. 나아가 다양한 실제적 이슈들에 대해서도 가르치면서 실행에 옮겼다. 결국, 그가 가졌던 비전은 제네바 시민들이 하나님 앞에 겸비하고 하나의 모범적인 공동체가 되어 복음의 빛을 전 세계에 퍼뜨리는 통로로 쓰임 받는 것이었다(Benedict, 2009 : 4).

블루머는 칼뱅이 추구한 개혁의 세 가지 목표를 다음과 같이 잘 요약하였다. 첫째, 복음을 개인들에게 올바로 전하여 사람들이 구원받고 변화된 삶을 살며 교회도 성경적 성결함을 회복하는 것이다. 둘째, 시민들을 바로 가르쳐 올바르게 살고 권세를 가진 공무원들은 공의로 다스리며 모든 사람이 자신의 영역에서 어떻게 일해야 하는지 알게 하는 것이다. 마지막으로는 모든 개인과 지도자들이 책임의식을 가지고 성경의 교훈을 삶의 모든 영역에 바르게 적용하게 하는 것이었다(Bloomer, 2008 : 108).

이를 위해 칼뱅이 사용한 세 가지 중요한 개혁 수단이 있었는데 베네딕트는 이것이 설교, 치리회 그리고 법 제정이었다고 말한다(Benedict, 2009 : 5-7). 먼저 그가 강조한 것은 설교였다. 그는 제네바 시민들이 말씀을 통해 개인적으로 회심하여 하나님을 진정 신뢰하는 것이 개혁의 기초라고 믿었다. 따라서 시민들뿐만 아니라 지도자들에게 장기간에 걸쳐 성경을 조직적이고 체계적으로 가르쳐 그들이 이를 상황에 올바로 적용하게 함으로써 제네바를 변화시키는 것이었다. 이를 위해 제네바 교회법에 따라 세 군데 교구에서 세 명의 목사가 매주 26번 설교했는데 칼뱅은 주일에 두 번, 주중에 세 번 했다. 이것이 너무 과하다고 생각한 시의회는 1542년 말, 주일에 한 번만 설교하도록 조치했다. 그러나 1549년 10월에 그는 다시 주일에 두 번 설교하도록 요청을 받았다. 그의 설교는 보통 한 시간이 넘었으며 원고를 사용하지 않았다. 비서가 그의 설교를 기록하기 위해 노력했으나 1549년 이전의 원고는 거의 남아 있지 않다. 그의 설교는 분명한 성경 주해와 더불어 당시 제네바 및 세계정세에 맞는 주제에 대한 적용으로 이루어졌다. 그는 제네바에서 25년간 사역하면서 약 4천 번 설교했으며 이것은 제네바 변혁의 큰 동력이 되었다(Benedict, 2009: 5).

두 번째로 칼뱅이 사용한 개혁 수단은 치리회였다. 그는 무엇보다 안정된 치리회가 필요함을 절감하여 다시 제네바에 온 지 2주 만에 제네바 "교회법(Ordonnances ecclésiastiques)"을 작성하여 시의회에 제출했는데 여기에 치리회가 들어있었다. 약간의 수정을 거친 후 이 법은 1541년 11월 20일 주일에 승인되어 법적 효력을 발휘하기 시작했다. 이 치리회는 12명의 목사와 시의회에서 매년 선출된 12명의 장로로 구성되었으며 매주 목요일마다 모여 치리에 관한 업무를 담당했다. 이 치리회는 이전에 이미 바젤에서 요하네스 외콜람파디우스(Johannes Oecolampadius) 및 스트라스부르에서 부쩌가 시작했다가 실패했지만, 기독교 윤리를 어기고 성만찬 공동체를 분열시키거나 더럽히는 사람은 경고하여 회개하도록 하고 그렇지 않으면 성찬 참여를 금지했다. 또한, 이 법은 교회의 직분을 네 가지로 구분하였는데 목사는 설교하고 성만찬을 집행하며, 교사는 신앙교육을 하며, 장로는 권징을 담당하고 집사는 가난하고 도움이 필요한 사람들을 돌보는 직분이었다. 이러한 직분은 당시 가톨릭교회에는 전혀 없던 매우 혁신적인 제도였다(Ganoczy 2004: 15-17). 시 정부는 시민들을 소환하는 권한을 계속 가지고 있었고 치리회는 교회법과 관련된 부분에 대해서만 재판할 수 있었으나 집행권은 시 정부에 있었다(Cottret, 2000 : 165-166).

나아가 칼뱅은 가톨릭이 지배하는 지역에 있는 개신교도들에게 제네바로 이주할 것을 권고하였다. 당시 제네바는 바젤처럼 길드조직이 시의회에 강하게 영향을 미쳐 노동시장에 외국인들이 오는 것을 경계하던 것과는 달리 길드조직이 시의회에 미치는 영향이 비교적 적어 외국 난민들을 수용하는 데 큰 어려움이 없었다. 따라서 제네바에는 점점 더 많은 개신교 난민들이 모여들었고 이들은 칼뱅의 가르침에 따라 제네바의 발전을 위해 다양하게 공헌하였다. 칼뱅은 제네바 시민들이 점진적으로 모든 가톨릭 관습들을 버리고 정기적으로 예배에 참여하여 설교를 경청하며 소요리 문답을 배워 성찬에 올바로 참여하도록 하였다. 나아가 성적 문란, 간음, 도박, 과도한 음주 또는 지나친 가무, 경제적 사기 또는 고리대금 등의 행위를 하거나 설교자들에 대해 무고한 험담을 하고 외국인들에 대해 불평하는 사람은 치리의 대상이었다.

치리는 크게 세 가지로 이루어졌는데, 첫째는 회개할 경우 치리회 앞에서 훈계를 받고 둘째는 회개하지 않거나 더 심각한 죄를 범했을 경우 분명한 회개의 증거가 있을 때까지 수찬 정지를 당했다. 가장 심각한 치리는 시의 법률을 위반한 경우로 이는 시 정부에 넘겨져 법적 처벌을 받았다(Benedict, 2009 : 5-7).

세 번째로 칼뱅이 사용한 개혁 수단은 법률 제정이었다. 그는 제네바 시민들의 삶을 변혁하기 위해서는 교회법뿐만 아니라 시에서 정한 법도 매우 중요하므로 하나님 나라와 지상의 왕국은 연결된다고 보았고 지상의 권세를 가진 기관들도 이 세상에서 하나님의 권세를 대신하여 참된 종교를 방어해야 할 의무가 있다고 강조했다. 원래 칼뱅도 법을 전공했으므로 제네바시의 법률 제정에 대해 중요한 자문 역할을 할 수 있었다.[3] 가령 유아세례 시 아이들에게 성자의 이름을 부여하던 가톨릭 전통을 폐기하는 법률을 정하여 특정한 이름들-가령 엠마누엘(Emmanuel), 만성인(Toussaint), 십자가(Croix) 또는 주일(Dimanche)-의 사용을 금했다. 다른 법률은 가령 저속한 노래를 부르지 못하게 하고 주일 예배 시간에 거리를 배회하지 못하게 하며 도박을 허용하지 않는 주점 및 식당만 영업을 허가했다. 나중에는 하나님의 이름을 망령되이 일컫거나 시장 등 고위 공무원들에 대해 부당한 비방을 하지 못하도록 하였고 춤은 전면 금하였으며 기타 음란, 술주정, 방랑 또는 심지어 시간을 어리석게 허비하는 것과 허랑방탕 하는 것도 금하였다(Benedict, 2009: 7).

그 외에도 1542년에 칼뱅은 스트라스부르에서 사용하던 예배 모범을 참고하여 제네바 『교회의 기도 및 찬송 규범(La Forme des Prières et Chants Ecclésiastiques)』을 출판했다. 그는 음악의 중요성을 인정하여 성경 봉독을 지원하는 음악도 사용하길 원했다. 스트라스부르에서 끌레망 마로(Clément Marot)가 만든 시편 찬송에 더 많은 찬송을 첨가하여 자신이 작곡하기도 했다. 1542년에 마로가 제네바로 오면서 19개의 시편 찬송이 추가되었고 다른 난민이었던 루이 부르주아(Louis Bourgeois)도 제네바에 16년간 살면서 많은 찬송을 작곡하였는데 그중에 가장 유명한 것이 '만복의 근원 하나님(Old Hundredth)'이다(Cottret, 2000: 172-174).

같은 해에 칼뱅은 『제네바 교회 요리 문답서(Catéchisme de l'Eglise de Genève)』도 발간했는데 이것은 스트라스부르에서 개혁 운동을 주도하던 부쩌가 1534년에 발간한 '성경을 설명하는 소책자(Kurze Schrifftliche Erklärung)'를 참고한 것이다. 반면에 그가 제네바에 처음 머물 때 작성한

---

3 칼뱅은 제네바에서 참정권 중 피선거권은 없었고 선거권만 가지고 있었다.

요리 문답은 주로 루터의 대요리 문답을 참고하여 작성했는데 이 대요리 문답은 주로 교육적인 목적에서 율법, 신앙 그리고 기도에 관한 내용이었으나 나중에 발간된 것은 신앙이 먼저 나오고 그다음에 율법과 기도의 순으로 되어 있다(Cottret, 2000: 170-171). 기타 제네바 성벽을 재건하는 일에 관해 칼뱅은 하나님을 신뢰하면서 시민들이 힘을 모아 성벽을 다시 쌓아 외부의 침략에 대비해야 함을 강조했다(Bloomer, 2008: 109).

2) 치리와 반대 (1546-1553)

당시 제네바에는 가족에 대해 무책임하고 술에 자주 취하며 정직하지 못한 사람들이 많았다. 이들은 시의 무질서와 빈곤 그리고 부도덕성을 조장했다. 이에 대해 칼뱅은 가장은 먼저 가족을 돌보아야 할 책임이 있음을 강조했다. 가장이 열심히 일해서 세금 및 모든 요금을 성실히 내고 십일조를 하며 근검절약할 것을 가르쳤다. 일(work)이 곧 예배(worship)이므로 성실과 정직으로 최선을 다해야 함을 강조하였으며 모든 신자는 거룩한 소명이 있음을 가르쳤다(Larson, 2009: 1-20; Höpfl, 1985).

하지만 그의 개혁을 반대하는 사람들도 적지 않았다. 1546년경 방종주의자들이 점차 조직화하면서 영적 운동가들 또는 애국주의자들이라고 불렸다(Schaff, 2006). 그들은 주로 부유하고 정치력이 있으며 서로 연결된 제네바의 기득권층으로 은혜로 구원받았으면 더는 교회법이나 시민법에 구애받지 않는다고 주장했다(Cottret 2000: 185-186). 가령 1546년 1월 말, 삐에르 아모(Pierre Ameaux)는 카드놀이를 하다가 치리회와 부딪혔다. 그는 칼뱅을 "삐까르(Picard)"라고 놀리면서 제네바 시민들의 반프랑스 정서를 부추겼고 칼뱅이 잘못된 교리를 가르친다고 고소했다. 하지만 아모는 시의회의 처벌을 받았으며 시내를 걸어가면서 사죄하고 하나님께 용서를 구해야 했다(Cottret 2000: 187). 칼뱅을 다시 제네바로 데리고 온 아미 뻬렝(Ami Perrin)

세상을 변화시키는 세계관

도 이 사건 이후 공적으로 그를 대적하기 시작했다. 그는 파브르(Françoise Favre)라는 부잣집 딸과 결혼하였는데 그의 아내 및 장인은 치리회와 갈등 관계에 있었다. 법원은 뻬렝과 많은 귀족이 춤추는 것을 금지한 법을 위반한 것을 알고 그를 소환했는데 처음에 그는 이 명령을 무시했다가 칼뱅의 편지를 받고 치리회에 출두했다(Parker 2006: 127).

1547년에는 제네바 시의원 다수가 칼뱅을 반대하기에 이르렀고 6월 27일에는 그가 설교하던 성 삐에르 교회당 설교단에서 서명도 없이 제네바 사투리로 적은 협박 편지가 발견되었다. 교회와 정부 양자에 대한 음모라고 의심되어 시의회는 조사위원회를 구성하였다. 그 결과 쟈끄 그루에(Jacques Gruet)가 체포되었고 그의 집을 압수 수색하자 증거물들이 발견되었다. 그는 결국 교회 지도자들을 음해하려던 범죄들을 자백했고 정죄되어 교수형에 처했다(Cottret 2000: 190-191). 이처럼 방종주의자들은 계속 조직적으로 반대하면서 목회자들을 모욕하고 치리회의 권위에 도전했으나 시의회는 중재를 위해 노력했다. 뻬렝이 1552년 2월에 평의원으로 선출되자 칼뱅은 자신의 권위가 매우 약화한 것처럼 보여 사의를 표했다. 하지만 이 요청은 받아들여지지 않았는데 반대파들도 칼뱅을 완전히 제거할 수는 없었기 때문이다(Parker 2006: 139-145).

3) 개혁의 성취 (1553-1555)

삼위일체를 부인하던 스페인 출신의 의학자요 신학자이던 미하엘 세르베투스(Michael Servetus)가 제네바 시의회의 재판으로 1553년에 처형된 후 칼뱅의 개혁은 거의 이루어진 것 같이 보였으나 마무리하는데 2년이 더 걸렸다. 칼뱅은 치리회가 출교권을 가져야 한다고 주장했다. 당시 여러 혐의로 치리를 받던 필리베르 베르뗄리에(Philibert Berthelier)는 한 목사를 모욕하여 출교당했으나 다시 성찬에 참여하게 해 달라고 시의회에 요청했는데 칼뱅은 이에 반대했다. 그러자 시의회는 교회법을 재검토하여 칼뱅의 입장을 재확인했다. 하지만 베르뗄리에는 항소하였고 당시 칼뱅에 대해 반감을 품던 의원들이 많았던 시의회는 판결을 번복하여 출교권이 치리회에 있는 것이 아니라 시의회에 있다고 결정하였다. 그러자 목사들이 항의하였고 스위스 교회 전체의 의견을 구하여 결국 시의회는 치리회의 권한으로 유지하기로 재결정하였다(Cottret 2000 : 195-198).

그 후 방종주의자들은 1555년 2월 선거에서 참패하였고 많은 프랑스 개신교 난민들은 시민권을 받아 칼뱅을 지지하는 사람들이 선거에서 다수를 차지하게 되었다. 그러자 5월 16일에 방종주의자들은 만취하여 길거리에서 시위하며 프랑스인들이 사는 집들을 불사르기 시작했다. 나아가 뻬렝은 쿠데타를 일으켰지만, 곧 진압되었으며 그가 시청으로 소환되자 그와 일행들은 제네바를 탈출하였고 체포된 네 명은 처형되었다. 1557년 1월 베른과의 시민권 조약이 갱신된 후 칼뱅의 개혁은 확고히 마무리되었다(Cottret 2000 : 198-200).

4) 가정 및 교육개혁

당시 제네바에는 앞서 언급한 것처럼 가정을 돌아보지 않고 술 취하며 부정직한 가장들이 많았다. 그 결과 많은 가정이 빈곤에 허덕였고 여러 가지 부도덕한 일들이 일어났으며 도시의 질서가 무너졌다. 이 문제를 해결하기 위해 칼뱅은 개인적 책임을 강조하여 가장이 먼저 가족을 돌보는 것이 매우 중요함을 깨우쳤으므로 열심히 일하여 모든 비용을 지급하고 저축도 할 것을 가르쳤다(Bloomer, 2008 : 109). 나아가 시민법정제를 도입하여 가령 아내에게 폭행하는 남편이 있거나 자녀들에게 무관심한 부모가 있다면 이웃들이 판사가 되어 책임을 물었다(Bloomer, 2008 : 110).

스트라스부르에 있으면서 부쩌가 요하네스 슈투름(Johannes Sturm)을 초

세상을 변화시키는 세계관

빙하여 세운 학교를 보고 깊이 감동을 한 칼뱅이 제네바에서 가졌던 마지막 주된 관심은 학교를 세워 다음 세대의 인재들을 키우는 것이었다. 개신교도가 된다는 것은 무엇보다 자녀 교육에 대한 책임의식을 가지는 것임을 강조하면서 그는 여자를 포함한 모든 어린이에게 최초로 교육하여 스스로 성경을 읽을 수 있게 하면서 문맹률을 0%로 낮추었다. 이러한 교육개혁의 배경에는 모든 인간은 하나님의 형상으로 지음 받았으므로 로마가톨릭 사제의 중개 없이 하나님과 직접 교제할 수 있으며 성경을 읽고 이해하여 하나님의 뜻에 합당한 삶을 살 수 있다고 하는 성경적 세계관이 있었다. 1558년 3월 25일에 학교용지가 선정되었고 다음 해 6월 5일에 개교하였다. 이 학교는 문법을 배우는 학교와 그보다 더 높은 단계의 교육을 받는 학교로 나누어졌다. 칼뱅은 이를 위해 테오도르 베자(Theodore Beza)를 교장으로 임명했다. 5년 이내 1,200명의 학생이 문법학교에 등록하였고 300명이 고등 교육과정에 등록했다. 이 학교를 통해 이후 스코틀랜드의 개혁자가 된 존 낙스(John Knox) 및 프랑스 개혁을 위한 수많은 목회자가 배출, 파송되었으며 마침내 고등학교인 꼴레쥬 깔뱅 및 제네바 대학교가 되었다(Ganoczy 2004: 19-20; Cottret 2000: 256-259). 이 두 학교는 지금까지도 남아 있으며 제네바 대학교는 세계적인 명문대로 발전했다.

5) 구제 사역

칼뱅은 가난한 사람들에 대해 깊은 관심을 가지고 사랑을 실천하여 가난한 과부들과 고아들 그리고 매년 천 명가량 제네바로 밀려오는 피난민들을 위해 많은 구제 사역을 하였다(Van Halsema, 2007: 238-239). 먼저 그는 그들이 머물 수 있는 집을 마련해 주기 위해 노력했으며 또한 시의회를 설득하여 그들이 일할 수 있도록 직업을 알선하면서 의복 제조업을 시작하도록 도와주었다. 즉 가난한 자에게 단지 돈만 주는 것이 아니라 일자리를 제공함으로써 근본적인 해결책을 도모했다. 이들을 돕기 위해 사설 복지 기금들도 생겨나기 시작했는데 그 가운데 최초로 알려진 것은 칼뱅이 깊이 관여했던 프랑스 기금(Bourse Français)이다. 이 기금을 통해 그들에게 임시 거처, 의료 지원, 직업 재훈련 그리고 식량 및 음식을 구입할 수 있는 돈을 제공하였다. 이 기금의 도움을 받은 사람들이 나중에 재정적으로 안정된 후에는 다시 이 기금에 기부하기도 했다. 하지만 과부와 고아, 장애인, 환자 및 매우 약한 사람들은 지속해서 도움을 받았으며 그들에 대한 기록도 남아 있다(이상규, 2009: 177-199). 대부분의 서구 개신교 구제단체는 그 기원이 제네바에서 행해진 구제 사역이었다(Bloomer, 2009: 6).

6) 도덕 개혁

당시 제네바는 죄악과 부도덕으로 유명한 도시였다. 주일 예배시간에 집에서 카드놀이를 한 사람, 교회 내에서 크게 웃거나 소동을 벌인 사람, 술꾼들, 좀도둑들, 싸운 사람들, 간통을 범한 사람들은 교회 치리회를 통해 징계를 받았다. 그리하여 술집은 문을 닫았고 그 대신 식당에는 성경이 펼쳐져 있었으며 먼저 기도하지 않은 손님은 음식을 받을 수 없었고 저녁 9시면 문을 닫았다(Van Halsema, 2007: 260-261). 이런 규율에 반대하던 일부 제네바 시민들은 칼뱅을 외국인으로 무시하며 그 이름을 '가인(Cain)'으로 적어 악의적으로 비난하면서 그를 괴롭혔다. 하지만 그는 이에 굴하지 않고 꿋꿋이 자신의 사명을 감당하였고 시간이 지나면서 소돔과 같던 제네바는 점점 하나님의 도시로 변화되어 갔다.

제네바의 법률은 매우 엄격했다. 법을 위반한 시민들을 처벌할 법률뿐만 아니라 그들을 보호하는 법률도 물론 있었다. 칼뱅은 의회에 영향력을 행사하여 건강과 안전에 관한 법률도 통과시켰는데 다음과 같은 조항들은 유럽에서 처음 제정되었다고 한다:

세상을 변화시키는 세계관

"거리에 음식 찌꺼기나 분뇨를 버려서는 안 된다. 굴뚝이 없는 방 안에서는 불을 피울 수 없다. 발코니에는 난간을 달아 어린아이들이 떨어지지 않도록 해야 한다. 유모들은 아기와 함께 침대에서 잘 수 없다. 집주인들은 경찰의 허가 없이 방을 임대할 수 없다. 보초병은 불침번을 성실히 서야 한다. 상인들은 정직하게 거래하고 상품에 과도한 값을 매겨서는 안 된다. 다른 나라 왕을 섬기기 위해 우리 도시에서 용병을 모집할 수 없다." (Van Halsema, 2007: 294-295)

1562년의 기록에 의하면 14명이 제네바에서 처형되었는데 이 중 세 명은 강간, 다른 세 명은 청부살인, 또 다른 세 명은 반복된 심각한 절도, 두 명은 남색, 다른 두 명은 마술 그리고 마지막 한 명은 위조 혐의였다(Benedict, 2009: 5-7). 이러한 도덕 개혁은 결국 열매를 맺어 제네바의 도덕 수준은 놀라울 정도로 높아졌고 따라서 낙스는 제네바를 "그리스도의 가장 완전한 학교"라고 칭송할 정도였다(Knox, 1855: 240).

7) 경제 개혁

칼뱅의 가장 큰 공헌 중 하나는 경제 분야를 그리스도인의 삶에 매우 중요한 영역으로 포함한 것이다. 그는 부와 재산을 하나님께서 우리에게 맡기신 선물로 인정하면서 창세기 2장 15절의 주석을 통해 모든 사람은 자기가 소유하고 있는 모든 것에 대해 자신을 하나님의 청지기로 생각해야 함을 강조하였다.[4] 나아가 일과 예배를 구별하는 성/속(sacred/secular) 이원론(dualism)을 배격하면서 하나님께서 부르신 직업에 최선을 다해야 함을 강조했다. 또한, 정당한 방법으로 축적한 재산은 사회의 공익을 위해 공헌한 것으로 간주하였고 신명기 23장 19-20절 및 에스겔 18장 13절에 대해 설

---

4 biblehub.com/commentaries/calvin/genesis/2.htm

교하면서 사유재산 및 5%까지의 정당한 이자도 인정하였다(Calvin, 1863- 1900: 121). 그가 정한 이 이자율은 당시의 고리대금업에 비교하면 매우 낮은 것이며 그 후 4세기 동안 스위스에서 유지되었는데 이것이 장기적으로는 스위스의 은행업 및 경제가 번영하게 된 밑거름이 되었다(Bloomer, 2008: 109).

그는 경제 문제들은 구조적이라기보다 근본적으로 인간의 죄성 때문에 나타난다고 보면서 부당한 방법으로 부를 축적하거나 고리대금업을 하는 것은 절대 용납하지 않았고 오히려 가난한 사람들에 대한 부자들의 구제를 의무로 강조하였다. 이러한 청지기 정신으로 제네바 사회를 조화와 봉사가 구현되는 사랑의 공동체로 만들기 위해 노력했다. 이런 성경적 경제관은 빈부격차를 조장하는 현대적 자본주의와 분명 다르며 공산주의 혁명을 통해 평등한 사회를 실현하려고 했던 마르크스주의와도 근본적으로 다른 것이며 오히려 성경에 나타난 초대교회가 보여준 자발적 나눔(행 2:44-45)의 사회를 구현하려는 사상이라고 말할 수 있다.

나아가 칼뱅은 이자 받는 것에 대해 부자가 부자에게 돈을 빌려주는 경우는 이자를 허용했지만 가난한 자에게 빌려줄 때에는 금했다(Calvin, 1871: 245). 또한, 그는 일하지 않고 돈 버는 지주들, 귀족들 및 유산으로 사는 사람들을 비판하면서 모든 사람은 자신이 속한 공동체를 위해 일하고 서로 돌아보면서 부나 지식 또는 자원이 많은 사람은 그렇지 못한 사람들을 사랑으로 섬겨야 할 의무가 있다는 상호성(reciprocity) 및 연대성(solidarity)의 원리를 주장했다(Bousma, 1988: 201-203; Wallace, 1988: 127). 이처럼 칼뱅은 기독교적 사회란 개인보다 공동체가 더 중요한, 그리스도 안에 있는 공동체임을 강조했다.

당시 제네바와 왔던 개신교 난민 중에는 섬유, 인쇄 및 시계 제조공들이 있었는데 이들은 세대를 지나면서 이러한 칼뱅의 사상에 영향을 받아 제네

세상을 변화시키는 세계관

바의 번영에 큰 공헌을 했다. 가령 그들 중 로베르 에스띠엔느(Robert Esti-enne) 및 콘라드 바드(Conrad Bade)는 위대한 인쇄기술자로 많은 직원을 거느리고 있었으며 칼뱅의 고향 출신인 드 노르망디(Laurent de Normandie)는 부유한 기업가였다. 또한, 제네바는 '인디엔느(indienne)'라고 불리는 특수 섬유 염색 분야에서도 국제적 명성을 얻었다.

1905년에 독일의 사회학자 베버(Max Weber)는 『프로테스탄트 윤리와 자본주의 정신(*Die protestantische Ethik und der Geist des Kapitalismus*)』이라는 책을 출판했는데 여기서 그는 서구에서 근대 자본주의가 발생하게 된 이유는 개신교 윤리, 그중에서도 직업소명설을 주장한 칼뱅주의가 당시 개신교도들에게 영향을 주어 검소, 절약하면서 부지런히 그리고 열심히 일하여 그들의 기업을 발달시킴과 동시에, 재투자를 위한 부를 축적하였기 때문이라고 주장했다(Weber, 1905).

칼뱅의 윤리관에 따르면 부자는 창조주의 명령에 따라 사회적 약자를 도와야 할 의무를 지는데 그리스도인의 경우, 이것은 정의일 뿐만 아니라 사랑에 근거한 것이기도 하다. 따라서 부자는 재물을 우상으로 섬기지 않고 자신을 위해서는 가능한 한 적게 소비하면서 도움이 필요한 사람들을 구제하며 그들이 적절한 직업을 발견할 수 있도록 도와주어야 한다. 베버는 이러한 칼뱅의 윤리관과 자본주의 정신을 연결하면서 우리가 자신을 위해 돈을 쓰지 않는다면 자본을 축적할 수 있고 이 자본은 다른 사람의 일자리를 창출하는데 투자될 수 있다고 보았다. 이처럼 자본 축적과 일자리 창출은 개신교 사회에 큰 영향을 주어 지금도 스위스나 네덜란드 등 칼뱅의 영향을 받은 서구 개신교 국가들의 경제가 가톨릭 국가들보다 대체로 더 강함을 볼 수 있다.

이러한 베버의 주장에 대해서는 다양한 비판들이 제기되었다(최용준, 2014: 172-175). 가령 베르너 좀바르트(Werner Sombart)는 스콜라 철학도 검

약과 정직을 강조하고 나태와 고리대금업을 금지하여 자본주의를 발전할 수 있게 하였다고 보면서 스페인, 아일랜드를 제외한 거의 모든 가톨릭 국가들도 자본주의를 촉진하였으며 오히려 개신교는 자본주의 경제활동에 적대적이었다고 주장했다(Sombart, 1913). 반면에 리처드 타우니(Richard H. Tawney)는 프로테스탄트 윤리와 자본주의의 발흥 간에 인과관계가 있기는 하지만 칼뱅이 죽은 후에 칼뱅주의는 다양한 변화를 겪었으므로 칼뱅주의만을 유일한 것으로 보는 것은 적절하지 못하다고 지적했다(Tawney, 1926). 나아가 로버트슨(H. M. Robertson)도 자본주의는 실제로 개신교보다 훨씬 이전인 14세기에 이탈리아에서 먼저 시작되었다고 보았다(Robertson, 1933). 그 외에도 한국, 일본, 대만, 홍콩 및 싱가포르와 같은 동아시아 5개국이 지난 20세기 말에 새롭게 발전시킨 자본주의 형태는 베버가 말하는 '개신교 윤리'가 아니라 '신유교 윤리'(the New Confucian Ethic)라고 하버드대의 투웨이밍(Tu, Weiming)은 주장했다(Tu, 1989: 81-97). 하지만 19세기 중엽에 마르크스가 유물사관을 주창하면서 자본주의가 위기에 처했을 때 베버는 마르크스를 비판하는 동시에 유럽 자본주의사회가 가치상실 및 소외로 대표되는 불안한 사회라고 진단하면서 자본주의의 기저에 있는 종교적 가치를 새롭게 지적함으로써 처방전을 제시하였다는 점에서는 그 공헌을 어느 정도 인정할 수 있을 것이다. 이런 점에서 알리스터 맥그라스(Alister McGrath)도 칼뱅주의가 자본주의와 기업가 문화에 적어도 새로운 영향을 준 것은 부인할 수 없다고 인정한다(McGrath, 1990: 253).

8) 사회정치적 개혁

칼뱅은 당시 제네바가 영적, 도덕적 타락으로 총체적 위기에 처하자 이를 해결하기 위해 모든 노력을 기울였다. 그는 예레미야 1장 9절을 주석하면서 하나님께서 선지자들을 보내신 것은 당시 사회 질서를 회복하기 위함

세상을 변화시키는 세계관

이라고 강조했다.[5] 또한 그의 명저인 『기독교 강요(Institutio Christianae Religionis)』에서 그리스도인들은 수도원에서 명상하기 위해 사막이나 광야로 들어가 주님께서 명령하신 사회적 책임과 의무들을 소홀히 해서는 안 됨을 강조했다(Calvin, 1961 : IV, xiii, 16).

나아가 칼뱅은 하나님께서 이 세상을 조화롭고 질서 있게 창조하셨으나 인간의 타락으로 여러 가지 사회 문제들이 발생하지만 예수 그리스도에 의해 하나님의 나라가 회복되고 성령의 역사로 완성되기 때문에 그리스도인들은 삶의 모든 영역에서 이 개혁 사역에 동참해야 한다고 보았다. 그는 사회 질서를 하나님의 주권에 순종함으로 얻게 되는 것으로 보았기에 사회적 프로그램은 모두 인간의 근본적인 필요를 충족시켜 주는 것이어야 했다. 나아가 그는 마태복음 12장 7절을 주석하면서 신자들이 사회를 정의롭게 유지하는 것이야말로 하나님께 드리는 진정한 예배라고 주장했다.[6]

당시 사회의 위계질서에 대해 칼뱅은 그 자체를 거부하지는 않았지만, 이것이 절대적이라고 생각하지도 않았다. 그것은 단지 하나의 가능한 사회 질서 방식이며 원칙적으로 인간은 하나님 앞에서 모두 평등하다고 보았다. 노예제도에 관해서는 구약에 나타나고 신약에도 허용하는 것으로 보아 무조건 정죄하지는 않았다. 하지만 권세를 가진 자들의 사악함에 관해서는 창세기 6장 4절 주석에서 매우 강하게 비판하는 것을 볼 수 있다.[7]

나아가 칼뱅은 모든 사람이 양심에 의해 나름대로 권리를 가진다고 봄으로 인권 개념이 있음을 알 수 있다. 하지만 죄성을 가진 인간은 자주 양심을 어긴다. 따라서 양심 이상의 어떤 것이 요구되는데 그것이 바로 정치 제

---

5 www.ccel.org/ccel/calvin/calcom17.pdf

6 www.ccel.org/ccel/calvin/calcom32.pdf

7 www.ccel.org/ccel/calvin/calcom01.pdf

도라는 것이다. 따라서 칼뱅은 정치 제도란 우리의 양심이 발견하는 자연법이 실제로 적용되는 곳이라고 본다. 그는 『기독교 강요』 4권 마지막 20장에서 정부의 형태를 군주제(monarchy), 귀족정치(aristocracy) 그리고 대중정치(popular ascendancy)로 구분한 후 군주제는 독재의 위험이 있고 귀족정(貴族政)도 소수의 파벌이 생길 경향이 있으며 대중정치는 선동의 위험이 있다고 지적하면서 가장 바람직한 형태는 귀족주의 혹은 귀족주의와 민주주의가 혼합된 제도(aristocracy, either pure or modified by popular government)라고 보았는데 그 이유는 왕들이 정의롭고 옳은 것으로부터 타락하지 않을 만큼 자신을 절제하는 일은 매우 드물고 항상 올바른 통찰력과 예민함 그리고 지혜를 가진 경우는 드물기 때문이다.[8] 결국, 여기서 그는 타락한 인간의 죄성을 현실적으로 직시하여 부패하기 쉬운 절대 군주제와 교황제를 비판하면서 정치 권력의 견제와 균형을 위해 시민에 의해 선출된 대의적 공화정(republicanism)을 제시한다고 볼 수 있다.

제네바대학의 기독교 윤리학 교수인 프랑수아 데어망쥬(François Dermange)는 칼뱅의 공화정 및 민주주의 사상을 언급하면서 칼뱅에 있어 가장 중심이 되는 것은 지배가 아니라 법이라고 강조한다.[9] 칼뱅은 타락한 인간의 삶이란 규정이나 법 그리고 정의 없이는 불가능하다고 보았고 이러한 정의는 십계명, 그중에서도 인간관계에 관한 두 번째 부분에 기초하며 이를 한마디로 줄이면 황금률, 즉 "본인이 원치 않는 것을 다른 사람에게도 강요하지 말라"는 것이다. 이 황금률이야말로 도덕적 및 법적 정의의 기준이며 이 기준 앞에 모든 사람은 평등하다는 것이다. 그러므로 칼뱅은 신명기 17장을 본문으로 설교하면서 절대군주가 권력을 아무렇게나 행사하는 것

---

8   www.ccel.org/ccel/calvin/institutes.vi.xxi.html
9   www.coursera.org/learn/calvin/lecture/ebyUB/2-le-commandement-du-createur-
    the-creators-command

세상을 변화시키는 세계관

보다는 선출된 정치 지도자들이 법에 따라 통치하는 것이 훨씬 낫다고 강조했다(Calvin, 1863: 450-460). 왜냐하면, 실제로 당시 프랑스의 왕들은 절대 권력을 휘두르면서 개신교도들의 생명을 위협했기 때문이다. 결국, 데어 망쥬는 칼뱅의 공화주의는 다음 세 요소에 기초해 있다고 본다. 첫째, 법이란 모든 사람을 공평히 다스리며, 개인의 양심에 의존한다. 둘째, 정부는 이 법에 종속되며 정부 지도자들은 국민에 의해 선출되어야 한다. 마지막으로, 국민은 정부에 의해 다스림을 받지만, 그 정부 구성원들을 선출하며 법의 의미의 근원(the source of the law's meaning)이 된다. 나아가 그는 여기서 칼뱅의 민주주의 사상도 발견한다. 즉 정부의 권력 밖에 있으면서 국민의 의지를 대변하는 헌법이 존재하고 정치 지도자들이 국민에 의해 선출되어 이 법을 집행하는 원리에 기초한 정치 제도가 민주주의라는 것이다.[10] 이러한 사상은 후에 장로교 정치 제도 및 근대 민주정치 제도를 확립하는 데 결정적으로 공헌하였다.[11]

국가 및 정부에 관해서도 칼뱅은 중세 가톨릭적 전통을 비판하면서 정부는 인간의 악행을 통제하고 사회의 정의를 구현하기 위해 하나님께서 허락하신 제도라고 보면서 이 정부의 권위에 대해 시민들은 기본적으로 순종해야 한다고 강조했다. 하지만 이 정부가 하나님의 주권을 침해할 때는 합법적으로 저항할 권리가 있음도 인정했다. 즉 악한 군주나 통치자에 대해 무력으로 저항하기보다는 관리들의 법적 직무 수행과 법질서 회복을 촉구하는 합법적인 저항을 추구해야 함을 주장했다. 이러한 정신은 결국 스페인의 전제 군주인 필립 2세에 대한 네덜란드의 독립 전쟁(1568-1648)으로 나타나

---

10 www.coursera.org/learn/calvin/lecture/ebyUB/2-le-commandement-du-createur-the-creators-command

11 이 사상의 영향으로 네덜란드는 1588년에 세계 최초로 공화국(The Dutch Republic)을 세웠다.

게 되었으며 나아가 미국이 건국 당시 이신론(Deism)의 영향도 적지 않았으나 입법, 사법, 행정으로 권력을 삼분하여 서로 조화, 균형 그리고 견제하는 삼권분립의 기초를 놓는 데에 영향을 주었다고 볼 수 있다.[12] 또한, 칼뱅은 영적 통치와 세속적 통치를 구분함으로써 제네바 시의회로부터 교회의 독자적 치리권을 확보했으나 이단 방지 및 시민들의 복지를 위해서는 양자가 협력해야 함도 강조했다.[13] 나아가 중앙집권적인 가톨릭 정부와 달리 지방자치제가 발달한 스위스의 연방제도(federalism) 또한 칼뱅의 영향을 받은 것이며 네덜란드 등 다른 나라에도 퍼져나갔다.

9) 문화적 개혁

칼뱅은 루터가 강조한 칭의 교리뿐만 아니라 경건하고 거룩하게 살아야 하는 성화의 교리도 매우 강조하였다. 하나님의 은혜로 구원을 받은 성도들은 감사함으로 더욱 삶의 모든 영역에서 하나님의 말씀대로 살아야 한다는 것이다. 따라서 그는 인문주의 교양 교육을 통해 수사학, 자연과학, 미술 및 음악 등 학문 및 문화 영역에도 큰 영향을 미쳤다. 모든 학문은 신앙과 불가분리적으로 통합되어 있으며 모든 진리는 하나님의 진리로 보았다. 하나님의 절대 주권 아래에 문화는 복음과 분리될 수 없으므로 모든 종류의 이원론을 배격했다. 이러한 맥락에서 그는 교회법을 제정하여 가령 예배에서 음악의 가치도 존중하고 회복하였다.

---

12 삼권분립을 18세기 미국 정부 제도에도 도입하여 토머스 제퍼슨(Thomas Jefferson) 대통령을 도와 미국 헌법의 초안을 작성하고 재무장관을 지낸 알버트 갤러틴(Albert Gallatin)도 제네바 출신이었다(Bloomer, 2008: 110).

13 네덜란드의 아브라함 카이퍼(Abraham Kuyper)는 이 사상을 영역 주권(souvereiniteit in eigen kring) 사상으로 발전시켜 국가와 교회의 이원론적 분리를 거부하고 하나님의 절대 주권 아래 각자 고유한 권위와 기능이 있지만 동시에 상호 협력하는 유기적 관계임을 강조하였다(Kuyper, 1880).

세상을 변화시키는 세계관

나아가 그의 기독교 강요 불어판은 간결한 문장과 정확한 용어 사용으로 당시 프랑스어의 근대화에 결정적으로 공헌하였다. 이런 칼뱅의 유산은 미국 청교도들의 생활 규범에도 깊이 뿌리내려 지금도 자연스럽게 나타나고 있다.[14] 물론 현대 미국의 대중문화는 이러한 전통을 점점 상실하고 있으나 최근 국제 테러와 금융위기 등으로 불안한 상황에서 타임(Time)지가 "신 칼뱅주의(New Calvinism)"를 "지금 세계를 변화시키는 10대 이념들(10 Ideas Changing the World Right Now)" 중 하나로 선정한 것은 매우 의미가 깊다고 볼 수 있다.[15]

10) 개혁의 마무리 (1555-1564)

칼뱅의 말년에는 더는 그의 권위를 대적하는 사람들이 없었고 그는 국제적으로도 저명해졌다(Cottret 2000: 235). 1555년에 그는 영국 메리 여왕의 지배를 피해 제네바로 온 개신교도들에게 피난처를 제공했다. 그곳에 있던 낙스와 윌리엄 휘팅햄(William Whittingham)의 지도로 그들은 자체 교회를 설립했으며 나중에 칼뱅의 개혁 사상을 영국과 스코틀랜드로 확산시켰다(Parker 2006: 170-172). 그러나 칼뱅은 프랑스의 개혁에 더 큰 관심을 가져 그곳에 교회를 세우고 책자들을 나눠주며 목회자들을 파송하였는데 1555년에서 1562년 사이에 100명 이상의 목회자들이 프랑스로 파송되었다. 이러한 노력은 물론 제네바 교회의 후원을 받았다.

칼뱅은 해외 선교에도 관심을 가져 1556년에는 아메리카 신대륙인 현재의 브라질 리우데자네이루에 최초의 개신교 목회자인 삐에르 리시에(Pierre Richier)를 포함한 14명의 선교단을 조직하여 파송하였다. 이들은 6개월에

---

14 가령 미국 매사추세츠(Massachusetts)주에서는 아직도 주일에 술을 판매할 수 없다고 한다.

15 content.time.com/time/specials/packages/article/0,28804,1884779_1884782_1
   1884760,00.html?iid=sr-link1

걸친 항해 끝에 마침내 1557년 3월 10일 구아나바라만에 도착하여 첫 개신교 예배를 드렸다. 시간이 지나면서 그곳에 있던 가톨릭 신자들 사이에 신학적 갈등(특히 성만찬 교리에 대해)이 일어나자 칼뱅주의자들 중 4명이 잡혀 신앙고백서를 쓰도록 강요당했다. 그 결과 "구아나바라 신앙고백서(Guana-bara Confession of Faith)"라는 신대륙 최초의 신앙고백서가 1558년에 작성되었다. 이것은 위그노 평신도들이었던 장 뒤 부르들(Jean du Bourdel), 마띠유 베르뇌일(Matthieu Verneuil), 삐에르 부르동(Pierre Bourdon) 및 앙드레 라 퐁(André la Fon) 네 명에 의해 12시간이라는 매우 짧은 시간에 완성되었다. 이 신앙고백서는 17개 조항으로 나뉘며 원래 라틴어로 기록되어 지금까지 전해지고 있는데 나중에 나온 신앙고백서만큼이나 논리정연하고 나아가 신학적인 용어 사용뿐만 아니라 중간에 초대교부들까지 인용하는 것을 보면 이 평신도들의 신학적인 수준이 얼마나 대단했는지 알 수 있다(Gillies, 1976).[16]

약 30년 만에 제네바는 완전히 변화된 도시가 되었다. 인구는 두 배로 늘어났으며 경제는 더욱 활성화되었고 무엇보다 도시의 성격 자체가 새로워졌으며 그 결과 다른 도시들로부터도 존경을 받았다. 하지만 칼뱅은 하나님의 말씀에 대해 확신을 가진 동시에 조금이라도 이 말씀을 타협하면 금방 무질서의 문이 열릴지도 모른다는 깊은 두려움도 늘 있었다. 이와 더불어

---

16 하지만 이 신앙고백서를 작성한 네 명의 위그노들은 체포되어 순교를 당했고 그 후 리시에 목사를 비롯한 제네바 선교단은 7개월 정도 머물다가 10월 말에 추방당하고 말았다. 그곳에서 일어난 사건들에 대해서는 당시 선교단의 일원이었던 평신도 구두 수선공 장 드 레리(Jean de Léry)가 『아메리카라고도 불린 브라질 땅에서의 여행 역사(l'Histoire d'un voyage faict en la terre du Brésil, autrement dite Amérique)』라는 기념비적인 책을 쓰게 되어(1578년) 당시 상황을 전해주고 있다. 그곳에서 돌아온 리시에는 라 로셸(La Rochelle)에 개혁교회 목회자가 되었고 라 로셸은 한동안 프랑스 개신교의 중심지가 되었다. 그리고 2001년에 이 역사는 프랑스의 역사소설가인 쟝 크리스토프 루펭(Jean-Christophe Rufin)에 의해 『붉은 브라질(Rouge Brésil)』이라는 제목으로 소설화되었고, 그 후 영화로도 나왔다.

세상을 변화시키는 세계관

제네바가 정치적으로 신생 독립 도시국가였기에 길드조직이 강하지 않았고 모든 기관이 새롭게 출발하는 시기였으므로 그의 영향력이 더욱 효과적으로 발휘될 수 있었다는 점 또한 그의 개혁이 성공할 수 있었던 주요 요인이라고 할 수 있을 것이다. 이처럼 제네바의 변혁은 한 개혁자와 적절한 상황이 만나 얼마나 놀라운 결과를 낳을 수 있는지를 분명히 보여준다(Benedict, 2009: 12-13).

11) 칼뱅 이후의 제네바

칼뱅의 사후에도 제네바의 변혁은 계속되었다. 가령 은행가였던 장-가브라엘 에이나르(Jean-Gabriel Eynard)는 칼뱅의 영향을 받아 자기 재산의 많은 부분을 그리스 독립전쟁에 후원했으며 셀롱(Jean-Jacques de Sellon)은 노예제 폐지를 위해 기부했다. 하지만 제네바가 지금의 국제적인 도시로 발전하게 된 계기는 칼뱅과 그의 영향을 받은 앙리 뒤낭(Henri Dunant) 및 미국의 윌슨(T. Woodrow Wilson) 대통령의 공헌이 결정적이었다고 제네바대학의 교회사 교수인 미셸 그랑쟝(Michel Grandjean)은 예리하게 지적한다.[17]

가령 뒤낭은 칼뱅의 영향을 받았으며 1862년에 『솔페리노의 회상(Un souvenir de Solférino)』이라는 책을 출판하면서(Dunant, 2018) 국제 적십자사를 창설했다. 또한, 그의 주도로 체결된 제네바 협약(Geneva Convention)은 구약성경의 아모스서에 기초하여 전쟁에서도 정당한 행위가 있어야 하며 특별히 전쟁 포로를 올바르게 처리해야 함을 강조한다. 나아가 뮬루즈(Mulhouse)의 개신교 지도자들은 아동 노동을 반대하여 법률을 개정하였고 이를 위해 국제기구의 필요성도 절감하여 국제 노동 기구(International Labor

---

17 www.coursera.org/learn/calvin/lecture/n0LsQ/1-le-mythe-de-geneve-the-myth-of-geneva

Organization)를 창설하여 제네바에 본부를 두었다.

1차 세계 대전 이후 윌슨 대통령은 국제평화를 유지하기 위해 국제연맹 (League of Nations) 창설을 주창하면서 그 본부를 제네바에 두자고 제안했 는데 이는 그가 대통령이 되기 이전 프린스턴 대학 총장을 역임한 칼뱅주의 자로서 제네바보다 정의의 원리가 더 잘 구현된 곳은 없다고 생각했기 때문 이다. 1929년에 『제네바의 정신(*L'Esprit de Genève*)』이라는 에세이를 출판한 로베르 드 뜨라(Robert De Traz)는 제네바의 이런 독특한 면을 '신화(myth)' 라고 부르면서 칼뱅 및 뒤낭 이외에도 장-쟈끄 루소(Jean-Jacques Rousseau) 의 역할 또한 중요했다고 주장한다(De Traz, 1929). 그는 루소 또한 『사회계 약론(*Du Contrat Social ou Principes du droit politique*)』을 통해 개인의 자유 와 평등을 보장하면서 공동 이익을 위해 계약을 맺어 국가를 형성한다고 주 장하여 프랑스 혁명에 영향을 주었고 스위스의 민주주의 정치 발전에 공헌 하였다고 보았다.[18] 나아가 알렝 뒤푸르(Alain Dufour)도 제네바의 발전에 대 한 칼뱅의 공헌을 인정하며 같은 '신화'라는 표현을 썼다(Dufour, 1959). 이 처럼 칼뱅의 영향으로 적십자사와 국제연맹을 통해 제네바가 국제사회에서 정의를 구현하는 곳으로 인정되면서 그 후 국제연맹 본부는 국제연합(United Nations) 유럽본부가 되었고 스위스가 영세중립국이라는 장점이 가세하 면서 전 세계의 국제기구들이 제네바에 모여들기 시작했다. 현재 제네바 에 본부를 둔 대표적인 기구들을 보면 유엔 난민 고등 판무관 사무소(United Nations High Commissioner for Refugees), 유엔 인권 고등 판무관 사무소(UN Office of the High Commissioner for Human Rights) 그리고 세계보건기구(World Health Organization) 등이 있다. 또한, 정부 간 조직들(inter-governmental or-

---

18 하지만 루소는 『사회계약론』 3부 17장에서 시민 종교를 다루면서 칼뱅주의의 예정론과 그 사회정치적 함의에 대한 큰 반감을 드러내었다. 따라서 루소가 제네바에 공헌한 것은 칼뱅과는 전혀 다른 방식으로 보아야 한다.

세상을 변화시키는 세계관

ganizations)도 있는데 세계무역기구(World Trade Organization), 세계경제포럼(World Economic Forum) 등이 있다. 기타 제네바 환경 네트워크(Geneva Environment Network)과 같은 단체 및 여러 NGO도 이곳에 있다. 또한, 경제적으로도 롤렉스(Rolex), 오메가(Omega) 등 스위스를 대표하는 여러 시계 가공업체들이 제네바에 있으며 UBS 등 스위스를 대표하는 은행들도 이곳에 있다.

하지만 칼뱅 사후 제네바와 스위스 개혁교회는 한동안 분열과 부패로 지도력을 상실했고 18세기에는 볼테르(Voltaire)의 계몽주의적 합리주의와 루소의 낭만주의적 이신론이 지배하면서 교회는 세속화되었다. 그러나 그 후 1816년에 스코틀랜드에서 제네바로 온 로버트 할데인(Robert Haldane)이 로마서 성경공부 모임을 시작하면서 다시 영적인 큰 부흥(Le Réveil)을 일으켜 독일, 네덜란드, 프랑스, 이태리 및 헝가리 등 유럽 전역에 영향을 미쳤고(Bratt, 1964: 38ff) 아프리카 및 태평양의 불어권 국가들에 많은 선교사를 파송했다.

21세기 현재 제네바는 개혁교회의 영향력이 다소 약화하여 다른 서구 도시들처럼 세속화된 도시라고 보아야 할 것이다. 하지만 지금까지 살펴본 바와 같이 칼뱅과 그의 사상을 따랐던 여러 사람의 노력이 지금의 제네바를 만드는 데 어느 정도 공헌했다는 사실 또한 부인할 수 없을 것이다.

III. 나가는 말

이 글은 칼뱅의 개혁이 제네바를 어떻게 총체적으로 변화시켰는지 고찰하였다. 칼뱅의 사상은 이론적이라기보다는 실천적이었다(Leith, 2010). 유럽의 모든 개신교도가 이 작은 도시-국가를 하나의 개혁의 실험실 및 시범 프로젝트로 주목하면서 성경적 원칙 위에 한 국가가 세워지는 비전을 체험했다. 칼뱅은 설교, 치리 및 법 제정을 통해 당시 제네바의 모든 필요를 정확히 통찰하여 성경적 원리와 더불어 실제적 적용으로 대안을 제시하여 교회 및 사회변혁의 사명을 잘 감당하였다. 각 구체적인 이슈마다 그가 대처한 글들을 보면 그의 성경적 지식뿐만 아니라 사고의 깊이와 넓이가 얼마나 대단한지 알 수 있다.

그렇다면 칼뱅의 개혁은 완벽했는가? 아니면 그에게도 약점들은 없었을까? 다소 비판적인 시각으로 본다면 먼저 성경적 원리들을 적용하면서 그도 다소 경직된 율법주의를 추구한 경향이 있다고 말할 수 있다. 가령 옷차림이나 여가 활동에 관해 매우 엄격했던 점을 언급할 수 있겠다. 나아가 교회가 성경을 적용하는 것을 강조하여 프랑스와 신대륙에 선교사들을 보내긴 했으나 다른 지역 선교에는 상대적으로 관심이 적었다. 또한, 칼뱅도 만인제사장설을 강조했으나 역시 목회자에게 다소 많은 권위를 부여함으로 상대적으로 평신도의 역할을 약화했다고 말할 수도 있겠다.

그런데도 칼뱅은 단지 한 명의 신학자가 아니라 제네바라는 도시를 총체적으로 변화시킨 개혁자였음은 분명하다. 단지 복음을 듣고 구원만 받으면 전부가 아니라 삶의 모든 영역이 온전하게 구속되어야 함을 가르쳤다. 나아가 그는 당시 개발된 인쇄술을 최대한 이용하여 그의 설교와 강의는 즉시 기록되어 출판된 후 일주일 이내로 전 유럽에 퍼져나가 개혁 운동을 확장하는데 결정적인 공헌을 했다. 또한, 교육을 통해 인재를 계속 배출하여 그의 사후 오늘의 제네바가 되는 데에도 어느 정도 기여했다.

칼뱅의 이러한 개혁 사상 및 사역을 정리하면서 한국에 적용한다면 무엇보다 먼저 그는 성경을 깊이 연구하면서 모든 일에 오직 성경을 기준으로 (Sola Scriptura) 삼았다는 점이다. 성경 원어에 능통했고 성령의 조명도 강조하였고 나아가 성경적 경건을 실천하며 수많은 인재를 길러내었다. 하지만 최근 한국의 교계는 형식적으로는 성경을 강조하지만, 실제적으로는 세속

세상을 변화시키는 세계관

적 물질주의의 영향으로 세상의 비판을 받고 있으며 나아가 많은 기독 학교들도 정체성을 상실하고 있다. 따라서 한국 교회 및 기독학자들은 이와 같은 칼뱅의 성경 중심적 세계관을 더욱 깊이 연구하면서 신앙생활과 통합된 경건의 능력을 회복하여 한국 사회로부터 존경과 인정을 받는 동시에 진정한 변혁의 주체가 되어야 할 것이다.

둘째로 칼뱅의 개혁은 치리회 및 시의회와의 협력을 통해 지속적이고 단호하게 진행되었다. 하지만 현대 한국 교회는 치리가 거의 실종되었다고 해도 과언이 아닐 것이다. 단지 교인 두서너 명을 늘리는 교회 성장에만 치중하여 지금과 같이 사회의 신뢰를 잃게 된 것은 매우 안타까운 일이 아닐 수 없다. 이제는 양적 성장이 아니라 어떻게 하면 성도들을 올바른 그리스도인들로 양육할 것이냐는 본질적인 주제에 대해 한국의 목회자들과 지도자들이 더욱 깊이 기도하면서 고민하여 함께 해결책을 모색해 나가야 할 것이다.

셋째로 칼뱅은 단지 교회와 신학만 개혁한 것이 아니라 정치·경제·사회·문화 등 모든 면에서 신중한 전략들을 세워 변혁을 추구했다(Bousma, 1988: 193). 그는 당시 여러 문제에 대해 하나님의 우주적 주권(legislateur et roy) 및 통치권을 인정하고 그리스도인의 사회적 책임을 강조하면서(Calvin, 1961: IX, xiii, 16) 구체적인 대안을 제시하고 해결해 나갔다. 이런 칼뱅주의는 19세기 후반과 20세기 초반에 네덜란드에서 신칼뱅주의 운동으로 발전하였는데 이를 주도했던 아브라함 카이퍼(Abraham Kuyper)는 신학자와 목회자로 네덜란드의 세속화된 국가교회를 개혁하고 자유 대학교를 세워 성경적 세계관에 따라 수많은 인재를 키웠으며 기독신문도 창간하여 언론 영역에도 진출한 후 기독 정당까지 창당하여 수상으로 지내면서 사회 전체의 개혁을 추구했다. 그러나 한국의 그리스도인들은 일부 깨어있는 분들이 성시화 운동을 통해 지역사회를 변화시키려고 노력하고 있기는 하지만 아직도 다수는 성속을 구별하는 이원론에서 벗어나지 못하고 주일 중심의 개인 신앙에 머물면서 사회 개혁의 진정한 주체가 되지 못하고 있다. 특히 정치 분야에서 더 많은 기독 정치인들 및 기독 정치학자들이 칼뱅의 법 제정을 통한 개혁의 노력을 연구하여 한국의 후진적 정치 및 법제를 어떻게 변혁시켜야 할지 깊이 고민하며 노력해야 한다.

넷째로 칼뱅의 개혁을 통해 제네바는 근본적으로 변화되었고 하나님의 나라를 구체적으로 구현하는 공동체가 되었으며 그 영향력은 지금 전 세계에 미치고 있다. 사실 한국의 근대사에도 선교사들 및 민족의 선각자들이 개혁과 교육을 통해 위대한 인재들을 배출하여 한국의 독립 및 근대화에 중요한 공헌을 했다. 하지만 20세기 후반부터 많은 교회가 분열되었고 기독 학교들이 세속화되고 있는 점은 매우 안타까운 일이다. 나아가 한국 사회의 높은 자살률, 저출산 및 고령화, 소득 불평등의 심화 및 불공정한 제반 문제들에 대해 한국의 기독 지성인들은 더욱더 긴밀히 협력하면서 칼뱅의 총체적 변혁 모델에 대한 심도 있는 연구를 통해 구체적인 대안을 제시하여야 할 것이다. 그리하여 한국 사회의 전체적인 변혁을 적극적으로 주도해 나갈 뿐만 아니라 국제적으로도 같은 이상을 가진 단체들과의 협력을 통해 국제적 영향력을 미쳐야 할 것이다.

마지막으로 칼뱅은 타락한 인간이 도덕적으로 얼마나 부패할 수 있는지를 철저히 인식하였기에 계속해서 그리스도인들이 먼저 하나님 앞과 세상 앞에서 책임지는 청지기로 정직하게 자신의 직업에 충실하면서 근면 성실한 삶으로 하나님의 나라를 구현해야 함을 모범적으로 보여주었다. 한국 사회 역시 경제적으로는 많은 발전을 이루었으나 성숙한 책임의식을 가진 윤리적 삶을 살아내는 수준에서는 아직도 많이 부족하다. 그러므로 한국의 그리스도인들이 먼저 하나님의 거룩한 백성으로서 삶의 모든 영역에서 도덕적으로도 모범을 보여 세상을 변화시키는 변혁의 사명을 보다 구체적으로 감당해야 할 것이다.

참고문헌

김재성 (1997). 『칼빈과 개혁신학의 기초』, 수원: 합동신학대학원 출판부.

문병호 (2015). 『칼빈 신학: 근본 성경 교리 해석』, 서울: 지평 서원.

안인섭 (2015). 『칼빈 - 하나님의 영광을 위한 열정의 사람』, 서울: 익투스.

오덕교 (2005). 『종교개혁사』, 수원: 합동신학대학원 출판부.

이상규 (2009). "칼빈과 구호활동" 『칼빈과 사회』. 고신대학교 출판부.

정성구 (1980). 『칼빈의 생애와 사상』, 서울: 세종 문화사.

최용준 (2014). "칼빈주의와 네덜란드의 기업가정신: 역사적 고찰을 중심으로" 『신앙과 학문』. 제19권 1호 (통권 58호), 153-181.

Bainton, R. H. (1985). *The Reformation of the Sixteenth Century*, Boston: Beacon Press.

Biéler, A. C. (1959). *La Pensée économique et sociale de Calvin*, Geneva.

Bouwsma, W. J. (1988). *John Calvin: A Sixteenth Century Portrait,* Oxford Univ. Press

Beaudreau, B. C. (2016). "Calvinism, Huguenots and the Industrial Revolution" www. iceg.uniparthenope.it/Submission_files/Beaudreau.pdf

Benedict, P. (2009). "Calvin and the Transformation of Geneva", in *John Calvin's Impact on Church and Society (1509-2009)*. éd. Hirzel M.E. and Sallmann, M. Grand Rapids, MI, Cambrige, UK: William B. Eerdmans Publishing Company. 1-13.

Bloomer, T. A. (2009). "Calvin's Geneva: small city, big impact" *HOPE* magazine, Winter 2009.

_____. (2008). "Calvin and Geneva: Nation-Building Missions" in *His Kingdom Come: An Integrated Approach to Discipling the Nations and Fulfilling the Great Commission*, edited by Jim Stier et al., YWAM Publishing. 103-118.

Bratt, J. H. Ed. Miller, C., Lagerwey, W., Strikwerda, E. (1964). *The Rise and Development of Calvinism*, Grand Rapids: Eerdmans.

Calvin, J. (1870). "Discours d'adieu aux ministres" (28 avril 1564) (PDF), dans *Calvin, J. Opera quae supersunt omnia*, Brunsvigae, [puis] Berolini, C. A. Schwetschke ;

New York ; London, Johnson Reprint [etc.], 1863-1900, t. 9, col. 891-894.

d396qusza40orc.cloudfront.net/calvin%2Fmateriel%20semaine%201%2Fcalvin_1564_discours_adieu_ministres.pdf

_____, J. (1863). "Sermon on the book of Deuteronomy" *Opera quae supersunt omnia*, C. A. Schwetschke, 27:450-460; on Dt 17.

_____, J. (1863-1900). *Sermon on Deuteronomy, 23:8-20, Ioannis Calvini Opera in the Corpus Reformatorum*, Brunswick. 28: 121.

_____, J. (1871). ed. E. Cunitz, J.W. Baum, E. Reuss, "De Usuris", *Opera quae supersunt omnia*, Vol. 10.

_____, J. (1961). *Institutes of the Christian Religion* trans. by Ford Lewis Battles. London.

Cottret, B. (2000). [1995], *Calvin: Biographie [Calvin: A Biography]* (in French), Translated by McDonald, M. W. Grand Rapids, Michigan: Wm. B. Eerdmans.

Dufour, A. (1959/4). "Le mythe de Genève au temps de Calvin", Revue suisse d'histoire, 9, 489-518.

Dunant, J. H. (2018). *Un souvenir de Solférino*, (Classic Reprint) (French Edition) Forgotten Books.

Ganoczy, A. (2004). "Calvin's life", in McKim, D.K. *The Cambridge Companion to John Calvin*, Cambridge: Cambridge University Press.

Gillies, J. (1976). *The Martyrs of Guanabara*. Moody Press.

Graham, W. F. (1971). *The constructive revolutionary: John Calvin & his socio-economic impact*, John Knox Press.

Höpfl, H. (1985). *The Christian Polity of John Calvin*, Cambridge University Press.

Knox, J. (1855). *The Works of John Knox*: Vol 4. Johnstone & Hunter.

Kuyper, A. (1880). *Souvereiniteit in Eigen Kring*, Amterdam: Kruyt.

Larson, M. J. (2009). *Calvin's Doctrine of the State: A Reformed Doctrine and Its American Trajectory, The Revolutionary War, and the Founding of the Republic*. Wipf and Stock.

Leith, J. H. (2010). *John Calvin's Doctrine of the Christian Life*, Wipf & Stock Pub.

McGrath, A. E. (1990). *A Life of John Calvin: A Study in the Shaping of Western Culture*, Oxford: Basil Blackwell.

McNeill, J. T. (1967). *The History and Character of CALVINISM*, Oxford Univ. Press.

Parker, T. H. L. (2006). *John Calvin: A Biography*, Oxford: Lion Hudson plc.

세상을 변화시키는 세계관

Reid, W. S. Ed. (1982). *John Calvin: His Influence in the Western World*, Grand Rapids: Academie Books.

Robertson, H. M. (1933) *Aspects of Economic Individualism: A Criticism of Max Weber and His School*, Cambridge: Cambridge University Press; New York: Macmillan Co.

Rousseau, J. J. (1762) *Du Contrat Social ou Principes du droit politique*, Amsterdam.

Schaff, P. (2006). "§ 108. Calvin's Struggle with the Patriots and Libertines", *History of the Christian Church*, VIII. Hendrickson Publishers, Inc.; 3rd edition.

Sombart, W. (1913). *Der Bourgeois*, München und Leipzig: Duncker & Humblot.

Tawney R. H. (1926) *Religion and the Rise of Capitalism*, New York: Harcourt, Brace and Company.

Traz, R. de. (1929). *L'Esprit de Genève*, Lausanne, L'Age d'Homme.

Treasure, G. (2013). *The Huguenots*, New Haven and London: Yale Univ. Press.

Tu, Weiming (1989) "The Rise of Industrial East Asia: The Role sf Confucian Values" *The Copenhagen Journal of Asian Studies* ej.lib.cbs.dk/index.php/cjas/article/viewFile/1767/1787.

Van Halsema, T. (1981). *This was John Calvin*, Baker. 강변교회 청소년학교 역 (2007), 『이 사람, 존 칼빈』. 성약출판사.

Wallace, R. S. (1988). *Calvin, Geneva and the Reformation: A Study of Calvin as Social Reformer, Churchman, Pastor and Theologian*, Grand Rapids: Baker Book House.

Weber, M. (2009). *Die protestantische Ethik und der Geist des Kapitalismus*, Anaconda.

biblehub.com/commentaries/calvin/genesis/2.htm
huguenotmuseum.org/event/huguenots-and-the-industrial-revolution
www.ccel.org/ccel/calvin/calcom17.pdf
www.ccel.org/ccel/calvin/calcom32.pdf
www.ccel.org/ccel/calvin/calcom01.pdf
www.ccel.org/ccel/calvin/calcom32.ii.ix.html?scrBook=Matt&scrCh=12&scrV=7#ii.ix-p35.1
www.coursera.org/learn/calvin/lecture/ebyUB/2-le-commandement-du-createur-the-creators-command

content.time.com/time/specials/packages/article/0,28804,1884779_1884782_1884760,00.
    html?iid=sr-link1

www.coursera.org/learn/calvin/lecture/n0LsQ/1-le-mythe-de-geneve-the-myth-of-ge-
    neva

세상을 변화시키는 세계관

2부

킹덤
빌더즈

Kingdom Builders

아브라함 카이퍼의 학문과 신앙의 통합에 관한 고찰[1]

I. 들어가는 말

네덜란드의 신학자요 정치가이며 언론인이자 교육가였던 아브라함 카이퍼(Abraham Kuyper)는 1880년 암스테르담에 기독교 대학인 자유 대학교(Vrije Universiteit)를 설립했다. 그가 이 대학을 세운 이유는 국가와 교회의 간섭으로부터 독립된, 그러나 기독교 세계관에 기초하여 학문과 신앙이 통합된 대학으로 미래 국가 지도자와 하나님 나라의 인재를 배출하기 위함이었다. 나아가 그가 1898년에 미국의 프린스턴 신학대학원(Princeton Theological Seminary)에서 명예 법학박사 학위를 받으면서 특별 강의를 했던 내용이 『칼뱅주의: 여섯 개의 강연(*Het Calvinisme: Zes Stone-lezingen*)』이라는 제목으로 출판되었다(Kuyper, 1899, 박태현, 2021). 그중 제4장에서 그는 "칼뱅주의와 학문(Het calvinisme en de wetenschap)"이라는 제목으로 신앙과 학문의 통합적 관계에 관해 자세히 설명했다. 그 후, 그가 세 권으로 출판한 『일반은총론(*De Gemeene Gratie*)』에서도 이 주제에 대해 다루고 있다(Kuyper, 1902-1904). 이 세 권 중 학문과 예술 영역만 클로스터만(Kloost-

---

1 본 논문은 「신앙과 학문」 2021년 제26권 4호(통권 89호), 309-326에 실렸다.

세상을 변화시키는 세계관

erman)이 부분적으로 영어로 번역한 책이 『지혜와 경이: 학문과 예술에서 일반 은총(*Wisdom & Wonder: Common Grace in Science & Art*)』라는 제목으로 출판되었다(2011). 물론 오늘날까지도 칼뱅주의(Calvinism)라는 용어에 대한 정의가 분명하지 않다는 비판이 있으며 특히 이런 명칭을 칼뱅도 거부했음은 잘 알려진 사실이다(McGrath, 1991: 259). 하지만 카이퍼는 하나님의 절대 주권을 강조한 칼뱅의 신학을 정치, 사회, 문화, 예술 등 우리 삶의 모든 영역 및 세계관적으로 확장하여 일반 은총, 세계관, 구조와 방향 및 영적 대립(antithesis)과 같은 중요한 개념들을 발전시켰는데 그의 이러한 사상은 '신칼뱅주의(Neo-Calvinism)'라고 불린다. 이런 점에서 카이퍼는 당시의 협소한 칼뱅주의를 극복하면서 신앙과 학문의 통합적 관계에 대해 더 발전된 형태를 위한 토대 마련의 근거를 제시했다고 볼 수 있다.

그동안 이러한 카이퍼의 사상에 관해 국내외에서 많은 연구가 이루어졌으나 그가 학문과 신앙을 통합하려고 노력한 부분에 관해서는 거의 선행연구를 찾을 수 없다. 카이퍼와 관계없이 신앙과 학문의 통합에 관해 연구한 기독학자로는 미국의 로버트 해리스(Robert A. Harris)가 있다(Harris, 2004, 2014). 하지만 기독교 세계관에 기초하여 모든 학문도 그리스도에게 복종하여야 함을 강조한 카이퍼의 사상은 분명히 기독학자들에게 매우 중요한 주제가 아닐 수 없다. 따라서 이 글에서는 그가 어떻게 신앙과 학문이 통합되어야 한다고 주장했는지 그의 다양한 저작들을 통해 고찰해 보고 다른 학자들의 저작도 제시한 후 그의 사상이 어떻게 발전되었으며 남긴 영향은 무엇인지 평가함으로 결론을 맺겠다.

II. 아브라함 카이퍼의 학문과 신앙의 통합에 관한 고찰

1. 학문과 신앙의 통합 근거

먼저 학문과 신앙이 통합되어야 하는 근거는 하나님의 창조적 주권 때문이라고 카이퍼는 주장한다. 즉 주님께서 이 세상의 만물을 창조하셨고 지금도 다스리시며 마지막에 하나님의 나라를 완성하시므로 우리의 학문 활동도 마땅히 그분의 절대적인 주권 아래에 있다는 것이다. 카이퍼는 이 점을 가장 예리하게 인식한 학자로서 1880년 10월 20일 암스테르담에 자유 대학교를 설립하여 총장으로 취임하면서 시내의 신교회(新教會, Nieuwe Kerk)에서 "영역 주권(Souvereiniteit in eigen kring)"이라는 제목으로 개교 연설을 했다. 이 연설에서 그는 자유 대학교의 설립 이념을 한 마디로 이 "영역 주권"이라고 정의하면서 이 세상의 다양한 영역들은 절대 주권자이신 하나님께서 창조하셨고 따라서 각자 개별적인 주권을 가진다는 것이다. 나아가 만유의 주재이신 그리스도(골 1:16)께서는 우리의 삶의 모든 영역의 어느 곳도 "내 것"이라고 외치지 않는 곳은 없다고 강조했다(Kuyper, 1880, 박태현, 2020). 다시 말해 학문의 영역도 궁극적인 주권은 주님께 있으므로 당연히 학문과 신앙은 만유를 통일하시는 그리스도(엡 1:10) 안에서 통합되어야 한다는 것이다. 따라서 그는 자유 대학교가 학문과 신앙이 통합된 기독교 대학이 되길 희망했다. 카이퍼의 사상을 계승한 헤르만 바빙크(Herman Bavinck)도 학문을 전능하신 하나님의 창조물이라고 보았고(Bavinck, 1897) 카이퍼를 계승한 기독교 철학자 헤르만 도여베르트(Herman Dooyeweerd)는 이 점을 더욱 발전시켜 학문은 결코 종교적으로 중립적이 될 수 없음을 강조했다(Dooyeweerd, 1935: 11, 1953: 3-4, Choi, 2000). 필자는 이 카이퍼의 견해에 동의하며 학문과 신앙의 통합을 추구하는 기독학자라면 이견이 없으리라 생각한다. 그렇다면 좀 더 구체적으로 카이퍼가 어떻게 학문과 신앙의

세상을 변화시키는 세계관

통합을 설명했는지 살펴보겠다.

2. 학문과 신앙의 통합 동기

카이퍼는 학문이란 경험으로 지각한 구체적 현상에서 보편적 법칙을 발견하고 그것으로 현상 전체를 설명하게 될 때 비로소 학문이 가능해진다고 보았다. 또한, 개별 학문은 한 항목으로 모이고 이론이나 가설을 통해 한 원리의 지배 아래에 있어야 하며 이러한 모든 결과를 하나의 유기적 전체로 엮어내면 학문이 성립된다고 그는 설명한다(Kuyper, 1899: 105, 박태현, 2021: 198). 그런데 하나님의 예정 교리는 하나님께서 창조 이전에 가지신 지혜로 만물의 창조를 계획하셨고 그것을 구체적으로 말씀을 통해 통일성 있고 확실하게 이루신다는 것이다(잠 8). 따라서 전 우주의 생성, 존재 및 과정은 하나님께서 제정하신 법칙과 질서에 순종하며 자연과 역사 속에는 그 계획을 이행하시는 하나님의 신실하신 의지가 있다고 본다. 또한, 인간은 하나님의 형상으로 창조되어 책임의식을 가진 청지기로서 만물을 이해하고 다스릴 '문화적 소명(cultural mandate)'을 가진다(창 1:28). 그러므로 이 사명을 이루기 위해 학문은 시작되며, 인간은 이 학문 활동을 통해 창조주의 지혜를 이해하게 되고 이것을 더욱 열심히 할수록 학문은 발전하고 풍성해지며 나아가 이를 올바로 응용하여 창조세계를 올바른 방향으로 개현해 나가야 한다. 그 첫 번째 예로 카이퍼는 아담이 동물의 이름을 짓는 것을 예로 들어 설명한다(Kuyper, 1904: 500-502). 결국, 피조계는 엄밀하고 일관된 법칙으로 만들어진 작품이며 그렇지 않다면 학문은 불가능할 것이다.

따라서 학문은 하나님의 창조적 발명이며, 우리가 뜻을 다하여 하나님을 사랑한다는 것은 바로 이 학문을 올바로 발전시켜 나감을 통해 하나님의 창조세계를 올바로 이해하고 더욱 발전시켜 하나님께 영광을 돌리게 됨을 의미하므로 창조 신앙은 학문을 발전시키는 강력한 동기가 되는 것이다. 따라서 카이퍼가 강조한 성경적 신앙은 만물에 고정된 법칙을 하나님의 주권적 의지에 종속시키고 그 원인도 이미 수립된 계획에 근거하며 모든 사물이 전체 창조와 역사의 한 유기적 일부를 형성한다고 믿으면서 하나님의 작정에서 자연법뿐만 아니라 모든 도덕법과 영적 법칙의 확고한 토대와 기원을 발견한다. 즉 영적 법칙과 자연법은 모두 하나님의 명령에 따라 존재하며 그 안에서 하나님의 경륜은 영원하고 포괄적인 계획을 성취한다고 카이퍼는 설명한다(Kuyper, 1899: 107-108, 박태현, 2021: 200-201).

　이처럼 만물의 통일성, 안정성 및 질서를 개인적으로는 예정으로, 우주적으로는 하나님의 작정과 경륜으로 믿는 것이 칼뱅주의적 신앙이므로 이러한 신앙은 학문에 대한 동기를 일깨우고 발전을 장려할 수밖에 없다. 이 통일성, 안정성 및 질서에 대한 신앙이 없다면 학문은 추측을 넘어설 수 없으며 오직 우주의 유기적 상호연관에 대한 믿음이 있을 때, 학문은 구체적 현상에 관한 경험적 탐구에서 일반적인 법칙으로, 그 법칙에서 전체를 지배하는 원리로 나아갈 수 있기 때문이다. 따라서 이러한 성서적 신앙은 통찰의 통일성, 지식의 확고함 및 질서를 요구하며 이 명백한 필요 때문에 지식에 대한 갈망이 되살아난 것이라고 카이퍼는 주장한다(Kuyper, 1899: 108-109, 박태현, 2021: 201-202).

　그 구체적이고 역사적인 증거로 그는 1575년에 설립된 네덜란드의 레이든(Leiden) 대학교의 역사적 배경과 그 학문적 성취를 언급한다(Kuyper, 1899: 103-104, 박태현, 2021: 195-197). 네덜란드에서 최초로 세워진 이 대학교는 스페인 필립 2세의 학정에 대해 80년 동안 계속된 독립전쟁에서 승리한 후 네덜란드 국민의 요청을 받아들인 빌름 1세(Willem I)에 의해 칼뱅의 개혁 신앙을 따르는 대학으로 설립되었는데 이것은 독립 이후 최초로 행한 국가적 프로젝트였다. 이 대학이 설립되면서 네덜란드는 학문 분야에서 세계적인 업적을 낳기 시작했다. 카이퍼는 그 예로 저명한 철학자였던 유스투

세상을 변화시키는 세계관

스 립시우스(Justus Lipsius), 문헌학자였던 티베리우스 헴스터하위스(Tiberius Hemsterhuis), 작가였던 프랑소와 헴스터하위스(François Hemsterhuis) 그리고 임상의학자였던 헤르만 부어하브(Herman Boerhaave)를 언급한 후 나아가 세계 최초로 과학의 연구에 가장 기초적인 도구인 현미경과 망원경 및 온도계도 네덜란드에서 발명되어 과학 발전에 큰 공헌을 하였음을 상기시킨다(Kuyper, 1899: 104, 박태현, 2021: 196). 즉 한스 리퍼헤이(Hans Lipperhey)는 안경기술자이자 제조업자로서, 1608년에 우연히 볼록렌즈와 오목렌즈 둘을 겹쳐서 먼 곳의 물체를 보았을 때 아주 가깝게 보인다는 사실을 발견하여 망원경을, 자카리아스 얀센(Zacharias Janssen)은 현미경을 발명했으며 안토니 판 레우언훅(Antonie van Leeuwenhoek)은 이 현미경을 더욱 개량하여 미생물학을 크게 발전시켰다.

그 외에도 네덜란드의 에디슨으로 불리는 꼬르넬리우스 드레블(Cornelius Drebbel)은 온도계 및 세계 최초의 잠수함도 발명했으며 얀 스밤머르담(Jan Swammerdam)은 곤충학 및 생물학에 크게 이바지하였는데 그는 자연을 창조의 비밀을 연구하는 기회로 이해하였고 프레드릭 라위스(Frederik Ruysch)는 식물학 및 인체를 특수 용액에 담아 보존하는 기술을 개발하여 인체해부학 및 의학도 비약적으로 발전시켰다. 나아가 네덜란드는 16-17세기에 동인도 및 서인도회사를 설립하여 전 세계 무역을 독점하는 경제 대국이 되었을 뿐만 아니라 세계 최고 수준의 과학과 기술 및 문화 예술의 '황금시대(De Gouden Eeuw)'를 열었다.[2] 가령 헤라르두스 메르카토르(Gerardus Mercator)는 이미 1538년에 세계 지도를 작성했으며, 크리스티안 하위겐스(Christiaan Huygens)는 진자시계를 발명했고 그 후에도 저온 물리학의 개척

2   이에 관해 네덜란드 vpro방송이 제작한 황금시대 특별 다큐멘터리 참고: 새로운 학문 (Nieuwe Wetenschap) www.vpro.nl/speel~NPS_1210674~een-nieuwe-wetenschap-de-gouden-eeuw~.html

자였던 하이끄 까멀링 온네스(Heike Kamerlingh Onnes)는 1894년, 레이든 대학에 저온 연구소를 창설한 후 이곳에서 액체 공기·액체 수소·액체 헬륨의 제조에 성공하여 1913년에 노벨 물리학상을 받았다. 이처럼 16세기 이후 근대 과학이 네덜란드에서 꽃피울 수 있었던 것은 기독교 세계관이 밑받침되었다고 카이퍼는 그의 일반 은총론에서 설득력 있게 주장한다(Kuyper, 1903: 253).

이 점에서도 필자는 카이퍼의 입장을 지지하는데 이는 그가 구체적인 역사적, 객관적 자료를 제시하기 때문이다. 나아가 암스테르담의 자유 대학교 교수였던 호이까스(Reijer Hooykaas)도 그의 책 『근대 과학의 출현과 종교(Religion and the Rise of Modern Science)』에서 근대 과학을 발전시킨 학자들이 대부분 그리스도인이었음을 실례를 들어 주장하고 있다(Hooykaas, 1972, 손봉호, 김영식, 1987).

3. 학문의 영역을 회복한 신앙

나아가 카이퍼는 칼뱅주의적 신앙이 학문의 정상적인 발전을 억눌렀던 중세적 세계관으로부터 학문을 해방하여, 죄가 학문에 작용하여 완전히 잘못된 지식을 낳지 않도록 억제하는 하나님의 일반 은총 교리를 통해 학문을 원래 고유한 영역으로 회복시켰다고 강조한다. 기독 신앙은 본질에서 구원론적이지만 죄인과 성인, 현세와 내세, 지상과 천상이라는 이원적 요소로 구별하면 그 상호 연관성을 보지 못하고 서로를 왜곡할 위험이 있다는 것이다. 가령 중세 천주교는 이러한 오류에 빠져 은혜의 세계인 천상적 요소만 집중하여 명상하다 보니 자연의 세계인 하나님의 창조에 대해 충분한 관심을 기울이지 못했고 영원에 대한 사랑으로 현세적 의무를 다하지 못했으며, 영혼만 보살폈기에 몸에 관한 관심은 게을리했다는 것이다. 그 결과 창조주 하나님은 배제하고 오직 그리스도만 신비적으로 숭배했으며 그리스도는 구

주로만 인식되고 그분의 우주론적 주권은 사라졌다고 카이퍼는 날카롭게 지적한다(Kuyper, 1899: 110-111, 박태현, 2021: 207-208).

하지만 성경은 결코 이러한 이원론을 말하지 않는다고 그는 강조한다. 왜냐하면, 사도 요한은 그리스도가 "만물을 만드시고 사람의 생명이신 영원하신 말씀(요 1:1-4: 요일 1:1-2)"이라고 했고 바울도 "만물이 그리스도로 말미암아 지음을 받고 존재한다(롬 11:36)"라고 증거하며 나아가 구속 사역의 목적이 죄인의 구원에만 국한되지 않고 온 세상의 구속과 하늘과 땅의 만물이 유기적으로 연합되는 것이라고 말하기 때문이다(엡 1:10: 골 1:20). 그리스도도 이 세상에서의 중생만이 아니라 우주가 새롭게 됨을 말씀하시며(마 19:28) 요한이 밧모섬에서 들은 찬송은 천지를 지으신 하나님께 모든 존귀와 찬송과 감사를 돌리는 것이었다(계 4:11). 그러므로 성경에 계시된 하나님 나라의 완성은 구원받은 영혼들뿐만 아니라 전 우주적 회복이며 그때 하나님은 새 하늘과 새 땅에 모든 것이 되심을 카이퍼는 강조한다(Kuyper, 1899: 111-112, 박태현, 2021: 208-209). 따라서 하나님의 신성과 능력 및 지혜를 나타내는 피조계는 죄로 훼손되었으나 그리스도께서 회복하셨고 마침내 새롭게 완성하실 것이다. 성경적 신앙은 현세적인 삶이 영원한 것을 희생시켜 그 가치를 회복한 것이 아니며 하나님의 손으로 하신 일과 하나님의 속성에 대한 계시이고 그분의 능력으로 회복한 것이다(Kuyper, 1899: 112, 박태현, 2021: 209). 따라서 하나님 나라가 완성되면 신앙과 학문의 통합도 완전해질 것이라고 일반 은총론에서 그는 주장한다(Kuyper, 1903: 680).

그러므로 카이퍼는 칼뱅이 다른 많은 신학자와는 달리 자연을 단지 부수적인 것으로 보지 않았고 안경 비유를 사용하여 한쪽은 성경, 다른 한쪽은 자연이라는 렌즈를 통해 하나님의 생각을 해독할 수 있다고 본 것을 매우 중요시했다. 따라서 자연을 연구하는 학자는 헛되고 어리석은 일들을 추구하면서 그 능력을 허비하는 것이 전혀 아니며 오히려 하나님을 위한 우리의 관심은 창조에서 벗어날 수 없다고 주장했다. 가령 그는 유럽에서 흑사병이 창궐할 때 밀라노에서 단지 사랑으로 환자들을 돌보는 것에만 헌신하다 본인이 감염되어 사망한 보로메오(Carlo Borromeo) 추기경과는 달리 제네바에서 칼뱅은 환자들을 영적으로 돌볼 뿐만 아니라 그들을 격려하는 위생 정책도 시행했음을 상기시킨다. 나아가 암스테르담에서 목회도 하면서 동시에 선박업자로서 천문학과 항해술을 발전시켰던 뻬트루스 쁠란시우스(Petrus Plancius)도 언급한다(Kuyper, 1899: 112, 박태현, 2021: 210-211). 따라서 카이퍼는 칼뱅주의와 인본주의의 차이점과 동시에 유사점도 지적하는데 즉 인본주의가 하나님을 부인하고 인간의 자율성을 절대시한다는 점은 칼뱅주의가 동의할 수 없지만, 자연의 탐구를 장려한다는 점에서는 서로 동료가 될 수 있다고 보았던 것이다(Kuyper, 1899: 113, 박태현, 2021: 212).

또한, 일반 은총 교리를 통해 카이퍼는 불신 세계도 많은 점에서 뛰어나고 따라서 '전적 부패'라는 교리가 항상 우리 경험과 부합되지는 않으며 반대로 이 경험에서만 출발하면 우리의 성경적 신앙고백은 땅에 떨어지고 만다고 본다. 왜냐하면, 인간 본성을 부패하지 않은 것으로 보면 중생은 필요 없을 것이기 때문이다(Kuyper, 1899: 114, 박태현, 2021: 213). 이러한 모순을 극복하기 위해 중세적 세계관은 "순수한 자연적인 것(pura naturalia)"이라는 교리로 탈출구를 찾으려 했다고 카이퍼는 설명한다(Kuyper, 1899: 115, 박태현, 2021: 215). 즉 삶에는 지상적 영역과 천상적 영역이 있는데 아담은 두 영역에 대한 준비를 잘하였으나 타락으로 천상적인 것을 잃었지만, 지상 생활을 위한 자연적 능력은 거의 손상되지 않았다는 것이다. 따라서 타락한 사람이 자연적인 생활에서 탁월함을 보인다는 인간론 위에 로마가톨릭교회가 서 있다는 것이다. 하지만 이 체계는 성경적 '죄' 개념이 빠져 있고, 인간 본성에 대해 평가 절하하는 잘못된 이원론이라고 카이퍼는 지적한다. 이 교리에 따르면 성직자는 독신으로 지상적 유대를 끊어 평신도보다 좀 더 높은 자리를 차지하며, 지상의 소유를 버리고 자신의 의지를 희생하는 수도사는 윤리적으로 성직자보다 좀 더 높은 위치에 서고 나아가 모든 지상적인 것과 단절되어 동굴에서 수행하는 고행자는 최고의 완전에 도달한다고 본다. 따라서 교회가 돌보지 않는 것은 모두 저급한 것으로 간주하므로 지상적 영역을 학문적으로 연구하도록 격려하지 않는다는 것이다(Kuyper, 1899: 115, 박태현, 2021: 217).

하지만 성경적 신앙은 이에 대해 근본적으로 반대한다고 카이퍼는 주장하면서 전적 타락이라는 개념과 함께 일반 은총 교리로 타락한 사람 안에 있는 선한 것을 설명한다. 죄는 그대로 두면 홍수 이전 시대처럼 인간 생활이 완전히 타락할 것이다. 그러나 하나님께서는 자신의 피조물이 완전히 멸망하지 않도록 죄를 붙드셨는데, 이것이 일반 은총이며 이로써 하나님께서는 개인과 전체 인류의 생활 및 자연에 개입하셨다. 하지만 죄의 핵심은 이 은혜로 죽지 않으며, 이 은혜는 영원한 생명으로 이끌지 못한다. 그러나 야생 짐승을 길들이듯이, 하나님은 일반 은총으로 사람 안에서 죄의 활동을 억제하되, 부분적으로는 그 세력을 부수시고, 부분적으로는 사람의 악한 영을 길들이시며, 그 나라와 가정을 교화시키심으로써 억제하신다. 그래서 중생하지 못한 죄인도 사랑스럽고 많은 매력을 갖게 되지만 죄의 본성은 여전히 해롭다. 하나님은 이처럼 악을 억제하시며 악에서 선을 내시는 분이시다. 따라서 그리스도인은 우리의 죄성을 비난하는 일에 절대 게으르지 않으면서, 우리를 질서정연한 사회에서 살게 하시고 개인적으로 두려운 죄에 빠지지 않도록 도우시는 하나님께 감사한다. 그리고 인류에게 감추어져 있는 모든 재능을 드러나게 하시고, 일상적 절차에 따라 인류의 역사를 발전시키시며, 지상 교회가 설 자리를 확보해 주시는 하나님께 또한 감사한다. 이러한 신앙고백을 가진 그리스도인은 삶에 대해 전혀 다른 태도를 보인다. 왜냐하면, 교회뿐만 아니라 세상도 하나님께 속하며 이 둘에서 '최고 경영자와 건축가'의 걸작을 탐구해야 한다고 생각하지 다른 학문을 저급하다고 여기며 불신자에게 맡기고 신학과 명상에만 전념하겠다고 말하지 않는다는 것이다. 오히려 하나님의 모든 작품에서 하나님을 아는 것을 사명으로 여기며, 모든 지적 능력을 다해 천상적 사물뿐만 아니라 지상적 사물도 연구하여 자연과 인간 산업의 생산물에서, 인류의 생활과 역사에서 창조 질서를 발견하고 하나님의 일반 은총을 보도록 부르심을 받았다는 것이다(Kuyper, 1899: 116-118, 박태현, 2021: 220-221). 이처럼 성경적 창조와 일반 은총에 대한 신앙은 학문의 본디 영역을 회복한다고 카이퍼는 강조한다. 이 점에 대해 필자는 카이퍼가 중세적 세계관의 약점을 정확하게 지적하면서 칼뱅의 개혁 신앙이 대안이 되어 학문과 신앙이 통합될 수 있음을 분명히 제시했다고 본다.

4. 학문을 자유롭게 발전시킨 신앙

나아가 카이퍼는 칼뱅주의적 신앙이 학문을 비자연적인 속박에서 구원하여 필요한 자유를 제공했다고 강조한다. 자유와 참된 학문 간의 관계는 공기와 우리 삶의 관계와 같은데 물고기가 번성하려면 물속에서 움직여야 하듯이 학문은 자신의 주제와 밀접한 관계를 유지하고 자신의 고유한 방법이 요구하는 바를 엄격하게 지킬 때 발전할 수 있다는 것이다. 따라서 학문의 자유는 방종이나 무법에 있지 않고 모든 잘못된 속박에서 벗어나는 데 있는데 그 속박이 부자연스러운 것은 학문이 필요한 원칙에 뿌리내리지 않았기 때문이다. 가령 중세시대에는 국립대학이 없었는데 당시에는 학문이 "학자의 공화국(respublica litterarum)"을 만들었다고 생각했지만, 학문적 자유에 대한 침해는 국가가 아니라 전혀 다른 영역인 교회에서 왔다고 카이퍼는 지적한다(Kuyper, 1899: 119-120, 박태현, 2021: 222-223).

서구에는 두 가지 지배적인 권력이 있었는데, 곧 교회와 국가였다. 몸과 영혼의 이분법은 이런 세계관이 반영된 것으로, 교회는 영혼이고 국가는 몸이었다. 신학은 학문의 여왕이었고 모든 다른 학문은 신학의 시녀였다. 나아가 교회 권력은 교황에게, 국가 권력은 황제에게 집중되어 교황이 태양이라면 황제는 달이나 별이었다. 이러한 이원론이 갈등을 일으켜 더 높은 통일성이 요구되자 교황과 황제는 대권을 두고 격렬하게 충돌하곤 했다. 이 점에 대해서는 카이퍼가 그의 생애 마지막으로 쓴 두 권의 대작인 『반혁명의 국가학(*Antirevolutionaire Staatkunde*)』 1권에서 자세히 다루고 있다(Kuyper, 1916).[3] 하지만 르네상스 이후로 제3의 기관인 대학이 등장하여 교회와 국가와는 독립된 영역임을 주장하였다. 그러나 교황과 황제는 이 세력이 커지는 것을 경계하면서 자신의 통치 아래 두려고 시도했다. 결국, 경쟁에 밀린 대학들은 교황의 도움을 요청하였고, 따라서 다른 대학들도 그 뒤를 따르게 되었다. 그 결과 학문은 독립성을 포기하게 되었고 학문의 영역이 교회와 전혀 다른 영역을 형성한다는 사실이 간과되었다고 카이퍼는 강조한다(Kuyper, 1899: 120-121, 박태현, 2021: 223-224).

개혁 신앙은 이러한 오류를 바로잡으려고 노력했는데 특히 칼뱅주의적 신앙은 교회 안에서 수직적 위계질서를 제거하고, 그리스도의 권위 아래 공화적이며 수평적인 패러다임을 도입했다. 그 결과 대학을 다스리는 영적인 교회라는 머리는 사라졌다. 그러나 루터교도들에게 그 대학을 다스리는 가시적 머리는 땅의 통치자였고 그들은 이 군주를 '제1주교'로 존경했다. 하지만 교회와 국가를 다른 독립적 영역으로 구분했던 칼뱅주의적 국가들에서는 그런 일이 없었다는 것이다. 이런 나라에서 박사 학위는 여론이나 교회로부터 인정받는 것이 아니라 오직 그 기관의 학문적 특성에서 의미가 있다. 그러자 교회는 다른 압력을 학문에 가했는데 가령 개혁자들의 의견과

---

3 본서는 필자가 한국어로 번역하였으며 2023년에 출판될 예정이다.

출판물에 대해 비난하며 그들을 박해했는데 이는 학문의 자유를 침해한 것이라고 카이퍼는 비판한다. 가령 교회와의 갈등으로 움츠러든 갈릴레오는 침묵하며 상황에 순응했는데 이에 반대하고 맞서면 종교재판과 단두대가 기다리고 있었기 때문이다. 따라서 학문의 자유로운 탐구의 권리는 보장되지 않았으며 당시 교회는 마치 모든 것을 알고 있다고 착각했다는 것이다(Kuyper, 1899: 121, 박태현, 2021: 226).

하지만 카이퍼는 개혁 신앙인들은 일반 은총 교리를 통해 이런 잘못된 입장을 버렸다고 강조한다. 즉, 교회는 특별 은총의 영역으로 돌아가야 하며, 일반 은총의 넓고 자유로운 영역은 교회의 통치에서 벗어나야 한다는 것이다. 나아가 학문이 발전하기 위해서는 대중의 마음이 자유를 얻어야 했다. 하지만 교회는 삶의 유일한 목적이 하늘나라에 들어가기 위한 것이라고 가르쳤고, 교회가 이 중심 목적과 일치한다고 인정하는 만큼만 사람들은 세상에서 삶을 누릴 수 있었다. 이런 관점에서는 아무도 세상에 관한 연구에 헌신할 수가 없었다. 그러나 성경적 신앙은 땅에 충만하고 정복하며 그 가운데 모든 생물을 다스리라는 창조 명령(창 1:28)으로 돌아갈 것을 촉구했다. 순례자로서 그리스도인의 생활은 변하지 않았지만, 영원한 본향을 향해 가는 길에서 지상의 중요한 일을 해야 하는 '책임의식을 가진 청지기(responsible steward)'가 된 것이다. 따라서 인간은 열정을 갖고 노동에 헌신했고 하나님의 부르심(vocation, Beruf)에 따라 땅의 모든 것은 사람에게 종속되어야 했기 때문에 땅을 정복하기 위해서는 피조계의 속성과 법칙을 아는 것이 필수적이었다. 그 결과 지금까지 학문을 꺼리던 백성들이 새롭고 활기 넘치는 힘으로 자유롭게 학문의 연구와 발전에 박차를 가했다고 카이퍼는 주장했다(Kuyper, 1899: 123, 박태현, 2021: 229). 가령 프랑스에서 네덜란드로 망명한 르네 데카르트(René Descartes)와 포르투갈에서 네덜란드로 온 유대인의 후손이지만 범신론으로 출교당했던 바룩 스피노자(Baruch Spinoza) 그리고 프로이센에서 온 물리학자로서 수은 온도계를 발명한 다니엘 가브리엘 파렌하이트(Daniel Gabriel Fahrenheit)도 일반 은총의 영향으로 유럽에서 가장 관용적인 네덜란드에 와서 학문의 자유를 누리며 발전시킨 것도 주목해야 한다.

나아가 카이퍼는 "일반 은총론"에서 학문의 독립성을 강조하면서 (Kuyper, 1904: 487, Kloosterman, 2011: 33) 교회와 국가는 인간의 타락 이후에 등장한 기관이지만 학문은 이미 하나님의 창조에 포함된 고유한 영역이며 소명인데 이는 인간이 하나님의 형상으로 지음 받아 모든 피조물에 담긴 하나님의 창조법칙을 올바로 이해하고 만물을 다스릴 권세가 있기 때문이고 따라서 학문은 결코 교회나 국가의 산물이 아니며 "하나님의 독특한 창조물(een eigen schepsel Gods)"[4]로서 고유한 원리가 있으며 자유롭게 발전해야 한다고 강조한다(Kuyper, 1904: 488-490). 나아가 그는 "반혁명의 국가학" 1권에서 당시에 교회 대신 국가가 학문의 영역을 침범하고 대학에 간섭하는 것도 영역 주권의 원리를 강조하며 날카롭게 비판하였다(Kuyper, 1916: 266-268). 동시에 그는 "일반 은총론" 2권에서 죄의 파괴적 영향에 대항하기 위해서 신앙과 통합된 학문이 필요함을 이렇게 주장한다(Kuyper, 1903: 512):

> 죄는 영혼(ziel)을 부패하게 하지만 신학과 교회는 이에 대항한다; 죄는 우리의 이해(verstand)를 어둡게 하지만 학문은 이것과 싸운다; 죄는 우리의 육체(lichaam)를 파괴하나 의학은 이것과 싸운다; 죄는 자연(natuur)을 저주하나 자연과학을 통해 우리는 반격할 수 있다; 그리고 죄는 인간 사회(samenleving)도 부패시키지만 우리는 법과 정의를 연구함으로 이에 대항할 수 있다.

---

4 이 표현은 바빙크의 저작에서 카이퍼가 인용한 것이다(Bavinck, 1897: 125).

따라서 카이퍼는 신학, 인문학, 의학, 자연과학, 법학이야말로 대학 내에 가장 필수적인 학부라고 보면서 여기서 신앙이 학문과 분리되어서는 안되며 반드시 통합되어야 한다는 것을 강조했다. 이런 의미에서 카이퍼는 대학이야말로 죄의 비참함으로부터 극복할 수 있는 매우 강력한 수단이며 일반 은총의 영역에서 올바른 도구라고 주장했다. 나아가 모든 학문의 원리와 근본은 일반 은총의 기원이신 주님을 경외하는 것이며(잠 1:7) 그분을 찾는 사람은 모든 것을 깨닫는다(잠 28:5b)고 말한다(Kuyper, 1903: 513, Kloosterman, 2011: 48).

도여베르트는 이 카이퍼의 사상을 더욱 발전시켜 그의 독특한 기독교 철학 체계인 '우주법 이념 철학(Wijsbegeerte der Wetsidee)'을 정립하였으며 (Dooyeweerd, 1935-1936) 나아가 학문적이고 이론적 사고는 결코 종교적으로 중립적이 될 수 없음을 그의 선험적 비판을 통해 명쾌하게 보여주면서 각 학문적 양상에도 영역 주권이 있음을 강조했다(Dooyeweerd, 1953-1958, Choi, 2000). 필자 또한 카이퍼가 이 점에서 영역 주권의 원리를 분명히 발견하여 학문의 독립적 영역을 보장한 것은 매우 중요한 공헌이었고 이것을 기초로 자유 대학교를 설립하여 국가나 교회의 간섭을 받지 않고 독립적으로 학문과 신앙을 통합할 수 있는 기독교 대학으로 발전시키는 분명한 비전을 제시했으며 그 결과 후학들을 통해 많은 열매를 맺었다고 본다.

5. 학문적 갈등에 해법을 제시한 신앙

마지막으로 카이퍼는 불가피한 학문적 갈등에 대한 원인을 명확히 밝혀 낸 후 칼뱅주의적 신앙은 이에 대해 해법을 제시했다고 강조한다. 그는 먼저 모든 학문은 신앙을 전제하며 양자 간에 갈등은 존재하지 않는다고 하면서 모든 신앙은 말로 표현되고 이 말들은 사상의 구현이 되어야 하며 이 사상은 우리의 상황과 상호 관계를 맺게 되는데 학문의 자유로운 탐구는 이론적 충돌을 낳을 수 있고 그 결과 여러 학파나 사조가 생기지만 이러한 논쟁들은 결국 원리(beginsel)의 갈등에 기인한다는 것이다. 즉 삼위일체 하나님과 그 말씀에 대한 신앙을 가진 사람들과 이신론, 범신론 또는 자연주의에서 해결책을 찾으려는 사람들 간의 영적 대립(antithesis)이라는 것이다. 신앙이 우리 의식에 빛을 비추면 학문과 논증의 필요가 생겨나므로 갈등은 신앙과 학문 사이에 있는 것이 아니라, 현존하는 우주가 정상적인 상태인가, 비정상적인 상태인가 하는 신앙적 관점 간에 존재한다는 것이다. 만일 우주가 정상이라면, 우주는 잠재력에서 이상(ideal)으로 가는 영원한 진화로 움직이겠지만 우주가 비정상이라면, 과거에 혼란이 일어났고 그 목적의 최종 달성을 보증할 수 있는 것은 중생의 능력뿐이다. 따라서 카이퍼는 학자들을 "정상론자들(Normalisten)"과 "비정상론자들(Abnormalisten)"로 나눈다(Kuyper, 1899: 123-125, 박태현, 2021: 231-232).

정상론자들은 자연적 자료에만 의존하며 모든 현상에서 같은 해석을 발견하려고 한다. 따라서 이들은 원인과 결과의 논리적 추론을 파괴하거나 제어하려는 모든 시도를 반대한다. 이들도 형식적 의미에서 신앙을 존중하지만, 이것이 인간의 일반적 자료와 조화를 이루는 한에서만 그렇다. 기적은 부인하며, 냉혹한 방식으로 지배하는 자연법만 존재하고 죄란 없으며 저급한 도덕에서 고등한 도덕으로의 진화만 인정한다. 이들은 성경을 인간의 작품으로 보며 논리적으로 설명할 수 없는 부분을 모두 제거하는 조건에서만 허용한다. 필요에 따라 그리스도도 인정하지만, 그분은 이스라엘의 역사적 발전이 낳은 산물로 본다. 하나의 신 또는 최고 존재는 인정하지만, 그분은 가시적 우주 뒤에 숨어 있거나, 모든 사물 속에 있거나, 인간 지성의 이상적 반영으로 간주하는 존재를 말한다. 따라서 이들은 창조 개념을 거부하며, 진화만 받아들인다고 카이퍼는 지적한다(Kuyper, 1899: 125, 박태현, 2021: 232).

반면에 비정상론자들은 상대적 진화는 수용하나 무한한 진화는 반대하며 창조를 고수한다. 이들은 인간을 하나님의 형상이 반영된 유일한 존재이지만 죄가 그 본성을 파괴했으며 하나님에 대한 거역으로 본다. 따라서 이러한 비정상적인 상태를 회복하는 유일한 수단으로 중생, 성경 그리고 그리스도 안에 있는 구속을 주장하며 삼위일체 하나님 안에서만 이상적 규범을 발견한다고 카이퍼는 말한다(Kuyper, 1899: 125-126, 박태현, 2021: 233).

카이퍼는 이 두 학문 체계가 각자의 신앙을 가지고 대립하여 양자 모두 인간 지식의 전체 영역을 주장하며 최고 존재에 관한 관점을 각자 세계관의 출발점으로 본다. 이 두 체계는 서로를 인정하는 상대적인 대립자가 아니라 전체 영역에서 서로 주장하고 있어 자신의 주장을 전체 체계로 세우는 노력을 단념할 수 없다. 그렇지 않다면, 그들은 자신의 출발점을 온전히 믿지 않는 것이다. 성경의 가능성을 자신의 체계에 작게라도 가진 정상론자는 이중적이고 창조를 진화로 변형시키며, 중생과 그리스도와 성경을 전제하는 비정상론자 역시 마찬가지다. 따라서 양자는 근본적으로 그 출발점이 다르며 그 기원에도 공통점이 전혀 없다. 그러므로 우리는 둘 중 하나만 선택할 수 있고 어느 것을 택하던 모든 것에서 일관성이 있어야 한다고 그는 주장한다(Kuyper, 1899: 126-127, 박태현, 2021: 233-234).

나아가 비정상론은 오랫동안 별로 도전을 받지 않았다고 카이퍼는 말한다. 물론 르네상스가 불신앙적 경향을 은근히 장려했고 인문주의는 그리스 로마의 이상을 향한 열정을 창출했으며, 중세 말엽 정상론자의 반대가 시작되었지만, 그 후 수 세기 동안에도 전통적인 학문 체계의 기초는 손대지 않았다. 그러나 18세기에 들어와 반대 의견이 본격적으로 중심에 자리를 잡게 되었고 새로운 철학은 최초로 일반적 수준에서 기독교 세계관적 원리를 전적으로 부인한다고 선언했다. 그 결과 비정상론을 반대하는 다양한 학문 체계가 발전하여 법학, 의학, 자연과학, 역사학의 영역에서 무한한 정상적

세상을 변화시키는 세계관

과정이라는 새로운 가설을 학문 탐구의 출발점으로 도입했다. 결국, 정상론적 세계관이 중심에 서서 세계를 정복했다고 카이퍼는 분석한다(Kuyper, 1899: 127-128, 박태현, 2021: 236-237).

하지만 카이퍼는 개혁주의적 신앙이 이러한 학문의 원리적 갈등을 해결하기 위해 인간의 의식으로 돌아간다고 말한다. 모든 학자는 자신의 의식에서 출발하지 않을 수 없는데 이 의식은 사물의 비정상적 특성 때문에 모든 사람에게 같지 않다는 것이다. 어떤 사람에게는 죄의식이 강하지만 다른 사람에게는 약하거나 전혀 없고, 어떤 사람에게는 신앙의 확실성이 분명하나 다른 사람은 그것이 무엇인지도 모르며 어떤 이에게는 "성령의 증거(Testimonium Spiritus Sancti)"가 있으나 다른 사람은 이를 전혀 느끼지 못한다. 이 죄의식, 신앙의 확실성 및 성령의 증거는 칼뱅주의적 신앙의 의식을 구성하는 요소인데 정상론자는 이를 인정하지 않고 자기의식을 강요하며 다른 사람의 의식도 자신의 의식과 같아야 한다고 주장한다. 하지만 자신의 의식과 다른 사람의 의식이 다를 수 있다는 점에 동의하는 순간, 사물의 정상적 조건은 허물어진다고 카이퍼는 주장한다(Kuyper, 1899: 129-130, 박태현, 2021: 239).

또한, 카이퍼는 칼뱅처럼 사람의 마음에 "신적 의식(sensus divinitatis)"과 "종교의 씨앗(semen religionis)"이 있다고 보지만 칼뱅이 신자의 의식과 불신자의 의식이 일치하지 않을 수 있다고 말한 것도 사실이다. 거듭나지 않은 사람은 죄에 대한 참된 지식을 가질 수 없으며, 회개하지 않은 사람은 신앙의 확실성을 가질 수 없고, 성령의 증거가 없는 사람은 성경을 믿을 수 없다(요 3:3; 고전 2:14). 이렇듯 의식의 단절을 모르는 정상론자(비중생자)가 있고, 단절과 변화에 대한 경험을 가진 비정상론자(중생자)가 있다. 따라서 양자의 논리적 결론은 일치할 수 없다는 것이다. 하지만 이러한 해결책에도 학문이 평가 절하되거나 무시되지 않으며, 정상론자의 학문과 비정상론자의 학문의 차이는 탐구의 다른 결과에 있는 것이 아니라 두 의식의 차이점에 있다는 것이다(Kuyper, 1899: 130-131, 박태현, 2021: 240).

오래전 대학에는 비정상론적 입장을 학문의 공리로 보았고 따라서 소수의 정상론자는 교수직을 얻기 어려웠고, 박해를 받기도 했다. 그러나 이제는 정상론자들이 영향력을 행사하며 더 많은 교수직을 차지하고 있다고 카이퍼는 보며 21세기에도 마찬가지다. 그 결과 비정상론자는 공적 위치에서 추방되고 있어 기독 학자들은 이 근본적인 영적 싸움을 피할 수 없다. 현재 많은 대학은 학문적 능력만이 교수직을 차지하는지를 결정한다고 가정하지 원리적 차이로 두 노선이 대립한다고 보지 않는다. 하지만 양자의 갈등이 커질수록 대학 생활을 분리할 필요가 있으며, 학문은 체계를, 교훈은 일관성을, 교육은 통일성을 가져야 하는데 이 원칙에 서 있는 한 모든 부자연스러운 갈등에서 벗어날 수 있다고 카이퍼는 보았다. 또한, 칼뱅주의적 신앙이 열어준 학문의 자유는 그 원리로부터 학문적 추수를 할 수 있는 충분한 힘을 보장함으로 결국 승리할 것이라고 카이퍼는 확신하여(Kuyper, 1899: 131-133, 박태현, 2021: 247) 자유 대학교를 통해 신앙과 통합된 학문을 발전시키려 했다.

도여베르트 또한 이 카이퍼의 사상을 발전시켜 인간의 존재의 뿌리인 동시에 학문이 성립되는 중심인 '마음(hart)'이 절대자를 향하여 어떤 방향으로 나아가는가에 따라 학문과 신앙의 통합적 결과가 달라짐을 그의 선험 철학에서 명쾌히 밝히고 있다(Dooyeweerd, 1935, 1953). 필자도 카이퍼가 학문의 전제가 되는 신앙을 분명히 밝힘으로 어떤 학문도 중립적이지 않다는 사실을 명확히 했다고 보며 이 점은 로이 클라우저(Roy Clouser)도 매우 강조했음을 볼 수 있다(Clouser, 2005, 홍병룡, 2019).

세상을 변화시키는 세계관

III. 나가는 말

지금까지 카이퍼가 학문이 신앙과 어떻게 통합될 수밖에 없는지 설명한 내용을 그의 저작들을 통해 고찰해 보았다. 먼저 학문과 신앙이 통합되어야 하는 근거는 칼뱅이 강조한 하나님의 창조적 주권 때문이며, 만물의 통일성, 안정성 및 질서에 대한 하나님의 예정과 경륜에 대한 신앙은 학문에 대한 동기를 일깨우고 발전시키며, 나아가 일반 은총 교리를 통해 학문을 중세적 억압으로부터 본디 고유한 영역으로 회복시켰고, 영역 주권을 주창하여 학문을 비자연적 속박에서 해방하여 자유를 주었으며, 정상주의와 비정상주의 간의 원리적인 대립을 구별함으로 불가피한 학문적 갈등에 대한 해법을 발견했다는 것이다.

이러한 카이퍼의 통찰력은 더욱 확대되어 '신칼뱅주의'라고 불리게 되었고 이후에도 여러 영역에서 계승, 발전되고 있는데 가령, 카이퍼의 후계자들은 전 세계에서 다양한 활동을 통해 학문과 신앙의 통합을 위해 노력하고 있으며 이 분야에서 가장 그의 사상을 계승 발전시킨 대표적인 학자는 학문적 사고 자체에 대해 선험적 비판을 시도하여 학문이 결코 신앙적 전제와 무관하지 않음을 증명한 도여베르트라고 할 수 있다. 나아가 카이퍼의 후계자들이 모인 대표적인 웹사이트로는 allofliferedeemed.co.uk가 있다. 가령 정치학에서는 제임스 스킬런(James Skillen), 예술 분야는 한스 로끄마커(Hans Rookmaker)와 캘빈 지어벨트(Calvin Seerveld), 경제학에서는 밥 하웃즈바르트(Bob Goudzwaard), 기술 분야는 헨드릭 반 리센(Hendrik van Riessen)과 에그버트 스휴르만(Egbert Schuurman) 등을 들 수 있다. 또한, 네덜란드의 젊은 기독학자들이 신앙과 학문을 통합하려는 노력으로 포럼C(ForumC)가 있으며 독일에는 마르부르크(Marburg)에 있는 신앙과 학문 연구소(Institut für Glaube und Wissenschaft)가 같은 비전으로 사역하고 있다.

영국에는 리즈(Leeds)에 thinkfaith.net이 있어 젊은 기독학자들을 중심으로 기독교적 사고가 삶의 모든 영역을 어떻게 변화시키고 풍요롭게 하는지 탐구하고 있고 미국 그랜드 래피즈에 있는 칼빈대학교의 칼빈기독학문센터(Calvin Center for Christian Scholarship)가 교수들의 통합 연구를 지원하며 텍사스의 베일러대학교(Baylor University)에도 신앙과 학문연구소(Institute for Faith and Learning)가 활동하고 있다.

기타 실제 정치 영역에서는 네덜란드에서 기독 민주연합(CDA: Christen-Democratisch Appèl)과 기독연합당(CU: Christen Unie), 교회는 네덜란드 개신교회(PKN: Protestantse Kerk Nederland)와 미국 및 캐나다의 기독 개혁교회(CRC: Christian Reformed Church), 대학은 미국의 칼빈대학교와 카이퍼 대학(Kuyper College)과 돌트 대학(Dordt College), 워싱턴에 있는 공적 정의 센터(The Center for Public Justice), 커버넌트 대학(Covenant College), 캐나다 토론토(Toronto)에 있는 기독 학문연구소(Institute for Christian Studies), 리디머대학교(Redeemer University) 기타 카이퍼 재단(The Kuyper Foundation) 등이 있다.

하지만 그가 언급했고 공부했던 레이든 대학교는 자유주의 신학을 받아들였고 1876년에 법이 개정되면서 신학부는 종교학부로 바뀌어 개혁주의적 교수들은 더는 임명되지 않았다. 이를 직시했던 카이퍼는 자유 대학교를 설립하여 세속화된 학문과 대학을 개혁하려 했으며 이를 위해 모든 학문과 삶의 분야가 그리스도의 빛과 성령의 조명을 받아야 함을 강조했다. 하지만 1980년 이후 이 자유 대학교도 세속화의 영향으로 기독교 대학으로서의 정체성은 매우 약화했는데 이것은 우리에게 분명한 경고를 한다고 말할 수 있다. 즉 아무리 한 대학이 기독교 대학으로 출발하였다고 할지라도 언제든지 세속화될 수 있다는 것이다. 이것은 미국의 하버드 대학 등 여러 기독교 대학도 예외가 아니며 국내 기독교 대학도 마찬가지다. 그런데도 아직 한국에

세상을 변화시키는 세계관

는 적지 않은 기독교 대학들과 기독교세계관 학술동역회가 카이퍼의 사상을 계승하고자 노력하면서 학술지 「신앙과 학문」도 발간하고 있지만, 앞으로 그의 유산을 더욱 발전시켜 더욱 통합된 연구 업적이 많이 나타나길 바란다.

참고문헌

박태현 역 (2020) 『아브라함 카이퍼의 영역 주권: 인간의 모든 삶에 미치는 하나님의 주권』
　　Kuyper, A. (1880) *Souvereiniteit in Eigen Kring* 서울: 다함.

박태현 역 (2021) 『아브라함 카이퍼의 칼빈주의 강연: 문화변혁의 기독교 세계관 선언서』
　　Kuyper, A. (1899) *Het Calvinisme: Zes Stone-lezingen* (1899) Lectures on Calvinism
　　서울: 다함.

손봉호, 김영식 역 (1987) 『근대 과학의 발전과 종교』 Hooykaas, R. (1972) *Religion and the
　　Rise of Modern Science*. 서울: 정음사.

임원주 역 (2017) 『일반 은혜: 타락한 세계를 향한 하나님의 선물』 1권, Kuyper, A. (1902-04)
　　De Gemeene Gratie, Vol. I-III. Kloosterman, N. D. Trans. (2015) *Common Grace:
　　God's Gifts for a Fallen World*. Kloosterman, N. D. Trans. (2011) *Wisdom & Won-
　　der: Common Grace in Science & Art* Christian's Library Press. 서울 : 부흥과 개혁사.

최용준 역 (2013) 『신앙과 학문의 통합 : 세계관적 접근』 Harris, R. A. (2004) *The Integration
　　of Faith and Learning: A Worldview Approach* Eugene, OR: Cascade. 서울: 예영커
　　뮤니케이션.

홍병룡 역 (2019) 『종교적 중립성의 신화』 Clouser, R. A. (2005) *The Myth of Religious
　　Neutrality: An Essay on the Hidden Role of Religious Belief in Theories* 서울: 아
　　바서원.

Bavinck, H. (1897) "Rapport van prof. dr. H. Bavinck over het rapport van deputatn
　　voor de opleiding, voor zoovell handelend over het verband der kerken tot de
　　Vrije Universiteit," in *Acta der generale synode van de Gereformeerde Kerken in
　　Dederland, gehouden te Middelburg, van 11 aug. to sept. 1896* Leiden: D. Don-
　　ner.

Choi, Y. J. (2000) *Dialogue and Antithesis: A Philosophical Study on the Significance
　　of Herman Dooyeweerd's Transendental Critique* Amsterdam: Buijten & Schip-
　　perheijn.

Dooyeweerd, H. (1935-1936) *De Wijsbegeerte der Wetsidee* I-III. Amsterdam: H. J.

세상을 변화시키는 세계관

Paris.

_____. (1953-1958) *A New Critique of Theoretical Thought* I-IV, Philadelphia, PA: The Presbyterian and Reformed Publishing Company.

Harrison, R. A. (2014) *Faithful mind, thoughtful faith : integrating faith and learning* Tustin, CA: VirtualSalt.

Kuyper, A. (1916) *Antirevolutionaire Staatkunde: met nadere toelichting op ons program.* Eerste Deel: De Beginselen, Kampen: J.H. Kok.

McGrath, A. (1991) *Johann Calvin* Zürich: Benziger.

allofliferedeemed.co.uk

thinkfaith.net

아브라함 카이퍼의 영역 주권 사상이 주는 사회 윤리적 함의에 관한 고찰[1]

I. 들어가는 말

아브라함 카이퍼(Abraham Kuyper, 1837-1920)는 네덜란드의 저명한 목회자이자 신학자로 교회의 개혁자요 일간지와 주간지를 창간한 언론인인 동시에 대학을 설립한 교육가이면서 정치가로 정당을 창당하여 수상까지 역임하며 민주주의를 발전시킨 인물이다. 그가 제네바의 종교개혁자 칼뱅(Jean Calvin, 1509-1564)의 신학을 더욱 발전시켜 하나님의 주권 사상을 삶의 모든 영역으로 확대한 소위 신칼뱅주의(neo-Calvinism)는 지금도 전 세계적으로 적지 않은 영향을 미치고 있다(www.alloflliferedeemed.co.uk).[2] 특

---

1 본 논문은 「신앙과 학문」 2022년 9월, 제27권 3호(통권 92호), 187-205에 실렸다.

2 2018년 네덜란드의 개신교 텔레비전 방송국인 VPRO(Vrijzinnig Protestantse Radio Om-roep)는 19세기 네덜란드 사회를 조명하는 다큐멘터리 시리즈를 방송하면서 그중 하나로 '위대한 아브라함(Abraham de Geweldige)'이라는 제목으로 아브라함 카이퍼를 가장 중요한 인물 중 한 명으로 다루었다. www.youtube.com/watch?v=XUHsb4W-ook&ab_channel=kobayasukobayasu 참고. 또한, 2020년 11월 9일, 그가 태어나 부친으로부터 유아 세례를 받은 마슬라우스(Maarsluis)의 개혁교회(Grote Kerk)에서는 그의 서거 100주년을 기념하는 행사가 개최되었는데 에도 한(Edo Haan) 마슬라우스 시장, 휴고 드 용어(Hugo de Jonge) 당시 부총리(기독민주연합(CDA) 소속), 조지 하링크(George Harinck) 자유대 역사학 교수, 까린 판 덴 브루커(Karin van den Broeke) 네덜란드 성서 공회 회장, 에

히 이 중에서도 그의 영역 주권(領域主權, sphere sovereignty, *souvereiniteit in eigen kring*) 사상은 네덜란드 사회에 다양한 변화를 가져왔으며 한국 사회에도 여러 면에서 사회 윤리적 함의를 가진다.

그동안 카이퍼의 생애와 사상 전반에 대해 다룬 논문(정성구, 2011)이나 저서(정성구, 2010) 및 역서들은 있으나(이상웅, 김상래, 2011, 박태현, 2020) 이 주제에 관해 국내에서 깊이 연구한 논문이나 저작은 이국운이 카이퍼의 영역 주권론을 중심으로 그의 정치사상을 어떻게 한국적으로 수용할 것인지를 다룬 것 외에 사회 윤리적 함의를 고찰한 글은 거의 없다(이국운, 2013). 해외에서도 카이퍼에 관한 논문이나 저작들은 매우 많으나 이 영역 주권이 가진 사회 윤리적 함의를 다룬 글은 많지 않다. 하지만 암스테르담의 자유 대학교에서는 개교 140주년 및 카이퍼 서거 100주년을 기념한 2020-2021학년도를 카이퍼의 해로 정하고 그의 공헌을 민주주의(democracy), 다양성(diversity) 및 사회적 기업가정신(Social Entrepreneurship)으로 요약하면서 그를 네덜란드 사회 개혁가(Social Entrepreneur)로 소개한다.[3]

따라서 이 글에서는 카이퍼의 영역 주권 사상이 무엇인지 먼저 설명하고 이와 관련하여 남아프리카 공화국에서 일어났던 인종차별 정책인 아파르트헤이트(Apartheid)와의 관련성에 관해 분석하겠다. 나아가 이 영역 주권 사상이 카이퍼의 후계자들에 의해 어떻게 발전되었는지를 다룬다. 그 후 네덜란드 사회의 특징인 소위 '기둥화(pillarization)'를 통해 카이퍼가 어떻게 사회적 다양성을 변호했는지에 대해 고찰하는 동시에 이 사상이 주는 사회 윤

릭 훅스트라(Erik Hoekstra) 미국 돌트대 총장 및 작가 요한 스넬(Johan Snel) 등 여러 강연자가 카이퍼를 다양한 관점에서 재평가했다. www.youtube.com/watch?v=i463_4Yh-7B8&ab_channel=HDCCentreforReligiousHistoryVU 참고.

3   www.youtube.com/watch?v=cg0p1pPPJFk&ab_channel=VrijeUniversiteitAmsterdam

리적 함의에 대해 네덜란드 및 한국적 상황에서 논의한 후 이 사상을 어떻게 적용해야 할지 결론을 맺겠다.

Ⅱ. 아브라함 카이퍼의 영역 주권 사상이 주는 사회 윤리적 함의

1. 영역 주권

영역 주권이란 만물의 창조주이신 하나님께서 교회뿐만 아니라 국가, 대학, 기업, 가정 등 모든 영역의 주인으로 주권적인 통치를 행사하시므로 각 영역은 자신의 독립적인 권위를 가지며 다른 기관에 종속되지 않음을 의미하는 카이퍼의 사상이다. 카이퍼는 그리스도의 우주적 왕권을 강조하면서 그의 통치가 미치지 않는 곳은 전혀 없다고 주장했다(Kuyper, 1911-1912). 그는 당시에 국가가 절대 권력을 행사하며 교회나 대학 같은 기관들을 간섭하고 통제하는 것을 반대하려고 이 사상을 발전시켰고 그 결과 1880년 10월 20일 암스테르담의 신교회(新敎會, Nieuwe Kerk)에서 그가 설립한 기독교 대학인 자유 대학교(Vrije Universiteit) 개교기념 연설의 제목도 "영역 주권"이었다(Kuyper, 1880, 박태현, 2020). 이 대학의 이름을 이렇게 정한 것도 대학이 교회나 국가의 영향으로부터 자유로움을 선언한 것이다. 그가 소천하기 전 마지막으로 저술한 두 권의 대작 『반혁명의 국가학(Antirevolutionaire Staatkunde)』 1권 8장에서 그는 영역 주권에 대해 다음과 같이 설명하고 있다.

> 국가의 전능성을 주장하는 것은 상상할 수 있는 한 가장 견딜 수 없는 폭정이다... 지금도 비록 다른 방식이지만 전능한 국가라는 교리가 다시 자리를 잡고 있으며 우리는 국가 주권이라는 핑계로 우리의 개인적, 사회적 자유가 점점 침해되는 매우 심각한 위험에 다시금 노출되고 있다. 그러므로 진정한 주권은 하나님께만 있

으며, 이 하나님의 주권은 모든 것을 포괄하고, 가장 명확한 의미에서 절대적이며, 어떤 것에 의해서도 결코 제한되거나 축소될 수 없다… 둘째, 주권의 이전은 제한된 의미가 아닌 다른 방식으로 일어나지 않으며, 이런 이전은 하나님께서 이제 그것을 놓아주셔서 사람 이 자기 멋대로 행사할 수 있다는 것을 절대 의미하지 않는다. 이전의 경우에도 주권은 하나님 안에 있으며 인간은 자신의 기관이나 도구로만 사용된다. 그러나 또한 세 번째로 이전된 사람들에 의해 행사되는 주권은 분리되어 있다. 그것은 많은 별개의 영역에 퍼져 있으며 영역마다 다른 성격이다. 가족의 영역, 교회의 영역, 과학과 예술의 영역, 기술과 발명의 영역, 무역과 산업의 영역, 농업, 사냥과 어업의 영역, 그리고 마침내 자유로운 사회단체의 영역도 있다. 이 모든 영역 위에는 인간을 도구로 행사하시는 하나님의 최고 권위가 있고 따라서 이러한 각 영역에서 자신의 영역 안에 있는 주권을 존중해야 하며 각 보유자는 이를 보호해야 한다. (Kuyper, 1916: 265-266)

이러한 영역 주권 사상은 무엇보다 먼저 카이퍼의 성경적 창조관에 근거한다. 하나님께서는 만물을 질서 있게 그리고 "종류대로" 만드셨고(창 1:11-12, 21, 24-25) 따라서 각자 고유한 독립성을 가지고 있다는 것이다. 나아가 이 영역 주권 사상은 삶의 각 영역이 고유한 권한을 갖추고 있을 뿐만 아니라 다른 영역과 다른 사명과 의무(de taak en de plicht)도 있다(Kuyper, 1912: 299). 하나님께서 설계하셨고 통치하시는 창조 질서는 다양한 사회공동체들과 이 공동체들의 유지 및 발전을 위한 규범들을 포함한다. 따라서 이 영역 주권의 원칙은 창조의 경계와 역사적 차별화를 긍정하고 존중하는 것이다. 다시 말해 각 영역마다 자체적인 독립성과 규범이 있으므로 이러한 다양성을 인정해야 한다는 것이다. 가령, 가정생활과 경제생활에 대해 하나님께서 주신 다른 규범을 인식해야 가정이 비즈니스처럼 되지 않으며 교회나 국가도 각각 제한된 능력을 벗어나 인간 활동 전체를 규제해서는 안 된다는 것이다. 이러한 영역 주권의 개념은 현재 기독교민주당이 다수당으로 통치하는 유럽 국가들에서 일반적인 원칙이 되었으며, 이를 이념의 필수적인 부분으로 간주했다(Domenico & Hanley, 2006: 102). 나아가 박, 판 홀톤, 크라븐담 및 아이어스(Bak, van Holthoon, Krabbendam, & Ayers)는 기독민주당원들에 의한 영역 주권 사상의 증진이 전 세계적으로 집단적 복지국가의 창설로 이어졌다고까지 주장한다(Bak, van Holthoon, Krabbendam, & Ayers, 1996).

둘째로 카이퍼의 영역 주권 사상은 중세의 교회 중심주의(ecclesiasticism)와 근대의 세속주의(secularism)적 세계관에 대한 기독교 세계관적 대안이다. 중세의 교황적 군주제(Papal Monarchy)는 하나님께서 교회를 통해 세상의 모든 영역을 다스린다고 보았다. 따라서 지금도 천주교가 강한 독일의 쾰른이나 로마의 피렌체 같은 도시를 보면 도시 한 가운데 대성당이 있으며 다른 어떤 건물도 이 성당보다 더 높게 지을 수 없다. 예술 분야에서도 종교적 주제는 주요 후원자인 교회에 의해 장려되었고 정치 또한 교회의 지시에 따르는 지도자들로 구성되었다. 경제 길드와 농업 분야도 교회가 감독했으며 가족 영역에서는 출산을 규제했고 교육 분야에서는 여러 대학이 교황의 명령에 따라 설립되었다. 하지만 르네상스 이후 세속주의적 세계관이 등장하면서 부유한 상인계급이 출현했으며 일부 상인들은 교회와 무관하게 예술의 후원자가 되었고 개신교는 종교개혁(Reformation)을 통해 시민정부, 예술, 가족, 교육 및 경제를 교회의 통제로부터 해방하였다. 개신교는 교회주의와 달리 삶 전체가 예배임을 강조했으나 이후에 나타난 세속적 계몽주의는 종교를 완전히 없애려 했다. 하지만 카이퍼는 영역 주권 개념을 "하나님 앞에서(Coram Deo)"라는 관점에 기반을 두면서 삶의 모든 영역은 하나님 앞에서 동등하고 직접 책임진다고 보았다. 따라서 카이퍼는 사회 영역들을 각각 분리하였고 그 결과 국가 절대주의도 반대한 것이다(Kuyper,

세상을 변화시키는 세계관

1912 : 151).

셋째로 이 영역 주권 사상은 적용할 분야가 많이 있다. 가령, 가족 제도는 국가, 교회 또는 우발적인 사회적 요인에서 나온 것이 아니라 하나님의 창조에서 비롯되므로 가족을 정의하거나 그에 관한 법을 공포하는 것은 국가나 교회의 임무가 아니라 하나님의 말씀에 따른다는 것이다. 한 남자와 여자가 서로 평생 헌신하며 후손에 대한 언약으로 정의되는 결혼 및 가정은 국가나 다른 외부 권력에 의해 제정되지 않고 자연스럽게 하나님에게 직접 책임이 있는 부부에게서 시작된다. 하지만 가정의 영역 주권은 아버지에게 있다(Kuyper, 1911(Deel 2) : 439, 537). 그러나 특정 가족이 자신의 책임을 올바로 이행하지 못하면 사법기관은 관련된 민사적 불의를 바로잡을 권한이 있다. 국가나 교회도 연구소, 학교 또는 대학에 미리 정해진 결론을 내릴 수 없으며 적용 가능한 법률은 해당 영역에만 관련된 법률이므로 학교 행정은 특정 능력과 분야를 합법적으로 담당하는 사람들에 의해 이루어져야 한다. 또한, 무역 단체는 무역에 해당하는 규칙만 적용해야 하며, 그 단체의 지도자는 자신의 전문 지식으로 그 단체를 이끌어야 한다. 또한, 정부가 지나치게 농업이나 어업 분야를 규제할 때, 농민과 어민들은 항의할 수 있다. 물론 이러한 시민운동도 다른 영역의 주권을 방해하지 않고 행동하는 본질적 원칙은 지켜야 할 것이다.

나아가 이 영역 주권 사상이 잘못 적용된 예도 있는데 남아프리카 공화국의 아파르트헤이트(Apartheid) 정책이 그 예가 될 것이다. 이것은 과거 남아공에서 백인 정권에 의해 1948년에 법률화된 인종분리정책, 즉, 백인 정권의 유색인종에 대한 차별 정책을 말하는데 모든 사람을 인종 등급으로 나누어 백인, 흑인, 유색인, 인도인 등으로 분류하였으며, 인종별로 거주지 분리, 통혼 금지, 출입구역 분리 등을 하는 등, '차별이 아니라 분리에 의한 발전'이라는 핑계로 사상 유례가 없는 노골적인 백인 지상주의 국가를 지향하였다. 이러한 정책의 배후에는 그곳의 개혁교회(Nederduits Gereformeerde Kerk)가 인종차별적 해석을 하여 아파르트헤이트의 이념적 토대를 제공했다고 보는 견해가 있다. 즉, 자신의 영역 내에서 주권이 있다는 카이퍼의 사상이 여기에 중요한 역할을 했다고 보는 것이다. 그러나 카이퍼는 이것을 전혀 의도하지 않았으며 아파르트헤이트 정책은 그의 영역 주권을 아전인수격으로 해석한 것에 불과하다. 왜냐하면 '자신의 범위 내에서 주권'이라는 개념이 남아공의 상황에서 매우 다른 방식으로 적용되었기 때문이다. 이런 의미에서 페르까윌(J. Verkuyl)은 아파르트헤이트에 대해 성경적으로 변호하는 것은 말도 안 되는 사이비 신학이며 이단이라고 강조했다(Schutte, 2009). 결국, 1990년부터 1993년까지 벌인 남아공 백인 정부와 흑인 대표인 아프리카 민족회의의 넬슨 만델라 간의 협상 끝에 이 정책은 급속히 해체되기 시작했고, 민주적 선거로 대통령으로 당선된 넬슨 만델라가 1994년 4월 27일에 완전폐지를 선언하였다.

이와 반면에 카이퍼를 계승한 도여베르트(H. Dooyeweerd, 1894-1977)와 폴렌호븐(Th. D.H. Vollenhoven, 1892-1978) 같은 학자들은 이 영역 주권 사상을 철학적으로 더욱 발전시켰으며(Dooyeweerd, 1935-6, 최용준, 2014: 43-102) 이는 네덜란드에서 시작된 기독교 철학협회(www.christelijkefilosofie. nl)를 통해 전 세계로 전파되었다. 도여베르트는 피조물에 15개의 양상 구조(수, 공간, 운동, 물리, 생물, 감각, 분석, 역사, 언어, 사회, 경제, 미, 법, 윤리, 신앙)가 있음을 밝히면서 각 양상은 그 자신의 독특한 법칙들에 따라 질서 지워지고 결정된다고 주장한다. 그러므로 그는 이 양상들을 '법칙 영역들(law-spheres)'이라고도 불렀다. 그는 분석적 양상에서 신앙적 양상까지를 '문화적인 면'이라고 부르며 그 법칙들은 '규범들'이라고 부르는데 그 이유는 이 법칙들은 사람들에 의해 '인정되고', '실증되어야' 하기 때문이며 이 법칙들은 지켜질 수도 있고 어겨질 수도 있기 때문이다. 이것은 인간의 문화적 책임과도 연결되어 사람이 각 양상에 주어진 하나님의 법칙들을 올바로 이해하고 적용할 때 인간의 모든 문화 활동은 하나님의 영광을 나타내며 이웃을 섬기는 방향으로 개현되지만, 그렇지 않으면 그 문화는 파괴적이 되고 결국 헛수고로 돌아간다. 분석적 양상 이하 양상들의 법칙들은 '자연법'이라고 불리는데 그 이유는 이 법칙들은 어길 수 없기 때문이다. 나아가 각 양상은 상호 환치될 수 없는데 그는 이것을 '영역 주권의 원리'라고 불렀다. 이는 도여베르트가 카이퍼의 영역 주권 사상, 즉 그리스도께서 모든 영역의 주 되심을 철학적, 우주론적 원리로 확장한 것이다. 각 양상은 그 '의미의 핵'을 가지고 있는데 이것이 각 양상의 특징을 규정하는데 가령, 생물적 양상의 의미의 핵은 생명력(vitality) 혹은 생명(life)이다. 또한, 각 영역에는 다른 영역들을 지향하는 의미의 모멘트, 즉 예기와 회기가 있는데 이것을 통틀어 '유추(analogy)'라고 한다. 이 점을 도여베르트는 각 양상의 '영역보편성(sphere-universality)'이라고 불렀다. 따라서 각 영역은 독립적인 영역 주권을 가진 동시에 시간 안에서 서로 보편성을 가지고 있는 독특한 구조로 되어있다는 것이다.

도여베르트는 이 양상 구조를 이용하여 사회구조도 명쾌하게 분석하였는데 가령 가정의 경우 기초양상은 생물적이지만 인도하는 양상은 윤리적이며, 교회는 기초양상이 역사적이지만 인도적 양상은 신앙적이다. 국가는 기초양상이 역사적이며 인도하는 양상은 법적이다. 노조의 기초양상도 역사적이지만 인도적 양상은 윤리적이라고 보았다. 반면에 기업은 기초양상이 역사적이지만 인도적 양상은 경제적이라고 분석했다(최용준, 2014: 43-102). 이에 대한 자세한 내용은 다음 그림과 같다.

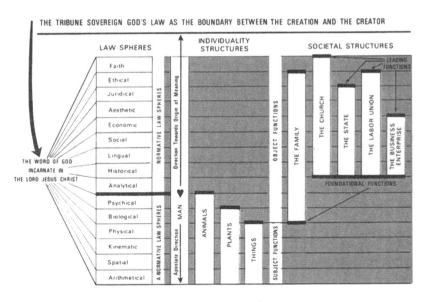

출처: www.freewebs.com/reformational/modal%20aspects2.jpg

2. 기둥화

카이퍼의 영역 주권 사상은 결국 네덜란드 사회의 다원화를 낳게 되었다. 즉 여러 다른 세계관들을 가진 공동체는 각각 학교, 미디어, 정당, 노조 등과 같은 사회기관들과 함께 자체적인 "기둥"을 형성하게 되었고, 이것을 "기둥화(Pillarization, *Verzuiling*)"라고 부른다.

가령 카이퍼는 1872년에 개혁주의 일간지인 「*De Standaard*」를 창간하였고, 1878년에는 주간지 「*De Heraut*」에도 꾸준히 논설을 기고했으며, 1879년에는 그의 멘토였던 흐룬 판 프린스터러(Guillaume Groen van Prinsterer, 1801-1876)의 영향을 받아 개혁주의를 표방한 네덜란드 최초의 정당인 반혁명당(Anti-Revolutionaire Partij)을 창당하여 당수가 되었다. 1880년에 학생들이 국가나 교회의 간섭 없이 교육을 받을 수 있고 기독교 세계관에 기초한 학문을 배울 수 있는 자유 대학교를 설립했을 뿐만 아니라, 독립개

세상을 변화시키는 세계관

혁교회 및 기독 사립학교의 설립도 정당화했다. 특히 기독학교들이 정부의 지원을 받기 위해 80년간 지속했던 소위 학교 투쟁(school struggle, *school-strijd*)은 여기서 매우 중요한 요소였다(최용준, 2017 : 81-89).

19세기 네덜란드 의회는 독립적인 의원들로 구성되었으며 이들은 자유롭고 보수적인 운동을 인정할 수 있는 비공식적 동맹과 선거단체로 통합되어 현대적 의미의 정당은 존재하지 않았다. 그러나 학교 투쟁은 특수 교육의 배제를 반대하는 고백 정당, 즉 기독교정당 형성에 중요한 요소가 되었다. 1848년에 자유주의적인 정치가 토르베케(Johan R. Thorbecke)의 주도로 새로운 헌법이 제정되었고 이 헌법은 조건만 갖추면 사립학교도 설립할 수 있는 교육의 자유를 인정했다. 그리하여 실제로 기독 사립학교들이 설립되었지만, 재정은 여전히 정부가 지원하지 않았다.

그런데 당시 개신교 측에서 일어난 부흥 운동(het Réveil)은 자유주의자들의 계몽주의적 모더니즘 및 이에 기반을 둔 진보신학적 입장을 거부하고 전통적 칼뱅주의 교리와 경건 즉, 인간의 죄와 하나님의 은혜를 강조한 운동으로 네덜란드뿐만 아니라 유럽 전체적으로 나타났다. 그리하여 이 부흥 운동의 지도자들은 예배 생활 및 마음의 회복, 가정의 개혁, 조용하고 경건한 생활 및 자녀에 대한 신앙교육을 강조하면서 계몽주의자들의 주장처럼 도덕적 개선과 삶의 회복이 아니라 회개로 이어져야 한다고 주장하였다(조성국, 2009 : 33).

이때 흐룬 판 프린스터러는 네덜란드 부흥 운동의 창시자였던 빌더데이크(W. Bilderdijk)의 영향을 받아 국회의원으로서 사립학교로서 기독학교의 설립 권리와 교육의 자유 개념을 확립하기 위해 노력하였다. 1860년에 그는 개신교 기독학교에 재정을 지원하기 위해 기독교 국립 학교교육협회(de Vereniging voor Christelijk Nationaal Schoolonderwijs)를 설립했으며 그를 계승한 카이퍼는 1872년 학교법 반대 동맹(het Anti-Schoolwet Verbond)의 창립에 참여했고,[4] 이 동맹이 1879년에 반혁명당이라는 최초의 정당으로 발전한 것이다. 나아가 1878년 당시 수상이었던 판 드 꼬 로(K. van de ᵎᵎᵎp-pello)가 사립학교들이 경비를 스스로 조달해야 하는 새 법안을 제안하자 개신교와 천주교 신자들은 자녀들을 원하는 학교에 보낼 수 없게 되어 당시 국왕인 빌름(Willem) 3세에게 30만 명의 개신교도와 10만 명의 가톨릭교도가 국민청원서(Volks petitionnement)를 제출하였으나 결국 왕이 이 법안에 서명하여 통과되었다. 그러자 개신교와 가톨릭 신자들은 더욱 연합하여 공립 및 사립교육에 대한 국가지원의 완전한 평등을 요구했다.

한편 사회의 하위계층은 산업화 및 도시화의 영향으로 노동자 계급이 되었다. 이는 노동자 운동으로 시작한 후 노동조합운동으로 발전하여 결국 정당을 형성했는데 이 과정에서 중요하게 부상한 사상은 부르주아의 자본주의 독재가 프롤레타리아트의 사회주의 독재로 대체된 후 공산주의 사회로 나아가야 한다는 마르크스의 계급투쟁론이었다. 하지만 카이퍼는 이것을 세속 세력과 기독교 세력 간의 영적 대립(antithese)이 정치적 반대로 나타난 것으로 보면서 중도적으로 기독 고용주, 상인, 노동자들을 단결시키려 했다.

이와 동시에 투표권 확대와 노동자의 사회적 여건 개선도 중요한 정치적 주제가 되었다. 투표권 확대 문제는 기독 정당과 자유주의 양쪽 모두에 분열을 일으켰다. 사회 민주 노동당(Sociaal-Democratische Arbeiderspartij)의 경우 대다수 지지자가 참정권에서 제외되었기 때문에 투표권의 확대가 필수적이었고 반혁명당의 지지자들인 소위 '서민들(kleine luyden)'도 마찬가지였다.

하지만 1917년 헌법 개정으로 정부가 사립학교도 공립학교와 동등하게 지원하게 되자 그동안의 대립은 사라졌고 학교 투쟁은 막을 내렸다. 이렇

---

4 www.onderwijsgeschiedenis.nl/Tijdvakken/De-Schoolstrijd

세상을 변화시키는 세계관

게 된 것은 당시 네덜란드가 제1차 세계대전이라는 큰 위협을 받았기 때문이다. 이것은 그동안 쌓인 정치 사회적 갈등을 제거했을 뿐만 아니라 공식적으로 기둥화를 확인했다. 그 후 남성에 대한 보편적 참정권이 도입되었으며 2년 후 여성의 참정권도 인정되었다. 그 후 기독 정당은 보편적 참정권을 통해 그들의 지지자들을 확장하여 1918년부터 1994년까지 항상 정부의 일원이었다. 이 기둥화는 특히 가톨릭과 개신교도들에 의해 의도적으로 추구되었으며 그 결과 대다수 국민은 많은 접촉 없이 공존했다. 그중에도 정치, 노동조합, 학교, 방송, 언론 및 청소년운동은 이 기간에 강력히 서로 구분되었다. 동시에 한편으로 기둥화, 다른 한편 협력으로 긴장이 완화되어 1917년 이후 각 기둥의 지도자들은 동역했다. 이전 시대를 특징지었던 큰 대립들은 합의를 위해 노력함으로써 해소될 수 있었고 이를 통해 네덜란드는 안정적인 사회로 발전할 수 있었다.

그러나 제2차 세계대전 동안 기둥화의 많은 기관이 점령자인 독일군에 의해 일반기관으로 대체되자 자유주의, 사회민주주의, 공산주의, 가톨릭, 개신교계가 독일 점령군에 대해 저항하기 위해 상호 협력하면서 기둥화에 대한 강한 의구심이 생겨났다. 그 결과 모든 정당의 진보파가 참여할 수 있는 네덜란드 국민운동(Nederlandse Volksbeweging)이라는 통일당이 전후인 1945년에 설립되었다. 이 당은 권위주의적 사상에 강하게 반대하는 개인주의적 사회주의에 기 반을 두어 당시에는 가히 획기적인 아이디어(Door-braak-gedachte)라고 불렸다. 하지만 일부 네덜란드 주교의 강한 반발로 결국 실패하여 1951년에 이 당은 해산되었다. 그러자 일부 가톨릭 신자들이 개인적인 주도권을 발휘하여 작고 진보적이며 평화주의적인 기독교 민주연합(Christen Democratische Unie)과 자유당(VDB: Vrijzinnig Democratische Bond)은 사회민주노동당(SDAP: Sociaal-Democratische Arbeiderspartij)과 합병하여 함께 노동당(PvdA: Partij van de Arbeid)을 형성했다. 이 노동당은 진정한 의미에서 획기적인 정당이었으며 네덜란드의 주교들은 1954년에 성명을 통해 이를 반대했지만 큰 효과를 보지 못했다. 그러자 결국 네덜란드 사회는 신속히 전쟁 이전의 기둥화로 다시 돌아갔다.

하지만 1960년대 후반에 탈기둥화가 다시 시작되었다. 1967년, 반세기 만에 처음으로 고백당 즉 기독민주당은 의회에서 절대다수를 차지하지 못했으며 경제적 번영이 증가하면서 개인의 발전이 기둥의 기대를 충족시키는 것보다 더 중요해졌고 노년층에 반대하는 청소년 문화도 등장했다. 세속화로 인해 고백당에 대한 지지가 급락하는 것을 보며 기둥 중 하나라고 생각하지 않는 인구가 증가했다. 그 결과 강력한 기둥은 사라졌지만, 그 유산은 여전히 남아 있다. 가령 공영 텔레비전은 지금도 하나의 조직이 아닌 여러 조직으로 나뉘어 있다. 네덜란드에는 공립 및 사립학교가 있는데 이 또한 기둥화의 유산이다. 가령 한 지역에 개신교와 가톨릭 사립학교 그리고 공립학교가 있으면 학부모들은 자신들의 세계관에 따라 자녀들이 갈 학교를 선택한다. 그 외에도 개혁교회(vrijgemaakt) 회원들은 자체(초등 및 중고등)학교, 신문 및 노동조합과 같은 기타 조직이 있다. 기타 여러 경건주의 개혁교회 회원들도 자체 학교, 신문 및 정당을 설립했다. 그러자 최근에는 네덜란드의 모슬렘 이민자들도 자체 학교를 설립함으로써 사회의 기둥 구조를 위해 만들어진 법적 가능성을 활용하고 있다. 카이퍼 당시의 세 가지 기둥은 개신교, 천주교 그리고 세속적인 영역으로 각 영역은 정치, 방송, 교육, 언론, 노조 등 각 분야에서 나름대로 조직을 결성할 수 있었고 그 후 세속적 기둥은 양분되어 사회주의 및 자유주의 기둥으로 지금까지 내려오고 있다(Lijphart, 1980).

각 기둥의 주요 기관을 살펴보면 먼저 정당의 경우 개신교에는 과거에 ARP(반혁명당, De Anti-Revolutionaire Partij, 1879-1977: 개혁주의), CHU(기독-역사연합, De Christelijk-Historische Unie, 1908-1977: 국가개신교회), RPF(개혁정

치연합, De Reformatorische Politieke Federatie, 1977-2000 ; 개신교) 및 GPV(개혁정치연맹, Het Gereformeerd Politiek Verbond, 1948-2000 ; 자유 개혁주의)가 있었고, 천주교에서는 RKSP(로마 가톨릭 정당, De Roomsch-Katholieke Staatspartij, 1926-1945) 및 KVP(가톨릭 국민당, De Katholieke Volkspartij, 1945-1977)가 있었으며, 사회주의의 경우 SDAP(사회-민주 노동당, De Sociaal-Democratische Arbeiders partij, 1894-1945)가 있었던 반면 중립적 자유주의 노선에는 VDB(자유민주연합, De Vrijzinnig Democratische Bond, -1946 ; 좌익-자유), LU(De Liberale Unie, 1921 ; 고전적 자유), Vrije Liberalen(-1921 ; 보수적 자유), LSP(자유국가당, De Liberale Staatspartij)/Vrijheidsbond (1921-1945) 및 Pvd-V(자유당, De Partij van de Vrijheid, 1946-1948)가 있었다. 하지만 현재 개신교 정당은 SGP(국가개혁당, De Staatkundig Gereformeerde Partij, 1918 이후[실험적 개혁주의]), CDA(기독-민주연합, Het Christen-Democratisch Appèl, 1977 이후[에큐메니컬]), ChristenUnie(기독 연합, 2000 이후[정통-개신교/복음적])가 있다. 천주교도 CDA(1977 이후 에큐메니컬)이며 사회주의 정당으로는 PvdA(노동당, De Partij van de Arbeid, 1945 이후), SP(사회당, De Socialistische Partij)가 있고 중립적 자유주의 노선에는 VVD(자유민주국민당, De Volkspartij voor Vrijheid en Democratie, 1948 이후)와 D66(민주 66, Democraten 66, 진보적 자유)이 있다.

다음에 방송의 경우, 개신교에는 NCRV(네덜란드 기독 라디오 연합, De Nederlandse Christelijke Radio Vereniging, 정통-개혁주의), EO(복음방송, De Evangelische Omroep) 그리고 VPRO(자유 개신교 라디오방송, Vrijzinnig Protestantse Radio Omroep)가 있으며, 천주교에는 KRO(가톨릭 라디오방송, De Katholieke Radio Omroep)가 있고, 사회주의에는 VARA(노동자 라디오 아마추어 연합, Vereeniging van Arbeiders Radio Amateurs) 그리고 중립적 자유주의에는 AVRO(일반 라디오방송 연합, De Algemene Vereniging Radio Omroep)가 있다.

노동조합의 경우, 개신교에 CNV(전국 기독 노조, Het Christelijk Nationaal

Vakverbond, 1909 이후), NWV(네덜란드 노동자연맹, Het Nederlandsch Werklie-denverbond), Patrimonium(개혁주의 1876 이후)이 있고, 천주교에는 NKV(네덜란드 가톨릭 노조, Het Nederlands Katholiek Vakverbond, 1925-1976) 및 FNV(네덜란드 노조 연합, De Federatie Nederlandse Vakbeweging, 1976 이후)가 있으며, 사회주의에는 NVV(네덜란드 노조 연합, Het Nederlands Verbond van Vakverenigingen, 1906-1976), FNV(네덜란드 노조운동 연합, De Federatie Neder-landse Vakbeweging, 1976 이후)가, 중립적 자유주의에는 ANWV(네덜란드 일반 노조, Het Algemeen Nederlandsch Werklieden-Verbond)가 있다.

신문의 경우, 개신교에는 De Standaard(1872-1944, 개혁주의), Trouw (1943-현재, 개혁주의), Friesch Dagblad(개혁주의), Kwartetbladen(1971년에 Trouw와 통합: 개혁주의), De Rotterdammer, de Nieuwe Haagsche Courant, de Nieuwe Leidsche Courant en het Dordtsch Dagblad, Nederlands Dagblad(자유 개혁주의) 및 Reformatorisch Dagblad(개혁주의)가 있으며, 천주교에는 De Maasbode(De Tijd가 됨), De Tijd(Haagse Post와 합침 in HP/De Tijd), Katholiek Nieuwsblad (1983 이후), De Volksk-rant(1919 이후) 및 지역 로마가톨릭 신문들이 있고, 사회주의에는 Het Vrije Volk(1945-1991) 및 Het Parool이 그리고 중립적 자유주의에는 Nieuwe Rotterdamsche Courant(자유적) 및 Algemeen Handelsblad(자유적, NRC Handelsblad와 통합), Algemeen Dagblad(자유적), Het Vaderland(자유적), De Telegraaf(중립적) 및 De Courant/Nieuws van de Dag(중립적)이 있다.

학교로는, 개신교의 경우 School met de Bijbel(성경을 가진 학교)라는 개신교-기독 교육을 하는 사립학교가 있고, 천주교의 경우 로마 가톨릭 학교가 있으며 나머지 두 기둥은 모두 공립학교이다. 대학을 보면, 개신교의 경우 Vrije Universiteit(자유 대학교), Protestantse Theologische Universite-it Kampen(깜뻔 신학교, 개혁주의)가 있지만, 천주교는 Radboud Universiteit Nijmegen(네이메헌 대학교)와 Universiteit van Tilburg(틸부르흐 대학교)가 있고 나머지 두 기둥은 공립대학교들이다.

대학생 단체로, 개신교의 경우 SSR(Societas Studiosorum Reformatorum, 1905-1969) 1886-1905 "GSV Hendrik de Cock", 천주교는 AHC(만성연합, Aller Heiligen Convent, 1971-현재: 1908-1970 UKSV/UKSN), 사회주의는 ASV(일반 학생협회, Algemene Senaten Vergadering, 1892 이후) FUB(Federatie van Unitates en Bonden, 1948 이후: 1913-1927, UNS) 그리고 중립적 자유주의는 ASV(일반 학생협회)와 FUB(Federatie van Unitates en Bonden, 1948 이후: 1913-1927, UNS)가 있다.

청소년 단체로, 개신교의 경우 NJV(네덜란드 청소년 연합, Het Nederlandsch Jongelings Verbond), 천주교는 KAJ(가톨릭 노동자 청년, De Katholieke Arbeiders jeugd) KV(가톨릭 식자들, De Katholieke Verkenners), 사회주의는 AJC(노동 청년 중심, De Arbeiders Jeugd Centrale) 그리고 중립적 자유주의는 NPV(네덜란드 개척자들 협회, De vereniging De Nederlandsche Padvinders)가 있다.

끝으로 병원의 경우, 개신교는 Oranje-Groene Kruis(오렌지-녹십자), 천주교는 Wit-Gele Kruis(백-황적십자), 나머지는 둘 다 Groene Kruis(녹십자)이다(Blom, 2000, Dam, 2011, Huyse, 1987, Lijphart, 1968, Rossem, 2012, Stuurman, 1983).

3. 사회 윤리적 함의

카이퍼는 이처럼 영역 주권을 강조하면서 모든 권리가 개인에게서 나온 프랑스의 대중주권(popular sovereignty)과 국가에서 나온 독일의 국가 주권(state-sovereignty) 사상을 모두 거부했다. 그 대신 그는 학교와 대학, 언론, 기업 및 산업, 예술 등 사회의 "중간기관들(intermediate bodies)"을 존중했다. 각 기관은 각자의 영역에서 주권을 가지므로 공평한 경쟁의 장을 위해 그는 인본주의자와 사회주의자를 포함한 모든 종교 공동체가 자체 학교, 신문, 병원, 청소년운동 등을 운영할 권리가 있다고 주장했다.

나아가 그는 네덜란드 국민의 도덕성을 유지하는 데 국가가 중요한 역할을 한다고 보았다. 그는 군주제를 선호했고 오렌지 왕가가 역사적 및 종교적으로 네덜란드 국민과 연결되어 있다고 보았다. 또한, 그는 '서민들'로 불리는 중산층 정통개혁집단의 이익을 옹호했으며 세속적 정치와 종교적 정치를 구분했다. 그러자 종교와 정치의 혼합을 반대했던 자유주의자들과 사회주의자들은 카이퍼를 비판했지만, 가톨릭 신자들은 종교적으로 영감을 받은 정치를 실천하기 원했을 뿐만 아니라 다른 종교집단에도 호소했기 때문에 카이퍼의 자연스러운 동맹이었다. 반면에 계급갈등을 선포한 사회주의자들은 개혁주의 노동자들에게 위험했는데 이에 대해 카이퍼는 혁명은 사회 불안정으로 이어질 것이므로 노동자들이 그들의 삶에 만족할 것을 촉구하는 동시에 정부가 노동법을 채택하고 노동 환경도 개선할 것을 촉구했다.

또한, 국가나 교회는 연구소, 학교 또는 대학에 미리 정해진 결론을 내릴 수 없으며 적용 가능한 법률은 해당 영역에만 관련된 것이므로 학교 행정은 특정 능력과 기술에 따라 합법적으로 담당하는 사람들이 해야 한다고 그는 주장했다. 마찬가지로 무역조직에서는 무역규칙만 적용해야 하며, 리더는 자신의 전문 지식수준에서 이끌어야 한다고 카이퍼는 강조했다. 농업 또한 정부가 아니라 자연의 법칙에서 유래하며 정부가 지나치게 규제할 때마다 농부들은 국가가 내정을 방해하고 있다는 점에 대해 항의해야 한다고 그는 말했다.

카이퍼의 사회생활에 대한 관점은 1880년 *De Standaard*에 등장한 "당신의 가족도 반혁명적(*Antirevolutionair óók in uw huisgezin*)"이라는 논설에 나타난다(Kuyper, 1880). 여기서 그는 일상적인 가정생활이 사회생활에 매우 중요하다고 강조한다. 그에 의하면, 정상적이고 완전한 가정에는 항

세상을 변화시키는 세계관

상 어디서나 다섯 가지 관계가 발생하는데 부모와 자녀, 남편과 아내, 형제자매, 섬기는 자와 섬김을 받는 자 및 자신과 이방인 간의 관계다. 모든 사람은 아버지를 대하면서 권위에 대한 존중과 정의를 배우며 어머니와의 관계에서는 부드러운 삶의 감각, 남편과 아내 간에는 상호 간의 신뢰, 관용 및 존중, 형제자매 간에는 자유, 평등 및 형제애, 봉사하는 사람들과 봉사 받는 사람들 간에는 섬김을 배운다. 이는 동양의 유교적 세계관에서 볼 수 있는 삼강오륜(三綱伍倫) 중 가정에 해당하는 내용과 유사한 면이 있다고 볼 수 있으며 카이퍼가 이 오륜을 알았다면 아마 이것도 일반 은총으로 설명했을 것으로 보인다.

마지막으로 언급할 부분은 그가 1891년 11월 9-12일에 암스테르담에서 발족한 제1차 기독 사회적 콩그레스(Christelijk-Sociaal Congres)에서 행한 그의 연설이다. 당시의 산업사회에서 발생한 문제들을 성경적 관점에서 다룬 그의 연설은 『사회문제와 기독교(*Het sociale vraagstuk en de christelijke religie*)』라는 제목으로 출판되었다(Kuyper, 1891, 조계광, 2005). 여기서 카이퍼는 그리스도인으로서 사회적 상황에 대해 책임의식을 가지고 다양한 문제들을 해결하기 위해 성경을 한 손에 들고 최선을 다해야 한다고 강조하면서 아래 7가지 근본 원리를 제시했다. 첫째 보편적 기독 신앙의 첫 번째 조항인 '전능하사 천지를 만드신 하나님 아버지'를 믿음으로 사회의 모든 문제에 대해 하나님의 법을 따라야 한다. 둘째 국가의 권위와 사회의 자유를 분명히 구분해야 해야 어떤 영역도 절대화하거나 우상화해서는 안 된다. 셋째 인간 사회는 하나의 유기적인 공동체임을 인식해야 한다. 넷째 불의한 상황을 볼 때 그리스도인들은 최선을 다해 변화시키도록 하나님께서 부르셨다. 다섯째 그리스도인들은 이상향을 추구하는 혁명적 행동에 가담해서는 안 되며 사회를 점진적으로 개혁해야 한다. 여섯째 하나님만이 만유의 주인이시므로 부자도 단지 청지기로 부르심을 받았음을 기억해야 한다. 마지막으로 토지의 소유권은 소수의 사람에게만 국한되어서는 안 된다. 이외에도 카이퍼는 노동자들은 그에 합당한 삯을 받아야 하며 일한 이후에는 반드시 쉴 수 있어야 함을 강조했고 노령에 이르러 더는 일할 수 없을 때도 임금을 계속 받을 수 있도록 하는 연금제도도 언급했다(Praamsma, 1985; 이상웅, 김상래, 2011: 210-213). 이러한 기독 사회 운동은 그 후 계속 발전되어 앞서 살펴본 바와 같이 네덜란드에는 기독노동조합이 결성되었으며 사회 각 분야의 기독 단체들이 연합하여 지금까지도 활동하고 있다(www.stichting-csc.nl).

그렇다면 한국 사회에서 이 카이퍼의 영역 주권 사상은 어떤 사회 윤리적 함의를 가지는가? 첫째로 한국 사회는 아직 남아 있는 이원론을 극복해야 한다. 칼뱅은 하나님의 절대주권을 강조했으며 카이퍼는 이 주권을 삶의 모든 영역으로 확대하여 구체적으로 실천했다. 근대 한국 사회의 발전에도 교회는 여러 면에서 큰 공헌을 했다. 교회를 세워 복음을 전했을 뿐만 아니라 많은 학교를 설립하여 수많은 인재를 배출하였고 병원들을 건립하여 환자들을 돌보면서 의학 발전에도 이바지하였다. 나아가 다양한 사회복지 시설들을 통해 소외된 이웃들을 섬기는 동시에 청교도적 직업윤리를 통해 한국의 경제 발전에도 일조하였고 예술 등 다양한 문화 발전에도 이바지하였다(손봉호, 조성표, 2012). 하지만 여전히 한국의 정치 분야에는 카이퍼와 같은 인물이 나타나지 않고 있다. 오히려 교회와 정치를 구별하지 못하는 일부 잘못된 사람들에 의해 진정한 하나님의 주권이 정당 정치에 올바르게 구현되지 않고 있으며 이 영역은 세속적인 영역으로 간주하는 경향이 있다. 따라서 한국 사회에도 이러한 네덜란드의 기독 정치에 관한 연구가 더 많이 이루어져서 정치 영역에도 하나님의 나라가 임하도록 노력해야 한다.

둘째로 교육 부문에 대해서는 네덜란드만큼 기독학교들이 전액 정부의 지원을 받지는 못해도 어느 정도 지원을 받을 수 있도록 노력해야 하겠으며 지원을 받아도 정부가 지나치게 간섭해서는 안 될 것이다. 나아가 한국

세상을 변화시키는 세계관

의 교육에서 가장 큰 장애물은 사교육이라고 본다. 네덜란드에는 학원이 없고 학생들은 학교수업이 끝나면 오후 3시 전후에 귀가한다. 음악에 관심이 있는 학생들은 음악학교에 가고 축구에 관심이 있으면 축구 클럽에 갈 수는 있어도 한국처럼 국어, 영어 및 수학을 다시 배우기 위해 학원에 가지는 않는다. 이러한 사교육비에 대한 부담이 젊은이들에게 자녀를 낳는 것을 부담으로 여겨 출산율은 계속 떨어지고 있다고 필자는 본다. 나아가 수능시험에 자신의 모든 것을 걸고 아침 일찍부터 학교에서 그리고 밤늦게까지 학원에 있다가 집으로 와야 하는 획일화된 틀에 갇힌 학생들을 보면 안타깝기 그지없다. 이러한 부분을 획기적으로 개선하지 않는다면 수능을 잘못 보고 극단적인 선택을 하는 청소년들을 막을 수 없고 출산율은 더욱 감소하며 창의적인 인재를 배출하는 것은 매우 어려울 것이다. 네덜란드의 신실한 가정을 보면 가정교육이 살아 있다. 교회, 학교 및 가정이 하나가 되어 자녀들의 교육을 책임진다. 특히 가정에서 저녁 식사하기 전에도 기도하지만, 식사 후에 함께 성경 읽고 기도하며 대화하여 가정에서 자녀 교육의 중요성을 깊이 인식하고 실천한다(최용준, 2016). 한국의 경우 많은 부모가 교육을 학교와 학원에 맡기고 신앙은 교회에 의존하는데 오히려 어릴 때부터 가정에서 올바른 신앙교육을 하는 것이 매우 중요하다.

마지막으로 정경유착의 고리로 인한 여러 가지 폐단을 극복해야 한다. 이것은 정부와 기업이 상호 이익을 위해 각자의 영역을 넘어 타협함으로 각종 문제를 일으키고 있다. 이러한 문제들은 반드시 극복되어야 할 것이다. 이런 맥락에서 특히 카이퍼가 기독교 사회적 회의에서 강조한 일곱 원칙은 지금도 유효하다고 말할 수 있다.

Ⅲ. 나가는 말

카이퍼는 그의 영역 주권 사상을 이론적으로만 주장한 것이 아니라 교회, 대학, 정치, 언론 등 각 분야에서 구체적으로 실현하려고 노력함으로써 세상을 변화시키려고 노력한 사회적 기업가였다. 이러한 그의 사역은 지금도 네덜란드뿐만 아니라 전 세계적으로 영향을 미치고 있다. 가령 그가 창설한 반혁명당은 1977년에 가톨릭과 동맹하여 기독민주연합(CDA : Christen-Democratisch Appèl)으로 발전하였는데 이 정당은 여전히 카이퍼의 영향을 받고 있으며 나아가 유럽 연합의 기독민주당인 유럽 국민당(EPP, European People's Party)도 그의 영향을 볼 수 있다. 기타 교회, 교육, 언론, 노조 등 각 영역에서 여전히 그의 유산이 남아 있으며 나아가 미국, 캐나다, 호주, 뉴질랜드, 남아공 및 한국에도 영향을 미치고 있다.

한국 사회는 이러한 교훈들을 적용하여 앞으로 더욱 정의롭게 발전해 나가야 할 것이다. 이원론을 극복하면서 교육제도를 개혁하기 위해 노력하면서 기독 교육을 대안으로 제시하여 다음 세대가 올바른 기독교 세계관을 갖고 자라날 수 있도록 해야 할 것이다. 또한, 교육부가 기독 대안학교에 지나치게 간섭하지 않고 교육의 자유를 존중하도록 각계각층에서 노력하는 동시에 정경유착의 고리도 단호히 근절해야 할 것이다. 나아가 이를 위해 네덜란드의 기독 사회적 콩그레스와 같이 각 영역에서 활동하는 기독 단체들이 연합하는 운동이 일어나 더 효과적으로 그리스도의 왕 되심을 선포하고 하나님의 나라를 각 영역에서 실제로 구현해 나가야 할 것이다.

세상을 변화시키는 세계관

참고문헌

박태현 역 (2020). 『아브라함 카이퍼의 영역 주권: 인간의 모든 삶에 미치는 하나님의 주권』 서울: 다함.

_____ 역 (2021). 『아브라함 카이퍼의 칼빈주의 강연: 문화변혁의 기독교 세계관 선언서』 서울: 다함.

손봉호, 조성표 (2012). 『한국 사회의 발전과 기독교: 한국 사회 발전에 대한 기독교의 공헌』 서울: 예영커뮤니케이션.

이국운 (2013). "아브라함 카이퍼 정치사상의 한국적 수용 - 영역 주권론을 중심으로-". 『신앙과 학문』 18(3), 127-155.

이상웅 김상래 역 (2011). 『그리스도가 왕이 되게 하라 아브라함 카이퍼의 생애와 그의 시대』 서울: 복 있는 사람.

정성구 (2010). 『아브라함 카이퍼의 사상과 삶』 서울: 킹덤북스.

_____ (2011). "카이퍼의 기독교 세계관으로서 칼빈주의" 「월드뷰」. 24(7), 4-7.

조계광 역 (2005). 『기독교와 사회문제』 서울: 생명의 말씀사.

조성국 (2009). "네덜란드 기독교 학교 운동의 역사가 한국 기독교 학교의 과제에 주는 함의", 『기독교 교육논총』 20(1), 21-52.

최용준 (2014). 『유럽 기독 지성의 흐름과 한국의 디아스포라』 서울: 예영 커뮤니케이션.

_____ (2016). "Research on the Christian Philosophy of Education in the Netherlands: a historical approach", 『신앙과 학문』 21(2), 231-257.

_____ (2017). "네덜란드 교육의 재정 정책에 관한 고찰: 역사적 접근", 『기독교 대안학교의 재정』 서울: 예영커뮤니케이션.

Bak, H. & Holthoon, F.L. van & Krabbendam, H. & Ayers, E. L. (1996). *Social and Secure?: Politics and Culture of the Welfare State: a Comparative Inquiry*. Amsterdam: VU University Press.

Blom, J.C.H. (2000). Talsma, J. (red.). *De verzuiling voorbij. Godsdienst, stand en natie in de lange negentiende eeuw*. Amsterdam: Het Spinhuis.

Dam, P. van (2011). *Staat van verzuiling: over een Nederlandse mythe*. Amsterdam:

Wereldbibliotheek.

Domenico, R. P. & Hanley, M. Y. ed. (2006). *Encyclopedia of Modern Christian Politics*. Boston: Greenwood Publishing Group.

Dooyeweerd, H. (1935-1936). *De Wijsbegeerte der Wetsidee*, 3 dln. Amsterdam: H.J. Paris.

Kuyper, A. (1880). *Antirevolutionair óók in uw huisgezin*, Amsterdam: De Standaard.

_____. (1911-1912). *Pro Rege: Het Koningschap van Christus Deel* 1-3. Kampen: J.H. Kok. Ballor, J.J., Flikkema, M. (Eds.) (2016-2019). *Pro Rege* (Vols. 1-3): *Living Under Christ the King*. Bellingham, WA: Lexham Press.

_____. (1916). *Antirevolutionaire Staatkunde: met nadere toelichting op ons program*. Eerste Deel: De Beginselen, Kampen: J.H. Kok.

Lijphart, A. (1968). *Verzuiling, pacificatie en kentering in de Nederlandse politiek*, Amsterdam: De Bussy.

_____. (1980). *Verzuiling, pacificatie en kentering in de Nederlandse politiek*. Haarlem: Becht.

Rossem, M. van (2012). 'Verzuiling, een versleten paradigma', *Nederland volgens Maarten van Rossem*. Nieuw Amsterdam Uitgevers, 56-67.

Schutte, G.J. (2009). "Boeren", *Het Gereformeerde Geheugen*, Amsterdam: Bert Bakker.

Stuurman, S. (1983). *Verzuiling, kapitalisme en patriarchaat*. Nijmegen, dissertatie.

allofliferedeemed.co.uk

www.christelijkefilosofie.nl

www.freewebs.com/reformational/modal%20aspects2.jpg

www.onderwijsgeschiedenis.nl/Tijdvakken/De-Schoolstrijd

www.stichting-csc.nl

www.youtube.com/watch?v=XUHsb4W-ook&ab_channel=kobayasukobayasu

www.youtube.com/watch?v=cg0p1pPPJFk&ab_channel=VrijeUniversiteitAmsterdam

세상을 변화시키는 세계관

유럽 연합의 기독교적 기원에 관한 역사적 고찰: 로베르 쉬망의 생애와 사상을 중심으로[1]

I. 들어가는 말

유럽 연합(EU: European Union)은 제1, 2차 세계 대전 이후 유럽에서 더는 참혹한 전쟁을 생각할 수도 없고 가능하지도 않은 체제로 모든 분야를 새롭게 변화시킨 '패러다임 시프트(paradigm shift)'였다고 말할 수 있다. 이러한 유럽 통합 운동의 중심에는 로베르 쉬망(Robert Schuman)이 있었다. 그가 프랑스 외무장관으로 1950년 5월 9일에 발표한 쉬망 선언(Schuman Declaration)은 평화와 연대를 통해 유럽인들을 하나로 묶는 대담한 제안이었고 그 후 이 제안은 구체화하여 현재의 유럽 연합으로 발전했다. 따라서 이 쉬망 선언은 아마도 현대 유럽사에서 가장 결정적인 사건이며 1990년대 동유럽 철의 장막의 극적인 붕괴 또한 이 선언 이후 유럽의 통합이라는 발전적 과정이 있었기에 가능했을 것이다.

쉬망 선언은 3분밖에 걸리지 않은 짧은 연설이었지만 오늘날 28개국 5억의 유럽인들이 함께 평화롭게 살 수 있는 토대를 마련했다는 점에서 역사에 유례가 없는 사건이다. 나아가 그의 이러한 선언 및 헌신적인 활동의

---

1 본 논문은 「신앙과 학문」 2020년 제25권 3호(통권 84호), 101-120에 실렸다.

기저에는 기독교적 세계관이 깊이 뿌리내리고 있다. 하지만 이 사실은 유럽 대부분에 잘 알려지지 않았고 한국에도 마찬가지다. 심지어 이 역사의 대부분이 실행된 국가인 프랑스와 독일에서도 그 배후에 있는 가치들과 비전이 종종 무시되거나 잊히고 있다. 북유럽 국가들도 회원 또는 협력국으로 참여하지만, 이 유럽 통합 운동의 뿌리를 잘 모르고 있으며 중부 및 동부 유럽 또한 이 운동의 근원을 종종 오해한다.

하지만 1962년에 프랑스의 샤를 드골(Charles de Gaulle)[2] 대통령과 서독의 콘라드 아데나워(Konrad Adenauer)[3] 총리가 양국의 평화를 기념하기 위해 프랑스의 유명한 랭스 대성당(Cathédrale Notre-Dame de Reims)에서 함께 예배드린 것은 기독교가 분명히 화해의 종교임을 보여준 상징적 행사였다. 나아가 이 기념 예배가 끝난 후, 수십만 명의 양국 학생들이 교환 프로그램을 통해 한 달간 서로의 학교를 방문함으로 새로운 세대들로서 우정과 이해를 구축할 수 있었다. 이 두 사건은 모두 쉬망의 아이디어를 현실화한 것이며 그런 의미에서 영어권에서 이 쉬망의 잊힌 비전을 되살리기 위해 파운틴(Jeff Fountain)[4]은 『*Deeply Rooted*』라는 책을 출판했다(2014).[5] 또한 자일스트라(Jurjen Zeilstra)도 인종차별주의, 민족주의 및 전쟁의 도전에 직면하여

---

2 프랑스의 레지스탕스 운동가, 군사 지도자, 정치인 및 작가로 1945년 6월부터 1946년 1월까지 임시정부 주석, 1958년 6월 1일부터 6개월 총리로 재직했고 1959년 1월 8일에 제18대 대통령으로 취임하여 1969년 4월 28일까지 재임하였다.

3 독일연방공화국의 초대 총리로 독일 기독교 민주연합(Christlich Demokratische Union Deutschlands: CDU)의 당수를 지냈고 1951년부터 1955년까지는 외무장관을 겸하기도 하였다.

4 뉴질랜드 출신으로 1975년에 네덜란드에 와서 국제선교단체인 YWAM(YOUTH WITH A MISSION) 사역을 시작한 후 1989년에 유럽 전체 YWAM 지도자로 임명되었고 그 해 베를린 장벽이 붕괴되는 사건들을 보면서 유럽 연합 운동 배후에 쉬망의 기독교적 뿌리가 있음을 발견하고 이 책을 썼다.

5 본서는 2020년 6월 4일, '깊이 뿌리내린'이란 제목으로 한국어로 번역, 출판되었다. (최용준, 2020)

세상을 변화시키는 세계관

기독교회 간의 일치와 평화에 대한 희망과 유럽의 민족들 및 국가 간의 연합과 평화에 대한 희망이 얼마나 커졌는지 입증했다(Zeilstra, 1995). 오늘날 많은 사람은 유럽 연합이 시작된 것은 경제적인 이유가 아니라 기독교적 정신인 평화, 일치, 연대, 인권, 섬김 및 이웃 사랑을 증진하기 위함이라는 사실을 잊어버렸는데 쉬르마허(Thomas Schirrmacher)는 이 쉬망의 비전을 회복해야 한다고 강조한다(Fountain, 2010: 13).

이 쉬망의 유럽 연합운동에 관해 영어(Fountain, 2014; Krijtenburg, 2012; Pelt, 2000), 독일어(Mittendorfer, 1983) 및 프랑스어(Lejeune, 1986; Schirmann, 2008; Roth, 2008; Lejeune, 2000)로 된 연구들은 많으나 한글로 된 연구는 거의 없으며 조용기는 유럽 연합이 오히려 종말론적인 적그리스도의 출현이 될 수 있다고 주장한다(조용기, 2018: 237-243). 하지만 이 주장은 전혀 근거가 없다. 따라서 이 글에서는 쉬망의 생애와 사상을 역사적으로 고찰하면서 그가 유럽 정치와 신앙을 통합하여 새로운 연합의 비전을 제시한 것이 비성경적이 아니라 오히려 기독교 세계관에 깊이 기초해 있음을 밝히고 이것이 유럽을 어떻게 변혁시켰는지 살펴본 후 마지막으로 그의 유산 및 한국 사회에 주는 교훈을 결론적으로 도출하겠다.

II. 유럽 연합의 기독교적 기원에 관한 역사적 고찰

1. 로베르 쉬망의 생애와 사상

1) 로베르 쉬망의 생애

로베르 쉬망은 태어날 때부터 진정한 의미에서 유럽 시민이라고 할 수 있다. 1886년 6월 29일 룩셈부르크(Luxembourg)의 클라우센(Clausen)에서 출생했으며[6] 그의 아버지는 프랑스인이었으나 프랑스와 독일의 영토 분쟁지역이었던 알자스 로렌(Alsace Lorraine)지역이 독일 영토가 되면서 독일 시민이 되었지만, 어머니는 룩셈부르크 출신이었다. 로베르는 혈통주의(jus sanguinis)의 원칙에 따라 태어날 때는 독일 시민이었으나 1919년 알자스 로렌지역이 다시 프랑스령이 되면서 국적이 프랑스로 바뀌는 등 평생 국적이 다섯 번이나 바뀌었다. 따라서 이 지역에서 자란 그는 항상 '경계인(border person)'이라는 인식을 하면서 살게 되었다.

독실한 가톨릭 신자였던 그의 어머니는 로베르를 경건한 신앙인으로 키우기 위해 정기적으로 미사에 데려갔으며 경건 서적을 읽게 하였다. 로베르가 14살 때 아버지가 돌아가신 후 어머니와의 관계는 더욱 깊어졌다. 그는 1896년부터 1903년간 룩셈부르크에서 중고등학교에 다녔고 1904년부터 1910년간은 베를린(Berlin), 뮌헨(München) 본(Bonn) 및 스트라스부르(Strasbourg) 대학에서 법학을 전공했다. 하지만 그는 성경, 신학 및 철학도 깊이 연구한 학자로서 토마스 아퀴나스(Thomas Aquinas, 1225-1274)를 포함한 중세 철학의 전문가였으며 특히 프랑스의 가톨릭 철학자인 쟈끄 마리탱(Jacques Maritain, 1882-1973)을 존경했다고 한다.

1911년에 모친이 마차 사고로 갑자기 세상을 떠나자 쉬망은 가톨릭 사제가 되어 종교적 삶에 귀의해야겠다는 생각을 하였으나 친구였던 앙리 에쉬바흐(Henri Eschbach)가 '오는 시대의 성인들은 민간인 성인들(Les saints de l'avenir seront des saints en veston)'이라고 말하자 쉬망은 이를 '그리스도인들이 죽게 하는 것보다 무신론자들이 살도록 돕는' 삶을 살라는 신적인 격려로 받아들였다고 한다(Fountain, 2010: 43).

6　그의 생가는 현재 MAISON R. SCHUMAN(쉬망하우스)로 룩셈부르크 대학에서 Centre d'études et de recherches européennes Robert Schuman (CERE, 로베르 쉬망 유럽 연구 센터)로 쓰이고 있으며 다양한 활동이 이루어지고 있다(cere.public.lu).

세상을 변화시키는 세계관

또한, 독일에서의 학업을 통해 1871년부터 1878년까지 비스마르크(Otto von Bismarck, 1815-1898) 총리가 문화투쟁(Kulturkampf)을 통해 가톨릭교회에 미친 영향에 알게 된 후,[7] 그는 종교적 관용을 변호하기 위한 법적 노력이 필요함을 깨닫게 되었다.

교황 레오 13세(Leo XIII, 1810-1903)가 가톨릭의 사회적 교리를 정리한 '레룸 노바룸(Rerum Novarum)[8]을 읽은 쉬망은 인류를 위해 봉사하는 경제에 바탕을 둔 관용적이고 정의로운 사회의 필요성을 확신하게 되었다. 그후부터 쉬망은 사회 활동에 헌신하여 1912년에 알자스 로렌지역의 메츠(Metz)에 법률사무소를 개원했으며 1913년에는 메츠에서 독일 가톨릭 대회(Katholikentag)를 조직하고 지원했다.

1914년, 제1차 세계 대전 당시에는 메츠가 독일령이었으므로 그도 독일군 부대에 보충병으로 소집되었으나 건강이 나빠 대체 복무로 변경되었다. 1차 대전 후 알자스 로렌 지방이 다시 프랑스령으로 돌아오면서 쉬망은 정

---

7 문화투쟁은 1871년에서 1878년까지 프로이센(Preuβen)의 비스마르크 총리가 신생 독일제국의 정체성을 확립하고 로마가톨릭교회의 영향력을 약화하기 위해 실시한 정책이었다. 이에 저항하던 프로이센 주교의 절반이 투옥 또는 추방되었고, 네 교구 중 한 개, 수도사와 수녀의 절반이 프로이센을 떠났으며, 수도원과 수녀원 3분의 1이 폐쇄되었고, 1800명의 교구 사제들이 투옥 또는 추방되었으며, 수천 명의 평신도도 성직자들을 도운 죄로 투옥되었다. 그러자 가톨릭 신자들은 자체적으로 정당(독일중앙당)을 만들어 대항했고 결국 비스마르크는 이 정책을 철회하였다(ko.wikipedia.org/wiki/문화투쟁).

8 1891년 5월 15일에 공포한, 사회 문제를 다룬 최초의 교황 회칙. 문자적으로 "새로운 것들에 관하여"라는 뜻이지만 내용은 자본과 노동의 권리 및 의무들이며 당시 열악한 노동자들의 상황을 개선하기 위한 것이다. 사유재산권은 인정하면서도 극단적인 사회주의와 제한 없는 자본주의를 배격하고 노동자들이 조합을 결성하는 것을 지지하였다. 또한, 적정 임금을 받을 권리를 제창하고 이를 위한 국가적 입법을 권장하였다. 이것은 노동 문제에 대한 가톨릭 원칙을 공식화한 것으로 현대 가톨릭 사회이론의 기본으로 인정받고 있으며 이후 교황 비오 11세(Pius XI, 1857-1939)의 *Quadragesimo anno*(1931), 요한 23세(Io-annes XXIII, 1881-1963)의 *Mater et magistra*(1961) 및 요한 바오로 2세(Ioannes Paulus II, 1920-2005)의 *Centesimus annus*(1991)에 의해 보완되었다(en.wikipedia.org/wiki/Rerum_novarum).

치적 야망이 거의 없었지만, '레룸 노바룸'에서 그린 정의롭고 관대한 사회를 향해 일할 기회를 인식하여 1919년 모젤(Moselle)의 국회의원으로 당선되었다.

33세의 젊은 국회의원으로서 쉬망은 알자스 로렌 지방에 시행되던 비스마르크 법령을 프랑스 대도시의 법과 일치시킬 필요가 있음을 알게 되었다. 가령 파리는 교육의 강제적인 세속화와 국가 사회보장과의 연계를 제안했다. 대부분의 알자스 로렌 주민들은 비스마르크가 그들에게 우수한 사회보험을 주었다고 믿었고 쉬망도 동의했다. 문화투쟁에도 불구하고, 독일인들은 알자스 로렌에서 가톨릭 신자, 개신교 신자와 유대인들도 학교를 운영하도록 허용했다. 쉬망은 각자 양심을 따라 자신 종교와 교육을 선택할 수 있는 민주적 권리를 위해 맹렬하게 싸우면서 파리의 중앙집권정책은 비민주적이며 심각한 문제의 근원이 될 것이라고 경고했다. 그 결과 오늘날 프랑스에서 지역에 고유한 자유와 이점들을 보장하는 법은 '쉬망 법(Lex Schuman)'으로 알려져 있다.

전 독일 학생 친구들과 폭넓은 교류 및 가톨릭 사회 활동을 통해 국제주의적 시각을 갖게 된 쉬망은 프랑스 또는 독일인의 민족주의적 감정을 경계하게 되었다. 동시에 그는 다른 사람들에게서 인류 전체에 대한 공통적인 믿음과 호의의 연대를 인지했으며 그가 참석했던 가톨릭과 외교적인 국제회의를 통해 국가 간의 이해와 협력, 동반자 관계 그리고 존중을 증진할 필요성이 있음을 더욱 확신하게 되었다. 그의 실력, 겸손함, 청렴함 및 경청할 수 있는 능력으로 그는 지지자들과 반대자들 모두에게 존경을 받아 전쟁이 다시 일어날 때까지 1928년에 띠옹빌(Thionville) 동부 선거구에서 국회의원으로 당선되었으며 1932년에 재선되었다. 1936년에는 까뜨농(Cattenom) 지역 상임의장(General Councilor)에 당선되었으나 1940년 레노(Paul

세상을 변화시키는 세계관

Reynaud, 1878-1966)[9] 및 뻬땡(Henri Philippe Pétain, 1856-1951) 정부(3-7월)[10] 산하 난민 협의회 의장 비서로 지내다 9월 14일 게슈타포(Gestapo)[11]에 의해 체포되고 말았다. 그는 이런 모욕을 당한 최초의 프랑스 국회의원으로 1941년 4월 13일에 독일 팔라티네이트(Palatinate)의 노이슈타트(Neustadt)에서 가택 연금되었으나[12] 1942년 8월 1일에 극적으로 탈출하여 프랑스에

---

9 프랑스의 정치인이자 변호사로 1940년 3월 21일부터 1940년 6월 16일까지 프랑스 제3공화국의 총리와 중도 우파 민주 공화 동맹 부총재였다.

10 프랑스의 군인이며, 비시(Vichy) 정부의 수반이었다. 제1차 세계 대전 때의 무공으로 한때 프랑스의 국부로 칭송받았으나, 제2차 대전 동안 나치독일에 협력하여 프랑스 국민의 "공공의 적"으로 지목되어 종신형을 선고받았다. 비시 프랑스(Vichy France)는 제2차 세계 대전 중 나치독일의 점령하에 있던 남부 프랑스를 1940년부터 1944년까지 통치한 정권으로 프랑스에서는 비시 정부(Régime de Vichy)라고 부르며 정식 명칭은 프랑스국(l'État français)이다. 파리 남쪽에 있는 비시를 수도로 정하고 전쟁에 대해 중립을, 나치독일에 대해 독립적 외교 관계를 구축하였으나 1942년 횃불 작전에 대한 보복으로 독일군이 남부 프랑스까지 진주하여 사실상 멸망했고 통제권은 프랑스 군정청으로 넘어갔으며 그 후 비시 프랑스는 이름만 2년을 더 유지하다 소멸했다(ko.wikipedia.org/wiki/비시_프랑스). 페탱은 거의 절대 권력을 장악했고 '사회적 위계질서'를 지지하면서 공화당의 이상인 '자유, 평등, 우애'를 해체하기 시작하면서 권위적, 부계 중심적, 반 국제적 국가로 빠르게 전환하였고, 이에 반대하는 사람들은 갇혔다. 전후, 뻬땡은 반역죄로 총살되기 전에 사형 선고를 받았지만, 나중에 드골은 그가 1차 대전에서 세운 공로를 참작하여 종신형으로 감형했다(Keyserlingk, 1972: 4).

11 Geheime Staatspolizei의 준말로 나치 독일의 비밀 국가경찰이다.

12 독방에 감금된 지 7개월 후, 쉬망은 심사를 거쳐 가택연금 상태가 되었다. 심문관은 아데나워가 쾰른(Köln) 시장이었던 1932년에 쉬망이 쾰른을 방문한 것을 두고 두 사람이 공모자임을 입증하려 했고(Schuman, 2010: 68-69) 1938년 오스트리아를 방문하여 히틀러(A. Hitler)에 의해 축출된 많은 유명한 시민들을 만났던 것도 심사 대상이었다. 신임 국가판무관(Reichskommissar) 뷔르켈(J. Bürckel)은 오스트리아에서 일했던 잔인하고 효율적인 독재자로 쉬망을 다하우(Dachau) 강제수용소에 보내겠다고 위협하며 로렌에 있는 그의 추종자들과 함께 나치 정권을 지지하도록 회유했다. 히믈러(H. Himmler) 무장친위대(SS: Schutzstaffel) 부장의 동료였던 뷔르켈은 유럽의 유대인들을 말살시키기 위한 계획에 대해 잘 알고 있었고 고위직 제의를 통해 쉬망을 달래려 했다. 그는 쉬망에게 여러 주제들에 대해 독일어로 기사를 쓰도록 요청했는데 그의 이름으로 된 기사가 나오는 것만으로도 유용한 나치 선전일 것이기 때문이었다. 하지만 쉬망은 나치 독일에 대해 가능한 많은 정보를 수집하려고 교묘히 대화했고 뷔르켈이 쉬망의 협조를 얻어내려고 제한된 이동의 자

서 지하운동원이 되었다.[13]

1944년 9월에 모젤로 돌아온 그는 다시 국회의원으로 당선되었으며 1946년에 재선되었고 재무위원회 위원을 역임했다. 1947년에는 폴 라마디에(Paul Ramadier, 1888-1961) 정부의 재무장관을 역임했고 프랑스 총리(1947~48년)직도 수행했다. 그러면서 그는 전후 유럽의 통합과 평화를 위한 다양한 노력에 핵심 중재자 역할을 했다. 가령 유럽 평의회(Council of Europe)[14], 마셜 플랜(Marshall Plan)[15] 및 북대서양조약기구(NATO : The North Atlantic Treaty Organization)[16] 등의 창설이다. 하지만 1950년 5월 9일 그가 유럽 최초의 초국가적 공동체인 유럽석탄철강공동체(ECSC : European Coal

---

유를 허용하자 그를 방문한 사람들을 통해 레지스탕스와 은밀히 접촉했다. 그는 동부 전선에서 독일의 사상자들과 자원들의 감소를 보여주는 그림을 만들었고 1942년 초에 이미 연합군의 승리를 확신하였으며 홀로코스트 정보를 자유세계에 전달하기 위해 탈출방법을 찾으려 했다(Fountain, 2014: 46-48).

13 그는 '꼬르돈니에(Cordonnier, '구두 수선공')'의 위조신분증을 만든 후 1942년 8월 1일, 경계가 느슨한 보초를 피해 탈출하여 그 지역의 수녀원과 수도원에 숨었다. 그를 체포하려고 대규모 인력이 동원되었고 10만 마르크의 현상금도 걸렸으나 13일간 700km를 이동한 그는 푸아티에(Poitier) 동쪽 몽모히용(Montmorillon)에 있는 경계선을 통과해 마침내 프랑스로 왔다(Fountain, 2014: 48-49).

14 1949년에 설립된 유럽의 국제기구로서 유럽의 경제·사회적 발전을 촉진하기 위해 가맹국들의 긴밀한 협조에 의한 공동 이상과 원칙을 지지하며 국방 분야를 제외한 모든 분야에서 유럽 통합을 지향한다.

15 공식 명칭은 유럽부흥계획(The European Recovery Program: ERP)으로 제2차 세계 대전 이후 서유럽의 황폐해진 동맹국들을 위해 미국이 계획한 재건, 원조계획이다. 미국의 국무장관 마셜(George Catlett Marshall, 1880-1959)이 제창했기 때문에 마셜 플랜 또는 마셜 계획이라고 불리며 공산주의의 확산을 막는 것도 목적이었다. 전체적으로 120억 불(2016년으로 환산하면 거의 1,000억 불)에 달하는 경제 원조를 제공하였다.

16 국제 군사기구로 1949년 4월 4일 체결된 북대서양조약(the North Atlantic Treaty)에 의해 창설되었고 본부는 벨기에 브뤼셀(Brussels)에 있다. 이 기구는 회원국이 어떤 비가입국의 공격에 대응하여 상호 방어하는 것을 인정하기 때문에 집단 방어체제로 운영되고 있다.

세상을 변화시키는 세계관

and Steel Community)를 제안한 쉬망 선언[17]이야말로 가장 중요한 프로젝트라고 할 수 있는데 이것이 성사된다면 유럽에서 전쟁은 더는 상상할 수도 없고 물리적으로 불가능했기 때문이다.

쉬망은 프랑스 정국의 제3세력으로 프랑스 공산당과 드골주의에 정면 배치하는 정책을 주장했으며 프랑스 외무장관으로 그는 1948년 9월 유엔 총회에서 연설하면서 프랑스의 목표는 민주적인 유럽공동체를 조직하는 것임을 밝혔다. 그 후 1949-50년까지 그는 유럽과 북미 여러 지역에서 강연회를 열며 자신의 주장을 역설했다. 마침내 프랑스 정부도 쉬망 선언에 동의했고 독일을 비롯해 모든 유럽 국가들의 석탄철강업계가 동참할 수 있도록 권유하였다. 서독의 아데나워 총리 또한 즉시 동의했으며 이탈리아와 베네룩스 3국도 동의한 결과 1951년 4월 18일 파리회의에서 이 6개국이 서명함으로 유럽 역사상 최초의 초국가 단체인 유럽석탄철강공동체가 출범하였다. 이 단체는 1957년 로마 조약에 의해 유럽경제공동체(EEC: European Economic Community)로 발전하였고 이것이 1993년에 현재와 같은 유럽 연합(EU: European Union)이 되었다.

1951년 쉬망은 모젤의 국회의원으로 재선되었고 1955년에는 마침내 유럽 운동(European Movement)의 대통령이 되어 1961년까지 재직했다. 1955-56년에는 다시 법무부 장관을 지냈고 1956년에는 모젤의 국회의원으로 재선되었으며 1958-60년까지 스트라스부르에 있는 유럽 의회(European Parliamentary Assembly) 의장으로 재직하다 1962년에 건강이 악화하여 은퇴한 후 1963년 9월 4일 씨-샤젤르(Scy-Chazelles)에서 작고했다.[18]

---

17 이 선언의 초안은 그의 동료 장 모네(Jean Monnet, 1888-1979)가 작성하였다.

18 2007년에 개관한 씨-샤젤르의 로베르 쉬망 하우스(*Maison de Robert Schuman*)는 그의 연설 및 저술들을 보관하고 있다. 파운틴은 쉬망의 비전을 성경적으로 재조명하면서 유럽의 신앙적 유산들을 정리하고, 현재 상황을 성경적으로 분석하며, 미래에 대한 기독교

2) 로베르 쉬망의 사상

그렇다면 쉬망은 어떻게 이런 기독교 세계관에 뿌리를 둔 유럽 통합이라는 사상을 가지게 되었는가? 무엇보다 먼저 그의 독특한 성장배경을 언급하지 않을 수 없다. 그는 알자스 로렌이라고 하는 특별한 지역에서 자라났다. 이곳은 앞서 본 바와 같이 프랑스와 독일이 계속 영토 분쟁을 일으킨 곳이며 그 결과 쉬망은 여러 번 국적이 바뀌었고 나아가 그는 인류역사상 가장 처참한 제1, 2차 세계 대전을 직접 체험했다. 프랑스와 독일이 이 지역을 두고 벌인 분쟁은 결국 유럽인들을 전면전으로 끌어들여 유럽대륙은 20세기 전반에만 두 번이나 초토화되었다. 따라서 그에게 '평화와 화해'는 단지 추상적인 개념이 아니라 매우 실존적이고 절실한 필요에서 나온 구체적인 사상이라고 할 수 있다.

둘째로는 성경에 기초한 그의 세계관이다. 모친을 통해 독실한 신앙을 물려받은 그는 계속해서 성경을 묵상하며 자주 수도원에 가서 깊은 기도와 성찰의 시간을 가졌다.[19] 그는 히틀러의 패배 이후 수년간 유럽을 지배하던 증오와 불신 그리고 갈등을 어떻게 극복하며 나아가 황폐해지고 분열된 유럽을 어떤 기초와 가치관으로 새롭게 재건할 것이냐는 도전에 직면했다. 그러면서 용서와 화해, 자유와 평등, 인권과 평화 그리고 일치와 단결의 성경적 비전을 발전시키면서 유럽 국가 간에 전쟁의 악순환을 영구히 단절하고 지속적인 번영을 이루기 위해 구체적으로 어떻게 해야 할지 고민했다. 따라서 그의 책임의식에 동기를 부여한 가치는 분명 기독교 세계관에 기초해 있었으며 이것이 새로운 유럽의 토대와 대안이 되어야 함을 확신했다. 왜냐하

세계관적 비전을 제시하기 위해 그의 이름을 딴 '쉬망 센터(The Schuman Center: www. schumancentre.eu)'를 설립했다.

19　그중에서도 라인강변에 있는 마리아 라흐(Maria Laach) 수도원에서 그는 여러 친구와 교제하면서 유럽에 대한 비전을 구체화했다(Krijtenburg, 2012: 40).

면, 지금까지 나치즘으로 대표되는 사회진화론적 우생학, 무신론적인 합리주의, 국수주의적인 민족 중심주의 나아가 파시즘과 같은 세계관들로 유럽을 재구성하려던 수십 년간의 시도는 완전히 실패했음이 역사적으로 증명되었기 때문이다. 따라서 유럽의 새로운 미래는 기독교적 세계관의 회복과 올바른 적용에 달려있다고 그는 확신했다.

셋째로 그는 이 기독교 세계관을 국제정치에 적용하여 새로운 유럽 연합체라는 구체적인 비전을 제시했다. 그의 실천 방안은 매우 설득력이 있었고 그 결과 실질적 열매를 맺었다. 당시 전후 서유럽은 공산주의라고 하는 새로운 도전과 위협에 노출되어 있었고 따라서 자칫 제3차 세계대전이 일어날 수도 있었다. 하지만 전쟁 이후 시작된 마셜 플랜을 통한 미국의 경제 원조와 쉬망의 제안으로 결성된 나토(NATO, North Atlantic Treaty Organization : 북대서양 조약기구)에 의해 이전에 서로 적대적이었던 국가들이 군사 동맹을 맺어 이제는 더는 서로 전쟁을 할 수 없는 구조가 되었다. 하지만 이 두 가지만으로 유럽 국가 간의 불신을 완전히 제거할 수는 없었다. 따라서 쉬망은 더 나아가 '용서와 화해'라는 도덕적 분위기가 조성된 새로운 국제공동체가 필요함을 깨달았다. 그 결과 그의 주도로 전쟁 후 신속하고도 지속적으로 진행된 프랑스와 서독의 화해는 전후 유럽 통합의 중심역할을 했고 나아가 쉬망 선언을 통해 열매 맺은 유럽석탄철강공동체와 이것이 지속적으로 발전한 결과 현재의 유럽 연합을 통해 유럽은 지금 역사적으로 전무후무한 지속 가능한 평화와 번영을 누릴 수 있게 된 것이다.

넷째로 그는 관용과 평등을 강조하면서 교회와 국가의 차이도 분명히 인식했다. 뻬땡의 천주교 신앙이 다른 신념들에 대한 반동적이고 편협했던 반면 쉬망의 세계관은 모든 민족의 하나님 아버지를 향한 것이었고 예수 그리스도는 모두를 위해 십자가에서 죽었다고 믿었다. 나아가 교회는 국가의 영역에 간섭해서는 안 되며 어떤 특정한 정치 체제나 정부와 동일시되어서는 안 된다고 강조했다. 즉 '황제의 것과 하나님의 것을 구별해야 한다'는 것이다(마태복음 22:21). 이러한 쉬망의 사상은 그의 모든 정치적 행동을 이끌며 동기를 부여했다. 가령, 앞서 언급한 '쉬망 법'은 성경의 평등 원칙에 기초해 다른 신앙에 대한 관용을 구현한 것으로 기독교 세계관이 모든 사람은 원래 평등하고, 인종, 피부색, 사회적 지위 또는 직업과 관계없이 같은 하나님의 자녀들이라고 본다면, 국가들 역시 동등하게 취급되어야 한다는 것이다. 또한, 사랑과 자선이라는 기독교적 사회관은 모든 사람을 이웃으로 만들었으며 그러한 관계가 지속하였다(Fountain, 2010 : 55).[20]

다섯째로 쉬망은 민주주의 또한 기독교 세계관에서 나온 것으로 이해했다. 따라서 그는 드골의 민족주의에 대해 불편함을 느껴 런던(London)으로 드골이 그를 초청한 것도 거절했다. 진정한 민주주의의 뿌리, 평등의 원리, 형제애의 실천, 개인의 자유 및 권리에 대한 존중은 모두 쉬망이 이해하는 한 "이웃을 네 몸같이 사랑하라"라는 예수 그리스도의 가르침에서 비롯되었다. 이러한 세계관이 실제로 적용되자 유럽은 수 세기에 걸쳐 변화되었고 결국 자유 민주주의를 낳았다는 것이다. 그러므로 쉬망은 기독교적 원칙들이 유럽 문명의 특징이 되었고, 17세기 합리주의자들도 사실상 인권과 시민의 권리를 이 원칙에서 도출했다고 보았다. 쉬망은 현대 철학자들인 베르그송(Henri Bergson, 1859-1941)과 마리탱을 인용하면서 민주주의는 사랑이 주된 원천이기 때문에 본질에서 복음주의적이라고 생각했다(Schuman, 2010: 43-51).

그는 과반수 투표에만 바탕을 둔 헬레니즘 시대의 민주주의는 '다수의 독재'로 끝날 것이며 진정한 민주주의는 섬김을 필요로 한다고 보았다. 즉,

---

20 쉬망은 그의 선언에서 아프리카에 대해 언급하면서 유럽 이외의 국가들의 중요성도 인정했다.

국민을 섬기고 국민과 함께 행동하는 것이며 이 목표는 평화적으로 시작되고 진행되어야 했다. 쉬망에게 있어 '이웃 사랑'이라는 성경의 원리를 민주주의 원칙으로 적용한다면 그것은 이웃 민족들을 섬기고 사랑해야 한다는 것이다. 따라서 그가 제시한 유럽의 미래는 매우 기독교적이며 민주주의적이었다. 유럽은 기독교적 전통에 깊이 뿌리박고 있기에 이러한 뿌리에서 단절되면, 평등, 인간의 존엄성, 관용 및 동정심의 기반을 잃게 될 것이라고 그는 보았다. 또한, 그는 종교를 무시하거나 반대하는 국가를 받아들일 수 없었는데 왜냐하면 국가는 사회적 붕괴를 시도하는 세력으로부터 국민을 보호하는 데 있어 신앙의 비범한 능력을 무시할 수 없다고 보았기 때문이다 (Fountain, 2010 : 57).

마지막으로 경제 영역에도 그는 기독교 세계관에 기초한 '이웃사랑과 연대'를 강조했다. 현대의 산업화한 유럽은 교회의 역할에 대한 새로운 도전을 가져왔는데 단순한 기독교 자선단체만으로는 더는 근로자와 고용자계급의 갈등에 의한 체계적 불평등에 대처하기에 충분하지 않았기 때문이다. 이러한 도전에 대해 쉬망은 앞서 언급한 '레룸 노바룸'을 모든 인류에 대한 하나님의 사랑에 바탕을 둔 사회의 새로운 연대를 제시한 지침으로 이해했다. 즉 계급투쟁을 강조하는 공산주의나 개인주의에 초점을 맞춘 자유주의는 해답이 아니었고 화해와 연대가 필요하다는 것이다. 국가는 공공의 이익을 위해 통치할 책임이 있으며 소위 '보충성의 원칙(the principle of subsidiarity)'에 따라 사회 내 다양한 지역사회를 존중해야 하므로 모든 결정은 사회를 구성하는 더 작은 지역사회와 협회가 가능한 자치적으로 이루어져야 한다고 보았다(Fountain, 2010: 58). 그러므로 쉬망은 연대, 보충성 및 평등이야말로 그리스도의 가르침에 근거한 가치들이라고 생각했다. 심지어 적으로 여겨지던 사람들도 용서하고 화해하는 것이 성경적 명령이며 그는 이것이 전후 유럽이 가야 할 길이라고 믿었다. 즉, 정치와 경제 구조는 국가와

국민에게 적용되는 '네 이웃을 사랑하라'라는 민주주의 원칙에 따라 지역,
국가 그리고 유럽의 모든 수준에서 구축되어야 한다고 그는 주장한 것이다.
따라서 당시에 남아 있던 유대인에 대한 적대감도 국제적인 인권 보장 때
문에 불가능하게 되어야 한다고 그는 주장했다. 각 사람은 창조주의 형상
(Imago Dei)으로 만들어졌다는 성경적 세계관에 뿌리를 두어 그는 음식, 피
난처, 옷, 교육 및 관계 등에 대한 권리도 인권에 포함했다. 다시 말해, 인권
보장 또한 '이웃 사랑'이라는 명령에 뿌리를 두고 있다. 이처럼 쉬망의 사상
은 철저하게 기독교 세계관에 기초한 것임을 볼 수 있다.[21]

2. 유럽 연합에 대한 오해

하지만 쉬망의 사상은 다양한 반대와 오해에 부딪혔다. 첫째로 2004년
에 제안된 유럽 연합헌법에서 하나님, 기독교 또는 기독교적 가치를 언급
하는 것에 대해 프랑스는 반대했다. 특히 지스카르 데스탱(Valery Giscard
d'Estaing, 1926-)[22]은 '양심의 자유를 침해할' 가능성 때문에 하나님과 기독
교에 대한 어떤 언급도 거부했는데 이것은 매우 심각한 아이러니가 아닐 수
없다.[23] 왜냐하면, 양심의 자유라는 위대한 유럽의 원칙을 설립한 사람은 사
실상 성경에 기초하여 종교개혁 운동을 일으킨 마르틴 루터(Martin Luther,
1483-1546)이기 때문이다. 루터는 보름스 의회(Reichstag zu Worms)에서 성

---

21 쉬망이 남긴 유일한 책인 『Pour l'Europe』의 제3장은 제목을 아예 "유럽은 기독교적
    의미에서 광범위한 민주주의의 실현이다(L'EUROPE, C'EST LA MISE EN œUVRE D'UNE
    DÉMOCRATIE GÉNÉRALISÉE DANS LE SENS CHRÉTIEN DU MOT)"라고 붙였다(Schuman,
    2010: 41).
22 1974년에서 1981년까지 제20대 프랑스의 대통령을 지낸 중도 우파 정치인이다.
23 EU 헌법 초안의 마지막 문구는 다음과 같다. '인간의 불가침적이고 양도할 수 없는 권리,
    자유, 민주주의, 평등 및 법치의 보편적 가치들은 유럽의 문화적, 종교적, 인본주의적 유
    산으로부터 영감을 받은 것이다.'

세상을 변화시키는 세계관

경에 기초한 신앙양심에 따라 자신의 견해를 철회할 수 없음을 천명하였기 때문이다. '유럽의 아버지'[24] 쉬망은 정신적 진전이 물질적 진보와 함께 가야 한다고 주장했으며 미래 세대가 영적 뿌리에서 벗어나지 않으면서 유물론의 유혹에 빠지지 않을 때만 유럽의 화해와 평화적 통합 운동은 성공할 것이라고 믿었기 때문이다.[25] 그는 자신의 개인적 신앙을 주장한 것이 아니라, 정치 영역에서 자신의 역할을 하나님의 소명으로 인식하면서 경쟁적인 이념들로 분리된 유럽의 재건은 유럽에 깊이 뿌리 내린 기독교적 기본 가치들에 의서만 가능하다는 신념을 분명히 표현했다. 나아가 이러한 그의 신념은 서독의 아데나워와 이탈리아의 데 가스페리(Alcide De Gasperi, 1881-1954) 총리가 공유했다. 아데나워에 의하면 쉬망 및 데 가스페리는 기독교적 기초에 새로운 유럽을 건설하고자 하는 열망으로 가득 차 있으며[26] 이 일이 노력해야 할 가치가 있는 정치적 및 경제적 목표일 뿐만 아니라 진정한 기독교적 의무라고 믿었다(Lean, 1985 : 380).

둘째로 일부 목회자들도 오랫동안 '기독교적 기반에 선 유럽의 재건'이라고 하는 그의 사상에 대해 무관심했으며 오히려 의심하면서 철저한 적대감을 보이기까지 했다. 가령 조용기는 다니엘서 강해에서 유럽이 통합되는 것을 종말의 징조로 보았고,[27] 요한계시록 13장 1절에 나타난 열 뿔 달린 짐승을 유럽의 연합체로 해석했다(조용기, 2018: 239-243). 하지만 이는 전혀 근거가 없으며 쉬망의 사상 및 아데나워와 데 가스페리에 대한 이해가 전혀 없었기 때문이라고 볼 수 있다. 나아가 유럽 연합은 더는 10개국이 아니라

---

24 1960년, 나중에 유럽 의회(European Parliament)가 된 유럽 회의(European Assembly) 첫 의장으로 2년간 연임한 후, 로베르 쉬망은 공식적인 기립박수로 '유럽의 아버지'로 인정받았다.

25 1956년 3월 12일 국제 가톨릭 기관들의 연합 모임에서 한 연설.

26 1951년 8월 23일 아데나워가 쉬망에게 보낸 편지. 데 가스페리는 당시 이탈리아 총리였다.

27 blog.daum.net/_blog/BlogTypeView.do?blogid=0QElT&articleno=277

이제는 28개국이 되었으며 브렉시트(Brexit)에도 불구하고 계속 가입하려는 국가들이 대기하고 있다.

셋째로 로마가톨릭 신자들이 시작한 것에 대한 개신교도들의 의심도 무시할 수 없었다. 쉬망의 비전에 대해 북유럽 쪽으로 갈수록 무지와 무관심이 많았다. 물론 이러한 반응에는 역사적인 배경이 있는데 왜냐하면 네덜란드, 스코틀랜드, 잉글랜드, 스위스, 독일 및 북유럽 국가들은 값비싼 대가를 치르고 얻은 정치적, 종교적 자유를 로마가톨릭교회가 사용하는 매혹적인 전략에 넘어가 포기해서는 안 된다고 보았기 때문이다. 하지만 최근 몇 년 간 개신교회와 천주교회는 여전히 특정 사안들에 대해서는 동의하지 않으면서도 상호 포용하고 협력하려는 분위기가 증가하고 있다(Noll & Nystrom, 2005). 가령 교황 베네딕토 16세(Benedict XVI)[28]는 2008년 11월 19일 성 베드로 광장에 모인 대중들에게 매주 행하는 연설을 통해 루터가 오직 믿음으로 의롭게 된다고 말한 것은 옳다고 선언했으며(Benedict XVI, 2009: 78), 1999년 10월 31일 아우크스부르크(Augsburg)에서 루터교회와 로마가톨릭 지도자들은 칭의 교리에 관해 합의하였다(Joint Declaration on the Doctrine of Justification, 2000). 나아가 점차 세속화되는 유럽에서 많은 개신교도와 천주교도들은 그들의 공통점이 차이점들보다 더 크다는 것을 인식하게 되었다. 이러한 두 진영의 독일 기독교인들은 나치 정권에 의해 함께 박해받고 저항하면서 이런 자각에 이르게 되어 전후 독일 기독교 민주연합(CDU: Christlich Demokratische Union Deutschlands)[29]을 함께 창당하여 서독의 재건에 핵심

---

28 이전 교황 베네딕토 16세는 당시 라칭거(Ratzinger) 추기경으로서 이 합의에 결정적 역할을 했다.

29 독일이 바이마르 공화국의 실패로부터 배운 교훈 중 한 가지는 민주적 정당의 분열이 궁극적으로 나치당의 부상을 허용했다는 것이다. 그래서 기독교 민주주의자들의 연합당, 즉 기독 민주연합당을 창설하는 것이 중요하다고 생각했으며 그 결과 자유주의적 보수주의의 정치적 전통에 영향을 깊게 받은 범기독교(가톨릭과 개신교) 정당이 설립되었다.

세상을 변화시키는 세계관

역할을 감당했다.

넷째로 일부 개신교인들은 '브뤼셀'로 대표되는 '유럽'은 '보충성(subsidiarity)'을 말하면서도 실제로는 권력 집중화를 도모하는 운동으로 보면서 반대한다. 영국의 액튼 경[30]의 유명한 경고처럼 "모든 권력은 부패하고 절대권력은 절대적으로 부패"하므로 지방분권화를 더 강조한다. 나아가 유럽 전역에 비성경적 가치들을 증진하는 일부 유럽 연합 기관들의 지침에 나오는 세속적이고 무신론적인 인본주의 및 다른 사상들은 유럽이 다시 요한계시록에 나오는 짐승(beast)이 되지 않을지 우려한다. 하지만 파운틴은 바실 흄(Hume, 1994) 같은 가톨릭 주교들로부터 주류 교회 지도자들의 통찰력 있는 보고서들과 연설을 발견한 후 브뤼셀에 있는 유럽 집행위원회(European Commission) 건물인 벨라이몽(Berlaymont)[31] 밖에서 YWAM(Youth with a Mission) 리더십 팀을 만났을 때의 경험을 다음과 같이 증언한다.

> 그들 중 일부는 이 '벨라이몽 짐승(Berlaymonster)'의 어딘가에 모든 유럽인들에 관한 정보를 모으는 빅브라더(Big-Brother) 컴퓨터가 있다고 주장하는 종말론적 예언자들의 주장에 대해 궁금해하고 있었다. 당연히 그들은 건물에 들어서자 보안 요원에게 여권을 제시했다. 하지만 유럽 위원회 공무원이 따뜻한 악수와 함께 "형제님들, 우리 기도로 시작할까요?"라는 친근한 말로 인사하자 모두 놀라지

CDU는 1945년 6월 26일 베를린에서 창설된 이후로 1950년 10월 21일 첫 번째 전당 대회까지 상당한 지지를 얻었고 그 전당 대회에서 아데나워 총리가 당수로 지명되었으며 지금도 독일의 최대다수당이다(ko.wikipedia.org/wiki/독일_기독교민주연합).

30 액튼 남작(John Emerich Edward Dalberg-Acton, 1st Baron Acton: 1834–1902)은 영국의 가톨릭 정치인이며 역사가다.

31 유럽 집행위원회(European Commission)의 건물 이름. 원래 이름은 Dames de Berlaymont으로 이곳에는 300년 된 수녀원과 여자 기숙학교가 있었는데 유럽 집행위원회 건물이 들어오면서 브뤼셀 남쪽으로 옮겼다. (en.wikipedia.org/wiki/Berlaymont_building#Background)

않을 수 없었다. 슈퍼컴퓨터에 관해 묻자 안내원은 웃으며 말했다.

"사람들이 우리가 컴퓨터에 대해 얼마나 무식한지 알고 있다면 (그렇게 말하지 않을 것입니다!)" 그는 전쟁 후 유럽을 재건하는 어려운 일에 직면하면서 끊임없이 전쟁하던 국가들을 화해시킬 필요성을 알게 된 소수의 독실한 기독 정치인들에 관한 흥미진진한 이야기를 시작했다. (Fountain, 2014: 23)

3. 유럽 연합 운동의 과정

1) 쉬망 선언

1950년 5월 8일 월요일, 쉬망은 미슐리히(Robert Mischlich)에게 자신의 계획을 요약한 서신을 비밀리에 서독 아데나워 총리에게 전달하도록 지시했다. 다음날 쉬망은 회신을 기다리고 있었고 프랑스 내각회의가 끝날 무렵 마침내 다음과 같은 아데나워의 적극적이고 긍정적인 반응을 받았다. "이 프랑스의 제안은 모든 면에서 역사적인 것이다. 그것은 내 조국의 존엄성을 회복시키며 유럽을 연합하는 초석이다."(Fountain, 2014: 35)

그러자 쉬망은 내각회의에서 긴급히 새 의제를 제안하면서 이 계획과 서독의 동의 서한을 공개했다. 결국, 프랑스 내각은 그날 저녁 6시에 외무부가 있는 께 도르세이(Quai d'Orsay)에서 기자회견을 통해 이 제안서를 공개하기로 결의했다. 이탈리아, 네덜란드, 벨기에, 룩셈부르크, 영국 및 미국 대사들에게 공문이 급히 전달되었으며 200명의 언론인에게 초대장이 발송되었다. 당일 저녁 6시, 갑작스러운 초대에도 불구하고 파리의 소수 저널리스트와 정부 관료들, 정치인들 그리고 외교관들이 참여했다.

쉬망은 선언문을 읽기 시작했는데 먼저 세계 평화란 위협과 동등한 규모의 창의적인 노력이 필요하다고 언급한 후 과거 유럽을 연합하려던 프랑스의 노력은 실패하여 전쟁이 일어났음을 지적했다. 나아가 유럽의 통일은 하

세상을 변화시키는 세계관

나의 계획에 의해서는 절대 성취되지 않을 것이며 프랑스와 서독 간에 구체적인 연대를 구축하고 해묵은 적대감을 제거하는 조치가 필요한데 프랑스 정부가 한 가지 결정적인 부분에 대해 즉각 취해야 할 조치를 제안할 것이라고 말했다. 즉 프랑스와 서독의 석탄 및 철강 생산을 각국 정부의 권위를 초월하는 공통적인 초국가적 고등기관의 감독하에서 진행하고 다른 유럽 국가들도 이에 참여할 수 있다는 것이다. 이것은 경제 발전을 위한 공통 기반을 조성하고 역사적으로 전쟁을 위한 탄약 생산에 몰두해 온 동시에 가장 지속적으로 많은 희생자를 낸 지역의 운명을 바꿀 것인데 여기서 쉬망은 구체적으로 독일의 자르(Saar) 및 루르(Ruhr) 산업 지역을 주로 언급했다. 이러한 생산 연대는 프랑스와 독일 간의 전쟁을 상상도 할 수 없을 뿐만 아니라 물리적으로 불가능하게 만들 것이며 생산의 일치는 경제 통합을 원하는 모든 국가들에 진정한 토대를 마련할 것이라고 주장했다. 나아가 그것은 양국의 생활 수준을 높이고 평화로운 성취를 촉진하는데 이바지할 것이며 그러면 유럽은 아프리카 대륙을 발전시키는 일에 더 집중할 수 있다고 보았다. 이러한 공통된 경제체제는 국가 간의 더 넓고 깊은 공동체로 발전될 것이라고 그는 강조했다. 따라서 프랑스, 서독 및 기타 회원국들을 묶는 초국가적 연합체의 설립은 지속적인 평화를 위해 필요한 유럽 연합으로 이어질 것이라고 결론지으면서 더욱 구체적인 방법을 제안했다(Schuman, 2010: 145-151).

이것은 3분도 채 되지 않는 짧은 시간에 쉬망이 프랑스와 서독 그리고 다른 참가국 간의 상호 존중 및 협력이라는 새로운 관계를 통해 유럽의 가능한 새로운 미래를 제안한 것으로 매우 중대한 선언이었다. 여기서 우리가 가장 주목해야 할 점은 프랑스가 전쟁에서 패한 독일을 동등한 파트너로 받아들이면서 미래의 비전을 제시한 점이다. 그러자 그 후 며칠간 세계 언론들은 이 계획의 천재성과 관대함을 특종으로 대서특필했다(Fountain, 2014:

37-38). 영국의 '데일리 헤럴드(Daily Herald)'는 "프랑스가 국가들을 깜짝 놀라게 한다(France takes the nations by surprise)"는 제목을 붙였고 서독의 '보너 룬트샤우(Bonner Rundschau)'는 "프랑스에서 온 놀라운 소식(Eine Sensation aus Frankreich)"이라고 헤드라인을 달았다. 프랑스의 '르 몽드(Le Monde)'는 이를 "혁명적 제안(une proposition révolutionnaire)"이라고 부르며 1면의 대부분을 할애했다. 반면에 프랑스의 공산주의 신문인 '뤼마니테(L'Humanité)'는 이 제안을 연합 전쟁을 재건하기 위한 첫 단계로 소련에 대한 위협으로 보았다. 그러나 스위스 신문인 '지 운트 에어(Sie und Er)'는 이 제안을 한 쉬망을 다음과 같이 묘사했다.

> 진지하고, 날씬하며, 대머리이고, 환상이 없으며, 심각하지만 유머 감각이 없고, 청렴, 근면하고, 신앙심이 깊으며, 조용한 인물로 프랑스 공화국 정치가의 이미지에 잘 맞지 않는다. 그는 프랑스어도 잘하지 못한다. 그의 모국어는 독일어인데, 대부분의 동료들과는 달리 그는 음악에 전혀 관심이 없다. … 그가 오늘날 이렇게 중요한 역할을 하고 있다는 것은 프랑스가 겪었던 변화가 얼마나 프랑스를 근본적으로 겸손하게 만들었는지 보여주는 징후였다. 쉬망은 제3공화국의 많은 장관들처럼 부패하지 않았고, 드골처럼 달변이거나 거만하지도 않고, 비도(Bidault)의 눈부심과 재치를 공유하지도 않았다. 그는 직설적이고 정직했으면서도 호감을 주는 정치인이었다. (Fountain, 2014: 38)

2) 유럽의 통합과정

1949년 5월 5일, 쉬망은 런던의 세인트 제임스 궁(St. James' Palace)에 다른 유럽 국가 지도자들과 함께 유럽 평의회(Council of Europe) 정관에 서명하기 위해 갔다. 벨기에, 덴마크, 프랑스, 아일랜드, 이탈리아, 룩셈부르크, 네덜란드, 노르웨이, 스웨덴 및 영국이 창립 서명국이었다. 쉬망은 프랑스

세상을 변화시키는 세계관

대표로 서명하면서도 이 위원회가 인권은 보호하겠지만 추가 조치가 필요함을 알고 있었다. 런던에서 가진 기자회견에서 그는 전쟁을 불가능하게 만들기 위해 초국가적 협의체나 민주주의 연합의 필요성에 대해 말했다. 민족주의와 경쟁의 결과 과거 유럽은 피비린내 나는 전쟁으로 지구를 파멸 직전까지 몰고 갔다. 이제는 평화에 초점을 맞춘 민주주의적인 초국가적 연합이라는 새 시대로 옮겨야 하며 이것이 정신적 및 정치적 성장을 촉진할 것이라고 그는 믿었다. 이는 '이웃 사랑'이라는 성경적이며 민주주의적 원칙에 바탕을 둔 거대한 '유럽의 실험'이었다.

11일 후 스트라스부르에서 쉬망은 10세기 동안의 전쟁을 종식하고 평화를 보장하기 위한 조직을 만들기 위해 유럽 사람들이 반복적으로 생각해 온 위대한 실험에 관해 이야기하면서 '초국가적 연합'을 다시금 강조했다. 그는 중세 로마가톨릭교회는 독일 황제들의 시도 및 총통(Führertum)의 가식적인 '매력들(charms)'과 함께 실패했다고 지적하면서 이어 유럽의 정신은 패권이나 타인에 대한 이기적인 착취 같은 숨겨진 동기 없이 완전한 상호주의 정신으로 공동체를 기꺼이 섬김을 의미한다고 말했다. 19세기에는 봉건주의가 반대에 부딪혔고 민족주의가 부상함에 따라 국가들이 자신들을 앞세웠으며 국가들과 민족주의의 끊임없는 충돌을 초래한 양차 대전을 목격한 이 세기에는 초국가적 연대를 통해 국가들의 화합을 시도해야 한다는 것이다. 이를 통해 각 국가의 다양성을 보호하는 동시에 통일성으로 각 지역의 화합을 도모할 수 있을 것으로 그는 보았다.

그러나 쉬망이 이 주제를 더 널리 알릴수록, 전쟁이 끝난 후 몇 년 동안 이루어진 모든 진보에도 불구하고, 그는 더 많은 내적 좌절감을 느꼈다. 그는 북대서양조약(North Atlantic Treaty)에 서명하기 위해 프랑스 대표로 워싱턴을 방문하여 서방의 안정을 가져올 군사 동맹인 나토의 탄생을 목격했다. 그러나 이 조약이 정치와 군사 영역에만 영향을 미친다면 그것만으로는 부족하다고 그는 보았다. 즉, 무기만으로는 충분하지 않으며 서구 생활 방식의 깊고 새로운 내적 변화가 필요했다. 마셜 플랜도 이미 1년간 진행되어 유럽 국가들이 산업을 현대화하고 무역 장벽을 낮추며 희망과 자립을 촉진하도록 돕고 있었다. 이것들은 모두 황폐하고 지쳐버린 유럽을 재건하는데 필수 요소들이었다.

하지만 쉬망은 두 가지가 여전히 실종되었다고 느꼈다. 첫째, 정치적 의지력과 초국가적인 연합의 틀이었다. 쉬망은 새로운 유럽을 건설하기 위해 어떤 조치가 취해져야 한다고 믿었지만 다른 사람들은 별로 확신하지 못했다. 심지어 그의 후임자인 비도(Georges Bidault, 1899-1983) 총리도 앞으로의 과제에 대해 자신의 정부로부터 거의 지지를 느끼지 못했다. 두 번째는 내부로부터 깊고 내적인 변화를 향한 개인적인 의지력이었다. 그는 미국의 경제적 군사적 모든 도움이 프랑스나 독일 또는 일반 유럽인들이 '그들의 이웃을 그들 자신처럼 사랑하도록' 강요할 수 없다는 것을 알고 있었다.

쉬망이 제안한 유럽석탄철강공동체는 이듬해 파리 조약을 통해 마침내 법적 현실이 되었다. 이탈리아, 벨기에, 룩셈부르크, 네덜란드를 포함한 참가국들과는 여전히 많은 세부 사항들을 협상해야만 했지만, 이것은 법이 지배하는 초국가적 실체를 만들기 위해 자발적으로 각국의 주권을 서로 종속시키는 세계 역사상 첫 번째 사례였다. 쉬망과 아데나워 그리고 데 가스페리의 유럽에 대한 공통적인 신념과 비전 때문에 타협은 매우 쉽게 이루어졌다. 그들은 새로운 유럽이 기독교적 기초 위에 재건축되어야 하고, 유럽석탄철강공동체가 그 비전을 향한 첫 발걸음이라는 공동의 신념은 이 세 정치가가 파리 조약에 서명하기 전 마리아 라흐(Maria Laach) 수도원에서 열린 기도회 모임에서 이미 반영되었다(Fountain, 2014: 39). 쉬망이 새로운 유럽을 위해 꿈꾼 네 개의 기둥들은 유럽 위원회(European Commission), 장관 위원회(Council of Ministers), 유럽 협의회(the Common Assembly, 현재 유럽 의회)

그리고 룩셈부르크에 있는 법원(Court of Justice)이다. 이처럼 원래 쉬망 플랜에는 유럽의 통합과정을 이끌어 온 많은 전략이 숨어 있었다. 핵심 소수 국가와 함께 앞서 나가면서, 통합에 대한 '2단계' 접근은 1950년 5월 9일 이후 비교적 빠른 속도로 진행되어 60년이 지난 후에는 27개국의 연합체로 가능하게 되었고 이 기간에 회원국 간에 전쟁은 불가능하게 되었다. 이런 의미에서 쉬망은 그의 책에서 새로운 유럽공동체의 비전을 제시하며 마지막 장을 다음과 같이 끝맺고 있다: "하나님께서 유럽이 그 운명의 시간, 그 마지막 구원의 기회를 놓치지 않게 해 주시길 빈다."(Schuman, 2010 : 144)

쉬망도 가끔 낙심할 때가 있었다. 그때 그를 격려하고 도와준 중요한 인물은 미국의 복음 전도자로 도덕재무장(MRA: Moral Re-Armament) 운동을 주도하는 동시에 전후 유럽의 화해에 중요한 역할을 했던 프랭크 버크먼(Frank Buchman, 1878-1961)이었다. 그는 자신의 연설들을 모아『세상을 다시 만들기(Remaking the World)』라는 책을 출판하였는데(1947) 이 책은 쉬망에게도 큰 감동을 주어 그 책의 프랑스어판에 서문을 써주었다. 그러면서 쉬망은 버크먼에 대해 더 많은 신뢰와 유대감을 느꼈고 어떤 문제에 대해서는 조언을 구하기도 했다. 그는 독일과 프랑스의 국경 지역에서 자라난 자신의 배경 때문에 프랑스인과 독일인의 사고방식 및 그들 간의 문제들을 알고 있었기에 양국 간의 증오를 종식하는 데 자신이 중요한 역할을 하고 있다는 것도 알고 있었다. 하지만 그것에 대해 자신이 없다고 솔직히 말하자 버크먼은 그가 현재 있는 곳이 바로 하나님께서 세우신 곳이므로 그곳에 머물러야 한다고 쉬망을 격려했다. 그 후 쉬망은 프랑스와 독일이 화해하는 데 중요한 역할을 한 버크먼의 공헌을 인정하여 명예의 전당에서 그에게 기사 작위를 수여했고 아데나워도 버크먼에게 독일 공로 훈장을 수여함으로써 그의 공헌을 인정했다.

Ⅲ. 나가는 말

이 글에서는 유럽 연합 운동의 기원이 무엇이며 이것이 어떻게 2차 세계 대전 이후 유럽 사회를 총체적으로 변화시켰는지 로베르 쉬망의 생애와 사상을 중심으로 고찰하였다. 이에 네 가지를 결론으로 언급하겠다.

첫째로 쉬망은 잘 준비된 유럽통합프로젝트의 설계자였고 건축가였다. 독일과 프랑스의 국경 지대에서 태어나 두 나라의 국적을 번갈아 소유하였고 양국에서 공부하고 일하였으며 나아가 양차 세계 대전을 직접 경험했다. 1차 대전 후 베르사유 조약(Treaty of Versailles)이 독일인들에게 미치는 엄청난 부담과 경제 침체가 민족주의적 보호주의로 이어짐을 목격했으며 정치적 스펙트럼의 한쪽 끝에는 러시아 혁명, 다른 한쪽 끝에는 이탈리아의 파시즘과 독일의 국가사회주의를 시작으로 국제 공산주의가 부상하는 것도 보았다. 이런 격동의 시대를 통해 자유, 평등, 연대 및 평화에 기초한 안정되고 정의로우며 지속적인 새 유럽의 패러다임을 찾는 것은 그의 평생 사명이 되었다. 심지어 게슈타포에 체포되어 고초를 겪었지만, 독일을 미워하지 않고 어떻게 하면 영구적인 화해가 가능할지 심사숙고하여 결국 '쉬망 플랜'이라고 하는 놀라운 비전을 선언하면서 유럽 연합의 초석을 놓았다.

둘째로 그는 매우 현실적이고 구체적인 유럽의 미래 비전을 제시하면서도 그 뿌리는 기독교적 정신에 있음을 분명히 밝힌 지도자였다. 2차 대전 후 프랑스의 외무 장관으로 전후 유럽이 상호 미움과 불신을 제거하고 화해와 평화를 이루기 위한 미래 비전으로 인간의 존엄성과 자유라는 원칙에 따라 초국가적 민주공동체를 유럽에서 구성할 것을 제안했다. 나아가 자유와 평등, 단결과 평화는 기독교적 가치에 깊이 뿌리내리고 있음을 분명히 선언하면서 진정한 민주주의도 기독교적 섬김과 이웃사랑에 기초함을 강조하여 미래의 연합된 유럽은 기독교적인 동시에 민주적으로 되어야 함을 역설했

세상을 변화시키는 세계관

다. 이러한 성경적 전통과 유산에서 단절된다면 평등, 인간의 존엄성, 관용 그리고 연민의 정신을 잃게 될 것이라고 그는 경고했으며 동시에 유럽의 다양성과 통일성(unity with diversity)도 기독교 세계관적 관용과 평등 정신에 의해서만 가능함을 강조했다. 나아가 그는 유럽석탄철강공동체뿐만 아니라 유럽평의회와 나토를 창설하는 주역이 되어 역사상 가장 많은 희생자를 낸 양차 대전을 종식하고 전쟁이 원천적으로 불가능하면서 평화를 보장하기 위한 비전을 제시하고 실천했다는 점에서 진정한 유럽의 화해자였다고 말할 수 있다.

셋째로 쉬망은 다른 여러 지도자와 지혜롭게 동역할 줄 아는 지도자였다. 아데나워, 데 가스페리 및 버크먼 등 그와 함께 한 당시 지도자들의 협력이 없었더라면 지금의 유럽 연합은 불가능했을 것이다. 그러기 위해 쉬망은 매우 설득력 있는 논리로 유럽의 평화와 연합을 끌어냈던 지도자였다. 그는 당시 전쟁을 일으키는 데 가장 중요한 두 산업, 즉 프랑스의 철강 산업과 독일의 석탄을 초국가적 연합체가 권위를 가지고 관리하지 않는 한 제3차 세계대전을 막을 수 없다는 것을 강력하게 주장하면서 유럽석탄철강공동체를 제안하여 유럽 연합의 초석을 놓았다. 그가 바로 이러한 지역에서 활동했기에 누구보다 이 점이 핵심임을 잘 알고 있었고 거기에 대해 최선의 해결책을 제공한 것이다. 그래서 지금도 유럽 연합은 매년 5월 9일을 그 창립 기념일로 정하여 지키고 있다. 이날은 아마도 유럽의 현대사에서 철의 장막이 극적으로 무너진 것보다 더 결정적인 사건이라고 말할 수도 있다. 왜냐하면, 유럽은 양차 세계 대전 이후 역사에 유례가 없이 70년 가까이 평화를 지속해서 누리고 있기 때문이다.

마지막으로 쉬망은 그의 기독교적 세계관과 구체적인 유럽의 정치 그리고 그의 삶을 통합하여 시대적인 사명인 평화와 화해 그리고 일치와 연대의 성경적 가치관에 기초한 유럽 연합이라는 새로운 패러다임을 제시하고 구체적으로 실천함으로 이 세상을 변화시킨 위대한 인물이었다. 그의 확신과 통합적 실천은 한국 전쟁 이후 여전히 분단된 한반도 및 동북아 상황에도 매우 중요한 교훈을 준다고 말할 수 있다. 따라서 한국의 기독 지성인들은 이 쉬망의 삶과 사상 그리고 유럽 연합운동의 역사를 더욱 깊이 연구하고 벤치마킹하면서 이 시대에 분단된 한반도에 영구적인 평화를 정착시키고 화해와 번영 및 궁극적으로 통일을 이룰 수 있는 비전을 보다 구체적으로 제시하며 나아가 주변국들과도 평화와 화해를 이루도록 적용해야 할 것이다.

세상을 변화시키는 세계관

참고문헌

조용기 (2018). 『요한계시록 강해』 서울: 서울말씀사.

Benedict XVI (2009). *St Paul–General audiences July 2, 2008-Feb 4, 2009*, Ignatius Press.

Bond, M.; Smith, J. & Wallace, W. eds. (1996). *Eminent Europeans*, Greycoat Press.

Buchman, F. (1947). *Remaking the world: The speeches of Frank N.D. Buchman*, Blandford Press.

Fountain, J. (2014). *Deeply Rooted: The Forgotten Vision of Robert Schuman*, Seismos Press. 최용준 역 (2020). 『깊이 뿌리내린: 로베르 쉬망의 잊혀진 비전』 서울: 예영커뮤니케이션.

Hume, B. (1994). *Remaking Europe*, SPCK.

Keyserlingk, R. W. (1972). *Patriots of Peace*, Colin Smyth.

Krijtenburg, M. (2012). *Schuman's Europe: His frame of reference*, doctoral dissertation, Leiden/The Hague.

Lean, G. (1985). *Frank Buchman, a life*, Constable & Son.

Lejeune, R. (2000). *Robert Schuman, père de l'Europe 1863-1963 : la politique, chemin de sainteté*, Paris, Fayard.

_____. (1986). *Robert Schuman : une âme pour l'Europe*, Paris, Saint-Paul.

Mittendorfer, R. (1983). *Robert Schuman–Architekt des neuen Europa*, Weihert Druck GmbH.

Noll, M. & Nystrom, C. (2005). *Is the Reformation Over?*, Baker.

Pelt, J.-M. (2000). *Robert Schuman, Father of Europe*, Fondation Robert Schuman.

Roth, F. (2008). *Robert Schuman : Du Lorrain des frontières au père de l'Europe*, Paris, Fayard.

Schirmann, S. (dir.) (2008). *Robert Schuman et les pères de l'Europe : cultures politiques et années de formation*, Bruxelles, Peter Lang, coll. «Publications de la Maison de Robert Schuman. Études et travaux» (no 1).

Schuman, R. (2010). *For Europe*, ed. by Fondation Robert Schuman, Nagel Editions
   SA.
The Lutheran World Federation and the Roman Catholic Church (2000) *Joint Declara-
   tion on the Doctrine of Justification*, Eerdmans.

cere.public.lu
ko.wikipedia.org/wiki/문화투쟁
en.wikipedia.org/wiki/Berlaymont_building#Background
en.wikipedia.org/wiki/Rerum_novarum
ko.wikipedia.org/wiki/비시_프랑스
ko.wikipedia.org/wiki/독일_기독교민주연합
blog.daum.net/_blog/BlogTypeView.do?blogid=0QElT&articleno=277

3부

킹덤
비전

Kingdom Vision

완성에 대한 기독교 세계관적 고찰:
요한계시록 21장 1-4절을 중심으로[1]

I. 들어가는 말

네덜란드의 아브라함 카이퍼(Abraham Kuyper)가 기독교 세계관을 정립
한 이후 헤르만 도여베르트(Herman Dooyeweerd)의 저작들을 비롯해 지금
까지 기독교 세계관을 다룬 문헌들을 보면 대부분 창조, 타락, 구속만 언급
하고 있으며 심지어 하나님 나라의 완성을 구속의 일부로 보거나 아예 간과
한 경우도 적지 않다(Dooyeweerd, 1963: 28-38; 양승훈, 1999; 신국원 2005; 송
인규 2008; Wolters 2005; Walsh & Middelton, 2005; Goheen & Bartheolomew,
2008). 완성 부분을 독립적으로 다룬 것은 필자가 아는 한, 휴 휄첼(Hugh
Whelchel)이 간략히 언급한 것 외에는 거의 없다(Whelchel, 2016). 휄첼의 책
은 기독교 세계관에 대해 복음적으로 간략히 언급한 소책자이며 따라서 창
조, 타락, 구속 후 완성을 회복의 관점에서 4페이지 정도로 매우 간단히 언
급하고 있다. 하지만 완성은 기독교 세계관에서 매우 중요하다. 왜냐하면,
구속과 완성 사이에는 연속성도 있지만 비연속성도 분명히 있으며 특히 이
부분은 하나님 나라의 최종적인 모습을 우리에게 보여주므로 별도로 다루

---

1   본 논문은 「신앙과 학문」 2019년 제24권 4호(통권 81호), 185-206에 실렸다.

세상을 변화시키는 세계관

어야 한다고 보기 때문이다.

사도 바울은 만물의 과거, 현재 및 미래에 대해 로마서 11장 36절 상반절에서 다음과 같이 요약하고 있다. "만물이 그에게서 나왔고, 그로 말미암아 있고, 그를 위하여 있습니다."[2] 이는 기독교 세계관을 가장 잘 정리한 것으로 볼 수 있다. 하지만 기독교 세계관에서 완성을 생략한다면 만물이 그를 위하여 있고 그에게 돌아간다는 미래와 관련된 부분을 우리는 설명할 수 없을 것이다. 나아가 기독교 세계관에서 말하는 역사관과 시간관을 통해 시작과 끝을 주관하시는 하나님에 대해 이해하기 위해서도 완성은 필수불가결하다. 또한 마태복음 13장에 나타난 하나님 나라의 다섯 가지 비유 중 시작 이후 어떻게 끝나는가에 대한 부분도 분명히 나오므로 완성을 생각하지 않을 수 없다.

따라서 이 글에서는 이 완성에 대해 기독교 세계관적으로 고찰하되 먼저 이 부분을 가장 잘 다루고 있는 요한계시록에 관해 배경적인 내용을 다룬 후 완성에 대해 가장 잘 보여준다고 생각되는 21장 1절에서 4절까지의 내용을 중심으로 새 하늘과 새 땅, 거룩한 도성 새 예루살렘, 우리와 함께하시는 하나님과 언약의 완성 그리고 그 결과 우리가 누릴 영원한 축복이라는 네 주제에 대해 구체적으로 살펴보겠다. 이를 위한 연구 방법으로는 성경 신학적 방법론(biblical theological method)을 사용하여 각 절에 해당하는 내용을 성경 전체적인 맥락에서 그 의미를 도출하고 주해하는 방식을 취할 것이다. 성경 신학적인 방법론은 각 본문에 대해 주해하면서 성경 전체적인 흐름을 통해 그 의미가 어떻게 더욱 분명하게 드러나는지를 고찰하는 방식이다. 그 후에 결론적으로 이 완성의 비전이 의미하는 바가 무엇인지 그리

---

2 표준새번역. 이 글에서 한글 성경 인용은 모두 표준새번역이다.

고 구속과의 연속성과 비연속성 간의 관계를 진술하겠다(최용준, 2008).[3]

Ⅱ. 완성에 대한 기독교 세계관적 고찰

1. 요한계시록의 배경

그리스도인의 궁극적 소망이며 성경적 세계관의 마지막인 만물의 최종적 완성이 구체적으로 어떠한 것인지 요한계시록을 중심으로 생각해 보고자 한다. 먼저 요한계시록의 배경은 아래와 같이 정리할 수 있다.

첫째로 요한계시록은 문자 그대로 장차 이루어질 '하나님의 계시'를 기록한 책이다. 계시(Revelation, 독어로 Offenbarung, 네덜란드어로 openbaring)라고 하는 것은 '감추어진 것을 드러낸다'라는 뜻이다. 사실 적지 않은 사람들이 요한계시록이라는 제목에 대해 먼저 부담을 느낀다. 함부로 읽으면 안되는 책, 매우 조심스럽고 상당히 두려운 책으로 생각하는 선입관이 있다. 하지만 사실은 계시록을 그냥 덮어두고 매우 신비로운 책으로만 생각할 것이 아니라 오히려 자주 읽고, 듣고, 그 가운데 기록한 대로 지켜야 하는 책이며 그러한 사람이 복이 있다고 요한계시록 1장 3절은 분명히 말한다.

둘째로 동시에 이 요한계시록은 '성전'(聖戰), 즉 거룩한 전쟁의 책이다. 이것은 총이나 칼과 같은 무기로 싸우는 육적 전쟁이 아니라 하나님의 나라와 사탄의 나라, 빛의 세력과 어둠의 세력 간에 치열한 갈등과 영적 대결을 뜻하며 궁극적으로는 하나님의 나라가 분명히 승리하고 모든 악의 세력들은 결국 멸망하고 심판받는다는 것을 미리 보여주는 책이다.

셋째로 그러므로 이 요한계시록은 나아가 '위로와 격려'의 책이다. 하나

---

3 이 완성 부분에 관하여는 필자가 이미 『세계관은 삶이다』(2008) 및 『응답하는 인간』(2008)에서 언급한 바 있으나 이 글에서는 이것을 보완하여 더욱 깊이 다루고자 한다.

님의 자녀들이 이 땅에서 아무리 어려운 일을 당해도 낙심하지 않을 수 있는 것은 주님께서 궁극적인 승리를 보증하셨기 때문이다. 당시 세계 최강인 로마 제국의 혹독한 박해에도 굴하지 않고 오히려 그 제국을 복음으로 변화시켜 기독교 국가로 바꾸어 놓을 수 있었던 것은 바로 그 성도들이 이 말씀으로 힘을 얻고 위로를 받았기 때문일 것이다. 따라서 그리스도인들에게 어떤 위기나 환난이 닥칠 때마다 하나님께서 우리와 함께하시고 위로하시며 격려하심을 이 계시록 말씀을 통해 확인할 수 있다.

이와 관련하여 교회의 전승에 따르면(김주찬, 2004) 사도 요한은 예수 그리스도의 어머니 마리아를 모시고 에베소에서 살고 있었다. 하지만 여기에도 로마 제국의 핍박이 시작되어 교회의 지도자들은 대부분 순교했고 많은 성도도 체포되었다. 당시 유일하게 생존해 있던 구순의 노사도 요한도 결국 체포되어 끓는 기름 가마 속으로 던져졌다고 한다. 하지만 놀랍게도 그의 몸이 전혀 상하지 않자 로마 군인이 놀라 다시 그를 꺼내었고 로마 황제는 이 사도를 가까운 밧모섬으로 유배를 보낸다.

이 밧모섬에서 사도 요한은 다른 죄수 노예들과 함께 종일 바위를 깨는 노역을 하게 된다. 이 일이 너무 힘들어 주님께 자신의 생명을 거두어 달라고 기도했지만 응답되지 않았다. 하지만 그는 그곳에서 복음을 전하며 많은 병자를 낫게 해주었다. 이 소식이 밧모섬을 다스리던 로마 감시대장에게 보고되었는데 얼마 후 그의 처남이 귀신에 사로잡혀 병들게 되자 이 감시대장은 사도 요한을 초청하여 기도를 부탁했다. 그의 간절한 기도에 귀신은 떠났고 이 아이가 다시 건강하게 되자 그 식구들은 모두 그리스도인이 된다. 그 후 감시대장은 사도 요한에게 더는 노역을 시키지 않고 섬 남쪽 중턱에 있는 동굴에서 편안히 지낼 수 있도록 배려한다.[4] 그리고 그의 옆에는 예루

---

4 지금도 밧모섬에는 이 동굴 유적지가 잘 보존되어 있으며 많은 순례자가 방문하고 있다.

살렘교회의 집사 출신인 브로고로가 있어 이 노사도의 시중을 들었다. 사도 요한은 그때부터 박해받는 교회를 위해 간절히 기도하였는데 어느 주일 이른 아침에 하나님께서 그에게 종말의 계시를 보여주셨다. 이것을 브로고로를 통해 기록한 사도 요한은 아시아에 있는 일곱 교회에 보내어 성도들을 하늘의 소망으로 위로하고 격려한 것이다. 이 섬에 약 1년 반 정도 머무는 동안 이 노사도는 이곳의 모든 사람에게 천국 복음을 선포했고 수많은 병자를 고쳐 주어 결국 이 섬 전체가 복음화되었으며 나중에는 풀려나 다시 에베소로 돌아와 사역하다가 여생을 마감했다고 한다. 이러한 내용을 이해한다면 이 요한계시록이 모든 그리스도인에게 얼마나 위로와 격려가 되는지 알 수 있을 것이다.

넷째, 요한계시록은 '찬양'의 완성을 보여주는 책이다. 계시록을 자세히 읽어보면 보좌에 앉으신 하나님과 그 어린 양 되신 예수 그리스도께 온 천하 만물이 새 노래로 찬양 드리는 장면들이 많이 나온다. 그래서 이 책을 '신약의 시편'이라고 부르기도 한다. 헨델의 메시아 제3부가 이 계시록을 중심으로 작곡된 것은 이미 잘 알려진 바 있다. 특히 5장 13절을 보면 "하늘과 땅 위와 땅 아래와 바다에 있는 모든 피조물과, 또 그들 가운데 있는 만물이" 하나님을 찬양하는 것을 볼 수 있다. 이것은 시편 148편의 완성으로 하나님 나라가 완성되면 영원토록 만물이 함께 하나님께 새 노래로 영광을 돌릴 것이며 그리스도인들은 현재 이 세상에서 사는 동안 성가대의 찬양이나 일반 찬송 및 여러 복음성가를 부를 때, 이 찬양의 완성을 미리 맛보며 연습하고 있다고 말할 수 있다. 이 우주적 찬양과 예배의 완성을 요한계시록은 잘 보여준다.[5]

---

5 미국의 루이 기글리오(Louie Giglio) 목사는 하늘의 별들에서 나오는 소리들과 바다의 고래 소리를 합성하여 '위대하신 주(How great is our God)'라는 찬양을 함께 부르는 예시를 보여준다. www.youtube.com/watch?v=gdFnGumjANo

세상을 변화시키는 세계관

다섯째, 요한계시록은 '선교'가 완성된 모습을 보여준다. 7장 9-10절에 사도 요한은 아무도 그 수를 셀 수 없을 만큼 큰 무리를 보았는데 그들은 모든 민족과 종족과 백성과 언어에서 나온 사람들로 흰 두루마기를 입고, 종려나무 가지를 손에 들고, 보좌 앞과 어린 양 앞에 서서 큰 소리로, "구원은 보좌에 앉아 계신 우리 하나님과 어린 양의 것입니다"(계 7:10)라고 외치는 것을 보고 들었다. 땅끝까지 복음이 증거되어 모든 열방이 인종과 언어 및 문화를 초월해서 모두 한 하나님의 자녀들로 하나 되어 주님께 영광 돌리는 모습을 본 것이다. 거대한 로마 제국과 비교하면 극소수에 불과했던 그리스도인들에게 보여주신 이 장면은 놀라운 비전이 아닐 수 없다. 복음이 상당히 편만하게 증거된 현대에 사는 우리는 이러한 내용을 별 어려움 없이 받아들일 수 있겠지만, 당시 상황을 생각하면 인간적으로는 도저히 상상할 수도 없고 불가능하게 보이는 꿈이었을 것이다. 하지만 역사를 주관하시는 하나님께서 세계 선교를 통해 예루살렘에서 시작된 복음의 역사가 유대, 사마리아를 거쳐 땅끝까지 하나님 나라의 비전을 점점 더 실현해 가심을 볼 수 있다. 결국, 구원의 역사를 시작하신 그분께서 마침내 완성하신다는 것이다.

마지막으로 요한계시록은 따라서 '하나님의 우주적 주권'을 보여준다. 알파와 오메가이시며 처음과 나중이시고 시작과 마침이 되시는 주님께서 역사의 주인이시므로 하나님의 백성들은 어떤 시련을 만나도 절망할 필요가 없다는 것이다. 결국, 앞서 말한 모든 것을 종합해 볼 때 우리는 하나님의 광대하심과 전능하심, 그리고 신실하심을 보게 되며 자기 백성을 끝까지 사랑하시고 마침내 사탄의 세력을 심판하신 후 완성하시는 하나님의 나라를 보며 거룩하신 주님께 존귀와 영광과 능력을 드리지 않을 수 없다.

이러한 요한계시록의 배경에 대한 이해와 함께 21장 1-4절을 보면 요한은 완성을 이렇게 묘사하고 있다.

"나는 새 하늘과 새 땅을 보았습니다. 이전의 하늘과 이전의 땅이 사라지고, 바다도 없어졌습니다. 나는 또 거룩한 도시 새 예루살렘이 남편을 위하여 단장한 신부와 같이 차리고, 하나님께로부터 하늘에서 내려오는 것을 보았습니다. 그때에 나는 보좌에서 큰 음성이 울려 나오는 것을 들었습니다. "보아라, 하나님의 집이 사람들 가운데 있다. 하나님께서 그들과 함께 계실 것이요, 그들은 하나님의 백성이 될 것이다. 하나님께서는 친히 그들과 함께 계시고, 그들의 눈에서 모든 눈물을 닦아 주실 것이니, 다시는 죽음이 없고, 슬픔도 울부짖음도 고통도 없을 것이다. 이전 것들이 다 사라져 버렸기 때문이다."(계 21:1-4)

여기에 나타난 내용은 새 하늘과 새 땅, 거룩한 도시 새 예루살렘, 임마누엘의 완성 및 영원한 축복 이 네 가지로 구분해 볼 수 있다. 이제 이 네 주제를 하나씩 성경 신학적 방법으로 더욱 구체적으로 고찰해 보겠다.

2. 새 하늘과 새 땅

먼저 1절에서 요한은 '새 하늘과 새 땅'을 보았다. 이것은 하나님께서 태초에 처음 하늘과 땅을 창조하신 이후 현재 우리가 경험하는 세계와는 질적으로 전혀 다른 새로운 질서의 세계인 하나님의 나라를 완성하신다는 것이다. 그래서 '새롭다'는 헬라어도 단지 시간상으로 새로움을 가리키는 '네오스(νέος)'가 아니라 완전한 질적 변화를 가리키는 '카이노스(καινός)'라는 단어를 쓰고 있다. 이러한 신천신지에 대해 구약의 시편 기자는 이미 다음과 같이 예언하고 있다.

"그 옛날 주님께서는 땅의 기초를 놓으시며, 하늘을 손수 지으셨습니다. 이것이 모두 사라지더라도, 주님만은 그대로 계십니다. 그것은 모두 옷처럼 낡겠지만, 주님은 옷을 갈아입듯이 그것을 바꾸실 것이니, 그것은 다만, 지나가 버리는 것

세상을 변화시키는 세계관

일 뿐입니다. 주님은 언제나 한결같습니다. 주님의 햇수에는 끝이 없습니다."(시 102:25-27)

우리가 입는 옷도 오래되면 낡아 새 옷으로 갈아입듯이 지금 하늘과 땅도 낡게 되어 하나님께서 새 하늘과 새 땅을 새 옷처럼 우리에게 주신다는 것이다. 이사야 선지자도 하나님께서 장차 새 하늘과 새 땅을 창조할 것이며(사 65:17) 이 신천신지는 영원할 것이고(사 66:22) 이는 아담과 하와가 죄를 범하여 잃어버렸던 낙원의 회복임을 다음과 같이 예언한다.

> "그때에는 이리가 어린 양과 함께 살며, 표범이 새끼 염소와 함께 누우며, 송아지와 새끼 사자와 살진 짐승이 함께 풀을 뜯고, 어린아이가 그것들을 이끌고 다닌다. 암소와 곰이 서로 벗이 되며, 그것들의 새끼가 함께 누우며, 사자가 소처럼 풀을 먹는다. 젖먹는 아이가 독사의 구멍 곁에서 장난하고, 젖뗀 아이가 살무사의 굴에 손을 넣는다. "나의 거룩한 산 모든 곳에서, 서로 해치거나 파괴하는 일이 없다." 물이 바다를 채우듯, 주님을 아는 지식이 땅에 가득하기 때문이다."(사 11:6-9)

신약에서도 이 주제에 대해 여러 곳에서 언급하고 있음을 찾아볼 수 있는데 특히 예수 그리스도의 다양한 사역들은 단지 하나님 나라의 도래뿐만 아니라 전 우주적 재탄생(cosmic palingenesis)을 보여준다고 말할 수 있다. 병든 자가 낫고 귀신이 쫓겨나며, 배고픔이 더 없고, 심지어 죽은 자가 살아나는 것들은 하나님 나라가 완성될 새 하늘과 새 땅에는 더 질병이나 악한 귀신 그리고 죽음의 권세가 없으며 동시에 구원받은 백성들에게는 풍성한 축복이 임할 것을 미리 보여주는 것이다.

예수께서도 이 신천신지에 대해 이렇게 간접적으로 언급하셨다. "내가 진정으로 너희에게 말한다. 천지가 없어지기 전에는 율법은 일점일획도 없어지지 않고 다 이루어질 것이다."(마 5:18) 물론 이것은 하나님의 말씀은 모두 성취된다는 뜻이지만 동시에 천지가 새롭게 되므로 하나님의 모든 약속이 완성될 것임을 암시하기도 한다. 다음 구절도 같은 의미로 해석할 수 있다.

> "내가 진정으로 너희에게 말한다. 새 세상에서 인자가 자기의 영광스러운 보좌에 앉을 때에, 나를 따라온 너희도 열두 보좌에 앉아서 이스라엘 열두 지파를 심판할 것이다."(마 19:28)

또한, 마태복음 24장 6-8절에 보면 예수께서 종말에 관해 예언하시면서 "난리와 난리 소문을 듣겠으나 너희는 삼가 두려워하지 말라 이런 일이 있어야 하되 아직 끝은 아니니라 민족이 민족을, 나라가 나라를 대적하여 일어나겠고 곳곳에 기근과 지진이 있으리니 이 모든 것은 재난의 시작이니라."고 말씀한다(개역개정). 그런데 표준새번역을 보면 마지막 부분이 "이런 모든 일은 진통의 시작이다."라고 조금 다르다. 여기서 '재난'과 '진통'은 전혀 다른 의미가 있다. 전자는 전쟁, 지진, 해일, 기근 등은 말세가 가까웠다는 경고성 사인인 반면, 후자는 임산부가 새 생명을 탄생시키기 위해 치러야 하는 산고를 뜻하기 때문에 긍정적인 의미이다. 그리스어 원문도 보면 8절의 "πάντα δὲ ταῦτα ἀρχὴ ὠδίνων"에서 "ὠδίνων"은 해산의 진통을 뜻한다 (막 13:8 참조). NIV(New International Version) 성경도 "birth pains", NAS-B(New American Standard Bible)도 "birth pangs"로 둘 다 재난의 의미라기보다는 진통의 뜻으로 번역하고 있다.

결국, 이 예언은 종말론적 재난의 양면성을 계시한다고 볼 수 있다. 전쟁, 지진, 기근 등은 그 자체로 부정적인 재난이지만 동시에 하나님께서 주실 새 하늘과 새 땅의 소망을 더욱 분명하게 해 주는 사건들이라고 볼 수 있다. 그러므로 우리는 아기를 낳은 후 기쁨에 겨워 그 모든 고통을 잊어버리는 산모와 같이 비록 지금은 어렵고 힘들어도 하나님 나라의 소망 가운데 믿음으로 인내하며 기뻐할 수 있어야 한다는 것이다.

사도 바울도 이것을 알고 현재의 피조물은 장차 새 하늘과 새 땅의 영광스러운 완성을 간절히 고대하며 탄식하고 있다고 말하면서 이것을 해산의 고통을 겪는 여인에 비유하여 다음과 같이 설명한다.

> "피조물은 하나님의 자녀들이 나타나기를 간절히 기다리고 있습니다. 피조물이 허무에 굴복했지만, 그것은 자의로 그렇게 한 것이 아니라, 굴복하게 하신 그분이 그렇게 하신 것입니다. 그러나 소망은 남아 있습니다. 그것은 곧 피조물도 사멸의 종살이에서 해방되어서, 하나님의 자녀가 누릴 영광된 자유를 얻는다는 것입니다. 우리는 모든 피조물이 이제까지 함께 신음하며, 해산의 고통을 함께 겪고 있다는 것을 압니다."(롬 8:19-22)

로마서 8장 22절을 개역 개정은 "피조물이 다 이제까지 함께 탄식하며 함께 고통을 겪고 있는 것을 우리가 아느니라."고 번역하고 있다. 하지만 여기서도 '고통'은 '해산의 고통'이라고 원어는 말하고 따라서 표준새번역도 그렇게 번역하고 있다. 또한 첫 열매로 성령을 받은 우리도 하나님의 자녀로 삼아 주실 것, 즉 구속을 고대하면서 속으로 신음하는데 여기서 이 신음도 산고의 고통을 뜻한다. 나아가 바울 사도는 종말론적으로 볼 때 이 새 창조의 질서는 예수님의 초림으로 이미 시작되었다고 선포한다. "누구든지 그리스도 안에 있으면, 그는 새로운 피조물입니다. 옛 것은 지나갔습니다. 보십시오, 새 것이 되었습니다."(고후 5:17)

베드로도 오순절에 성령 충만을 받은 후 담대하게 예수께서 만물을 새롭게 하시기 위해 재림할 것을 이렇게 외쳤다. "이 예수는 영원 전부터, 하나님께서 자기의 거룩한 예언자들의 입을 통하여 말씀하신 대로, 만물을 회복하실 때까지, 마땅히 하늘에 계실 것입니다."(행 3:21)

그런데 한 가지 주목할 것은 이 새 하늘과 새 땅에는 바다가 없다고 말한다. 왜 그런가? 이것은 상징적인 표현으로서 먼저 구약의 출애굽기 15장 10절과 시편 46편 3절을 보면 바다는 무질서와 혼돈의 상징으로 나온다. 요한계시록 13장 1절은 심지어 여기서 적그리스도의 상징인 한 짐승이 나온다고 말한다. 하지만 주님께서 이 바다를 잔잔하게 하신다. 즉 이 모든 대적을 제압하신다는 의미이다.

> "바다의 노호와 파도 소리를 그치게 하시며 민족들의 소요를 가라앉히셨습니다."(시 65:7)

> "주님은 들끓는 바다를 다스리시며, 뛰노는 파도도 진정시키십니다."(시 89:9)

그러므로 예수께서는 갈릴리 호수에서 사역하실 때 갑자기 풍랑이 일어나 제자들이 두려워 떨자 바람을 꾸짖으시고 바다를 향해 "고요하고, 잠잠해져라"라고 하시니, 바람이 그치고 아주 고요해졌다(막 4:39). 하지만 주님이 창조하실 새 하늘과 새 땅에는 아예 바다가 없다. 즉 더 어두움, 무질서, 혼돈 및 죄의 가능성이 없고(non posse peccare) 오직 주님께서 다스리시는 평화가 완성되는 곳임을 알 수 있다. 그러므로 창조 시에는 인간이 자유의지를 가지고 죄를 지을 수 있는 상태(posse peccare)였다가 타락 이후에는 죄를 안 지을 수 없는 상태(non posse non peccare)로 죄의 노예가 되었으나 예수 그리스도의 구속으로 다시 죄를 안 지을 수 있는 상태(posse non peccare)가 되었고 마침내 처음 하늘 및 땅과는 질적으로 다른 새 하늘과 새 땅이 완

세상을 변화시키는 세계관

성된다. 물론 구속받은 하나님의 백성들은 이미 임한 하나님의 나라를 이 땅에서 현재적으로 맛보며 체험하고 있으나, 미래에 이 신천신지가 임할 때 완전해진다는 의미에서 구속과 완성 간에는 연속성과 비연속성이 동시에 있다고 말할 수 있다.

3. 거룩한 도시 새 예루살렘

1) 거룩한 도시

새 하늘과 새 땅을 배경으로 사도 요한은 "거룩한 도시 새 예루살렘"이 하나님으로부터 하늘에서 내려옴을 보았다(21:2, 10). 거룩하신 주님으로부터 내려오기에 속된 것이 전혀 없는 성결한 도시이며 따라서 하나님의 말씀대로 거룩한 삶을 산 성도들만 들어갈 수 있는 곳이다. 이 도시가 얼마나 거룩한 곳인지를 바로 보여주는 장면이 있는데 그것은 요한계시록 21장 16절에 새 예루살렘 성을 측량해 보니 가로, 세로, 높이가 모두 일만 이천 스타디온으로서 정육면체라는 것이다. 왜 그런가?

이 도시는 인간이 설계한 것이 아니라 하나님께서 직접 디자인하신 것이다. 그런데 구약성경에 보면 하나님께서 디자인하신 건축물이 두 개 나온다. 그것은 바로 모세에게 계시하셨던 성막과 이 성막을 본 떠 만든 솔로몬의 성전이다. 그런데 이 성막과 성전에 정육면체 형태의 건물이 단 한 군데 있는데 그것은 바로 지성소이다. 성막의 지성소는 각각 10규빗이고 성전의 지성소는 각 20규빗이다(출 26; 왕상 6:20). 따라서 이 새 예루살렘은 구약의 지성소가 완성된 곳으로 지극히 거룩하신 하나님께서 임재하시고 오직 거룩한 주의 백성들만이 들어갈 수 있는 성화가 완성된 곳임을 분명히 보여주는 것이다.

따라서 이곳은 아무나 들어갈 수 없다. 사도 요한은 비겁한 자들과 신실하지 못한 자들, 가증한 자들과 살인자들, 음행하는 자들과 마술쟁이들, 우상 숭배자들과 거짓을 사랑하고 행하는 자, 속된 것과 "개들"은 결코 들어갈 수 없다고 경고한다(계 21:8; 21:27a; 22:15). 특별히 여기서 "개들"이란 도덕적으로 너무나 타락한 무리를 지칭하는 것으로 볼 수 있다.

또한, 이 도성은 하나님께서 직접 예비하신 것이다. 아브라함에게 어린 양을 예비하신 주님께서 어린 양 예수 그리스도를 이 땅에 보내심으로 우리의 구속을 성취하신 이후 다시금 성도들을 위해 처소를 예비하러 승천하게 하셨다. 이제 그 준비된 거룩한 성이 하늘에서 내려오는 것이다.

2) 새 예루살렘

새 예루살렘을 이해하기 위해 먼저 성경에 나타난 예루살렘에 대해 살펴보겠다. 성경에 예루살렘이 제일 먼저 나타나는 곳은 창세기 14장 18절인데 아브람이 그돌라오멜과 그와 동맹을 맺은 왕들을 치고 돌아왔을 때, 가장 높으신 하나님의 제사장인 동시에 살렘의 왕이었던 멜기세덱이 빵과 포도주를 가지고 나와 아브람을 축복해 주었다. 그러자 아브람은 그가 가진 것 십분의 일을 예물로 멜기세덱에 준다. 여기서 멜기세덱이란 '의로운 왕'이란 뜻이며 그는 살렘의 왕, 즉 '평화의 왕'이기도 하다. 히브리서 기자는 바로 그가 장차 오실 메시아를 상징한다고 말한다(히 6:20). 이 사건은 장차 아브라함의 후손인 하나님의 백성들이 만왕의 왕으로 새 예루살렘에서 영원히 통치하실 예수 그리스도께 나아와 예물을 드리며 경배할 것을 예표한 것이다.

그 후 여호수아도 예루살렘을 완전히 점령하지 못했으나(수 15:63) 나중에 다윗 왕이 여부스 족속을 몰아내고 예루살렘을 차지하는 것을 볼 수 있다(삼하 5:6-10). 그 후 솔로몬이 예루살렘에 성전을 건축하면서 그곳은 더욱 유대 민족의 영적 중심지가 되었다. 심지어 그들은 하나님께서 함께하시는 성이기에 예루살렘은 절대 멸망하지 않는다고 믿을 정도였다. 나중에 이사야 선지자는 마지막 때에, 주님의 성전이 서 있는 이곳으로 모든 민족이 물밀듯 모여드는 환상을 보기도 했으며(사 2:2) 에스겔 선지자도 비록 지상의 예루살렘은 멸망했지만, 하늘의 새 예루살렘에 대한 환상을 분명히 보았다(겔 40-48).

신약성경에도 예루살렘에 대한 언급들이 여러 곳에 나온다. 먼저 마태복음 27장 50-53절은 예수께서 십자가에서 돌아가신 후 성전 휘장이 위에서 아래까지 두 폭으로 찢어졌고 땅이 흔들리면서 바위가 갈라지고 무덤이 열려 잠자던 많은 성도가 살아나 예수께서 부활하신 뒤 무덤에서 나와 거룩한 도시에 들어가서 많은 사람에게 나타났다고 말한다. 여기서 거룩한 도시는 물론 예루살렘이다. 이 사건은 장차 예수께서 재림하실 때 새 예루살렘에서 모든 주님의 백성들이 부활의 영광에 참여할 것을 예표로 보여준 것이다.

또한, 갈라디아서 4장 22-28절을 보면 사도 바울이 율법과 은혜를 설명하면서 율법은 아브라함의 여종 하갈에 그리고 은혜는 본처인 사라에 비유한다. 여종에게서 난 아들 이스마엘은 육신을 따라 태어났고, 본처에게서 난 아들 이삭은 약속을 따라 태어났다. 하갈은 시내산을 뜻하고 동시에 지금의 예루살렘에 해당하는데 지금의 예루살렘은 그 주민과 함께 종노릇하고 있다. 그러나 사라는 하늘에 있는 예루살렘을 뜻하며 은혜와 자유롭게 하는 복음에 속한 여인이라는 것이다. 그러므로 그리스도인들은 더는 율법에 매인 종이 아니라 이삭과 같이 약속의 자녀들로서 새 예루살렘에 속한 은혜의 백성임을 강조하고 있다.

그러므로 로마 시민권자였던 사도 바울은 우리의 진정한 시민권은 하늘에 있음을 강조한다(빌 3:20). 히브리서 기자 또한 아브라함의 믿음을 설명하면서 그가 정들었던 고향을 떠날 수 있었던 것은 신실하신 하나님께서 설계하시고 세우실 튼튼한 기초를 가진 도시를 바라보았기 때문이며(히

11:10) 하나님께서는 그 믿음을 보시고 그들을 위하여 한 도시를 마련해 두셨다고 말한다(히 11:16).

더 놀라운 내용은 히브리서 12장 22절인데 모세가 율법을 받기 위해 이른 시내산도 두렵고 떨리는 곳이었지만 성도들은 장차 갈 시온산, 즉 하나님의 도시인 하늘의 새 예루살렘에 이미 종말론적으로 이르렀다는 것이다. 왜냐하면, 이것이 너무나 확실하고, 성령 안에서 이를 미리 맛보고 있기 때문이다. 이것은 분명 그리스도인들이 누리는 놀라운 특권이다. 그러므로 성도들은 이 땅에 영원한 도시가 없고 장차 올 도시를 찾아가는 순례자이다(히 13:14). 골로새서 1:13에서도 사도 바울은 "아버지께서 우리를 암흑의 권세에서 건져내셔서, 자기의 사랑하는 아들의 나라로 옮기셨다"라고 분명히 말한다.

예루살렘은 '평화의 도시'라는 의미이다. 하지만 지상의 예루살렘에 진정한 평화는 없다. 하나님께서 자기 백성들에게 주시는 모든 축복의 종합이 샬롬(shalom)이다. 그러므로 아론의 축복도 '샬롬'으로 끝나며(민 6:26) 부활하신 예수께서도 두려워 떨던 제자들에게 나타나 이 샬롬을 주셨다(요 20:19, 21, 26). 따라서 하나님의 나라가 완성된 이 새 예루살렘은 샬롬이 완성된 곳임을 알 수 있다.

3) 신부

나아가 이 거룩한 성 새 예루살렘은 얼마나 아름다운지 신부가 남편을 위하여 단장한 것과 같다고 말한다. 성경은 예루살렘과 하나님의 백성들을 종종 하나님의 아내로 비유한다. 이사야 선지자는 이미 이런 비전들을 보았고 다음과 같이 예언했다.

"보아라, 예루살렘아, 내가 네 이름을 내 손바닥에 새겼고, 네 성벽을 늘 지켜보

세상을 변화시키는 세계관

고 있다. 너를 건축할 사람들이 곧 올 것이니, 너를 파괴하는 사람과 황폐하게 하는 사람이 너를 곧 떠날 것이다. 네 눈을 들어 주위를 둘러보아라. 네 백성이 모두 모여 너에게로 온다. 나 주가 내 삶을 걸고 맹세한다. 신부가 패물을 몸에 치장하고 자랑하듯, 너는 네 백성을 자랑할 것이다."(사 49:16–18)

"너를 지으신 분께서 너의 남편이 되실 것이다. 그분의 이름은 만군의 주님이시다. 너를 구속하신 분은 이스라엘의 거룩하신 하나님이시다. 그분은 온 세상의 하나님으로 불릴 것이다."(사 54:5)

"신랑에게 제사장의 관을 씌우듯이, 신부를 패물로 단장시키듯이, 주님께서 나에게 구원의 옷을 입혀 주시고 의의 겉옷으로 둘러 주셨으니, 내가 주 안에서 크게 기뻐하며, 내 영혼이 하나님 안에서 즐거워할 것이다."(사 61:10)

더 대표적인 예는 호세아서다. 하나님을 떠나 이방 신들을 섬긴 이스라엘 민족을 호세아 선지자는 부정한 아내 고멜에 비유하면서 비판하는 동시에 그들을 끝까지 사랑하시는 하나님이심을 선포했다(호 4:13-14; 5:4; 6:6; 9:1).

"그때에 내가 너를 영원히 아내로 맞아들이고, 너에게 정의와 공평으로 대하고, 너에게 변함없는 사랑과 긍휼을 보여주고, 너를 아내로 삼겠다."(호 2:19)

신약성경에도 구속받은 주의 백성들, 즉 교회를 그리스도의 신부로 묘사하는 말씀들이 많이 나온다. 예수께서 제일 먼저 행하신 기적도 갈릴리 가나에서 열린 혼인 잔치에서 물을 포도주로 바꾸신 사건이었다(요 2:1-10). 이는 하늘나라에서 경험하게 될 어린 양 혼인 잔치를 미리 보여준 것으로 볼 수 있다. 또한, 예수께서 하나님의 나라를 비유로 설명하실 때에도 천국을 혼인 잔치라고 말씀하신 적이 여러 번 있다(마 9:15; 22:2이하; 25:1이하; 막 2:19이하; 요 3:29).

사도 바울도 로마서 7장 1-4절에서 성도들은 과거에 율법이라는 남편과 결혼했지만, 이제는 그 남편이 죽었고 은혜의 복음 안에서 그리스도와 결혼한 신부라고 설명한다. 나아가 고린도 교회의 성도들에게 "자신이 한 남편이신 그리스도에게 그들을 순결한 처녀로 드리려고 약혼시켰다"고 말한다(고후 11:2). 에베소서 5장 22-33절에도 부부간의 윤리를 설명하면서 그리스도와 교회와의 관계를 그 원형으로 삼고 있음을 볼 수 있다.[6]

이 모든 내용을 종합해 볼 때 이 결혼의 이미지가 주는 궁극적인 의미는 장차 성도들이 주님과 함께 누릴 가장 친밀한 사랑의 교제를 뜻한다고 말할 수 있다. 우리가 현재 맛보며 누리는 주님과 깊은 사랑의 교제가 새 예루살렘에서 온전히 완성된다는 것이다.

드와이트 펜테코스트(J. Dwight Pentecost)는 이런 의미에서 이 영원한 도시에서 누릴 성도들의 삶을 아홉 가지로 잘 요약했다. 첫째, 하나님과 교제하는 삶(고전 13:12), 둘째, 영원한 안식을 누리는 삶(계 14:13), 셋째, 온전한 지식을 소유함(고전 13:12), 넷째, 거룩해진 삶(계 21:27), 다섯째, 기쁨의 삶(계 21:4), 여섯째, 섬김의 삶(계 22:3), 일곱째, 가장 부요한 삶(계 21:6), 여덟번째, 영광스러운 삶(골 3:4) 그리고 마지막으로 영원히 주님을 경배하는 삶(계 19:1)을 살게 될 것이라고 말한다(Pentecost, 1964: 581-82). 따라서 여기서도 구속과 완성의 연속성과 비연속성을 동시에 발견할 수 있다. 즉 이미 성도들에게 임한 하나님의 나라를 성령 안에서 현재적으로 체험하고 있는

6　한 가지 흥미로운 사실은 영어에는 도시(city)라는 단어에 성(gender)이 없지만, 유럽의 언어들 가령 독일어(Stadt), 네덜란드어(stad) 그리고 불어(ville)에는 성이 있으며 모두 여성임을 알 수 있다.

세상을 변화시키는 세계관

연속성이 있으나 그것이 완전히 거룩해 진 미래의 새 예루살렘에서 순결한 신부의 모습으로 주님과 영원한 사랑의 교제를 나눈다는 점에서 질적인 비연속성도 말할 수 있다.

4. 임마누엘 언약의 완성

3절에 보면 사도 요한이 보좌에서 큰 음성이 울려 나오는 것을 들었는데, 그 내용은 하나님의 집이 사람들 가운데 있어 하나님이 친히 그들과 함께 계실 것이며 그들은 하나님의 백성이 될 것이라고 한다. 이것은 한마디로 '임마누엘 언약'의 완성이라고 말할 수 있다.

구약시대에 주님께서는 여러 가지 모형으로 자기 백성과 함께하심을 보여주셨다. 인간이 하나님의 형상으로 지음 받은 사실 자체가 이미 하나님의 임재를 의미한다(창 1:26-27). 이것은 마치 뛰어난 예술 작품 속에 그 작품을 만든 예술가의 혼이 들어 있는 것과 같다.

족장 시대에도 하나님께서는 늘 그들과 함께하신다는 약속을 반복하셨다. 아브라함을 부르셔서 그와 언약을 맺으실 때도 항상 그와 함께하시겠다고 말씀하셨다. 아비멜렉과 그의 군사령관 비골은 주님께서 아브라함이 무슨 일을 하든지 그와 함께하시며 그를 도우심을 보고 인정했다(창 21:22). 이삭도 마찬가지로 계속 우물을 팠으나 그랄 지방 목자들이 자기 것이라고 주장하자 다투지 않고 양보한 후 브엘세바로 갔을 때 그날 밤에 하나님께서 그에게 나타나셔서 그와 함께하시고 축복하시겠다고 약속하셨다(창 26:24). 그러자 그는 그곳에서 제단을 쌓고 주님의 이름을 부르며 예배했다. 야곱 또한 형 에서를 속인 후 외삼촌 라반의 집으로 도망가다가 그가 후에 벧엘이라 명명한 곳에서 잘 때 꿈에 하나님께서 그와 함께하시고 축복하신다는 약속을 받았다(창 28:15). 요셉도 비록 이집트에 종으로 팔려가고 여주인의 모함으로 감옥에 갇히는 어려움을 당했으나 주님께서 그와 함께하셔서 마침내 이집트의 총리가 되어 가족뿐만 아니라 많은 민족을 구원하는 위대한 인물로 쓰임 받게 됨을 알 수 있다(창 39:2). 이렇게 모든 족장과 함께하신 하나님께서는 그들을 통해 궁극적으로 축복을 받게 될 모든 주님의 백성들과도 함께 하실 것을 보여준다.

이스라엘 백성들이 이집트의 노예로 고난 겪을 때 하나님께서는 80세 된 모세를 부르시면서 그와 함께하시겠다고 약속하신다(출 3:2). 그들이 출애굽한 이후에 모세는 하나님께서 구체적으로 계시하신 바대로 성막인 장막을 만들었는데 그 성막을 완성했을 때 주님께서 임재하시는 상징으로 구름이 성막을 덮었고 그 영광이 그 안에 가득 찼다고 출애굽기 40장 34절은 말한다. 히브리어로 이것을 '쉐키나'(Shekinah, שכינה)라고 한다. 또한, 주님께서 낮에는 구름기둥으로, 밤에는 불기둥으로 그들을 친히 인도하셨는데(출 40:36-38) 이것은 궁극적으로 성막의 완성인 새 예루살렘에 하나님께서 친히 임재하실 것을 미리 보여준 것이다.

이 사실은 솔로몬이 성전을 예루살렘에 건축했을 때에도 다시 나타난다. 성전을 완공한 후 솔로몬이 봉헌 기도를 드리자 하늘에서 불이 내려와 번제물과 제물을 살라 버렸고 하나님의 임재와 영광의 상징인 구름이 성전에 가득 찼다. 이것을 본 이스라엘 자손들 엎드려 경배하고 찬양했다(왕상 8:10; 대하 7:1-3).

이후에도 많은 예언자가 이 새 예루살렘의 비전을 보았는데 이사야는 예루살렘 전체에 하나님의 임재와 영광의 구름이 덮일 것을 다음과 같이 예언했다.

"주께서는, 시온산의 모든 지역과 거기에 모인 회중 위에, 낮에는 연기와 구름을 만드시고, 밤에는 타오르는 불길로 빛을 만드셔서, 예루살렘을 닫집처럼 덮어서 보호하실 것이다. 하나님께서는 예루살렘을 그의 영광으로 덮으셔서, 한낮의 더

세상을 변화시키는 세계관

위를 막는 그늘을 만드시고, 예루살렘으로 폭풍과 비를 피하는 피신처가 되게 하실 것이다."(사 4:5–6)

에스겔 선지자 또한 "내가 살 집이 그들 가운데 있을 것이며, 나는 그들의 하나님이 되고 그들은 내 백성이 될 것이다. 내 성소가 영원히 그들 한가운데 있을 그때에야 비로소 세계 만민이, 내가 이스라엘을 거룩하게 하는 주인 줄 알 것이다."라고 예언했다(겔 37:27-28). 에스겔은 그가 본 환상 마지막에서 이 성읍의 이름이 '여호와 삼마'라고 불릴 것이라 했는데(겔 48:35) 이는 '주님께서 거기 계신다'는 뜻으로 하나님의 임재가 그 도시에 늘 함께할 것을 본 것이다.

스가랴 선지자도 같은 비전을 보면서 "도성 시온아, 기뻐하며 노래를 불러라. 내가 간다. 내가 네 안에 머무르면서 살겠다. 나 주의 말이다. 그날에 많은 이방 백성들이 주께 와서 그의 백성이 될 것이며, 주께서 예루살렘에 머무르시면서, 너희와 함께 사실 것이다. 그때에야 너희는, 만군의 주께서 나를 너희에게 보내셨음을 알게 될 것이다."라고 예언하였고(슥 2:10-11) 그 결과 예루살렘은 '성실한 도시'로, 시온산은 '거룩한 산'으로 불릴 것이라고 예언한다(슥 8:3).

신약시대에는 주님께서 한 걸음 더 나아가 직접 인간의 몸을 입고 우리와 함께하셨다. 따라서 예수의 이름은 '임마누엘', 즉 하나님이 우리와 함께하신다는 뜻이다(마 1:23). 요한복음 1장 14절을 보면, 말씀이 육신이 되어 우리 가운데 사셨고 우리는 그 영광을 보았는데 그것은 아버지께서 주신 외아들의 영광이었고, 그분은 은혜와 진리가 충만했다고 말씀한다. 여기서 '사셨다'라는 단어는 구약성경에 나오는 '쉐키나'의 동사형 'es-kenosen(ἐσκήνωσεν)'이 사용되고 있다. 이것은 바로 예수의 탄생이야말로 하나님께서 우리 가운데 친히 장막을 치신 사건이요, 따라서 이는 임마누엘의 영광이며 은혜와 진리가 가득했다고 증언한다.

예수께서는 사역 중에도 이 영광을 보여주셨는데 그것은 바로 변화산에서다. 주님께서 영광스러운 모습으로 변형되신 후 영광의 구름이 그를 덮었다(눅 9:29-35). 이것은 바로 하나님의 임재의 영광이며 앞으로 십자가를 지게 될 수난을 앞에 두고 제자들에게 하나님 나라의 궁극적인 영광을 미리 보여줌으로써 그들을 격려하고 소망을 주기 위한 것으로 볼 수 있다. 성도들도 새 예루살렘에 들어갈 때 가장 거룩하고 영화로운 모습으로 변화될 것이며 영원히 주님과 함께 지내게 될 것이다(살전 4:17). 그러므로 사도 바울은 우리가 현재 당하는 고난은 장차 우리가 누릴 영광과는 비교가 되지 않는다고 강조한다(롬 8:18).

예수께서 제단, 성막 및 성전의 구체적인 실현이셨기에 요한복음 2장 21절에서 성전을 자신의 육체에 비유하셨다. 십자가에서 돌아가신 후 성전의 휘장 문이 위에서 아래로 찢어져 누구든지 예수를 믿으면 하나님의 은혜의 보좌 앞에 담대히 나아가 하나님의 임재와 그 영광을 친히 대면할 수 있는 길이 열리게 된 것이다. 나아가 예수께서 부활 승천하신 후 약속하신 대로 오순절에 성령께서 오셔서 모든 성도와 함께하시게 되었다. 이전에는 육체로 우리와 함께하신 주님께서 시공간의 제한을 받으셨지만, 이제는 성령으로 함께 하시므로 언제 어디서나 주님의 임재를 체험할 수 있다. 그러므로 바울은 "이제부터는 우리의 몸이 거룩한 성전"이라고 말한다(고전 3:16, 6:19).

그런데 완성이 이루어지면 주님께서 친히 장막을 치심으로 자기 백성들과 함께 하신다(계 7:15). 그 결과 성경 전체를 통한 언약의 핵심이 완성된다. 하나님이 우리와 영원히 함께하심으로 우리의 하나님이 되시고 우리는 그분의 백성이 된다. 시편 125편 2절처럼 산들이 예루살렘을 감싸듯, 주께서 자기 백성을 지금부터 영원토록 영광으로 감싸 주실 것이다. 그 구체적

세상을 변화시키는 세계관

인 모습이 요한계시록 21장 11절 이하에 나온다.

"그 도시는 하나님의 영광에 싸였고, 그 빛은 지극히 귀한 보석과 같고, 수정과 같이 맑은 벽옥과 같았습니다 … 그 성벽은 벽옥으로 쌓았고, 도시는 맑은 수정과 같은 순금으로 되어 있었습니다. 그 성벽의 주춧돌들은 각색 보석으로 꾸며져 있었습니다 … 또 열두 대문은 열두 진주로 되어 있는데, 그 대문들이 각각 진주한 개로 되어 있었습니다. 도시의 넓은 거리는 맑은 수정과 같은 순금이었습니다."(계 21:11, 18-19a, 21)

하나님께서 친히 그 성에 함께 하시기에 새 예루살렘 안에 다른 성전이 있을 수 없다. 주 하나님과 어린 양 자신이 그 도시의 성전이시기 때문이다. 또한, 그 도시에는 해나 달이 필요 없다. 왜냐하면, 하나님의 영광이 그 도시를 밝혀 주며 어린 양이 친히 등불이 되시기 때문이다. 나아가 이곳에는 구원받은 여러 민족이 주님의 빛 가운데로 다닐 것이며, 땅의 왕들이 그들의 영광을 그 도시로 들여올 것이고 여러 나라 사람들은 각 민족의 영광과 명예를 그곳으로 들여올 것이라고 말한다(계 21:22-26). 이것은 주님 안에서 성도들이 이 세상에서 하늘나라를 위한 모든 수고가 헛되지 않고 하나님의 인정을 받을 것을 암시하고 있다고 말할 수 있다. 여기에서도 구속과 완성 간의 연속성과 비연속성을 볼 수 있는데 창조 이후부터 계속해서 자기 백성들과 함께하신 하나님께서 구속을 통해 성육신으로 임마누엘하신 후 성령으로 지금도 성도들과 함께하시는 연속성도 있으나, 장차 하나님의 나라가 완성되면 하나님의 백성들이 하나님을 직접 대면하게 된다는 점에서(고전 13:12) 구속과는 질적으로 다른 완전한 주님의 임재와 축복을 경험하게 된다는 것이다.

5. 영원한 축복의 완성

새 하늘과 새 땅이 임하고 가장 거룩한 도시 새 예루살렘이 하늘에서 내려와 하나님께서 친히 자기 백성들과 함께하시면 그 결과는 무엇일까? 4절에 "그들의 눈에서 모든 눈물을 닦아 주실 것이니, 다시는 죽음이 없고, 슬픔도 울부짖음도 고통도 없을 것"이라고 말한다. 다시 말해, 성도들이 누릴 영원한 축복을 이 세상의 고난과 비교하여 슬픔이나 고통 그리고 사망이 없는 영원한 생명의 나라로 묘사하고 있다.

사도 요한이 이렇게 설명하는 것은 그 당시의 상황과 긴밀하게 연결되어 있다고 볼 수 있다. 그 당시 초대교회 성도들은 가장 극심한 박해를 받고 있었다. 거의 매일 순교자들이 콜로세움에서 짐승의 먹이로 희생당하고 인간 횃불로 끌려갔기에 그들의 눈에는 눈물이 마를 날이 없었다. 바로 이러한 문맥에서 사도 요한은 자신이 보았던 하나님 나라의 영광스러운 모습을 이렇게 표현했다고 생각된다. 따라서 새 예루살렘의 열두 문이 진주로 되어 있다는 사도 요한의 표현은 더욱 의미심장하다고 볼 수 있다.

이러한 영원한 축복에 대해 성경 여러 곳에서 예언하고 있는데 먼저 이사야는 이제 하나님의 백성들은 유대인들뿐만 아니라 예수를 그리스도로 믿는 모든 민족이 될 것이며 주님께서는 그들을 위해 풍성한 축복의 잔치를 베푸시면서 죽음의 상징인 수의를 없애버리시고 모든 눈물을 깨끗이 닦아 주시며 세상에서 당한 부끄러움도 제거하실 것이므로 끝까지 신실하신 하나님을 의지하는 백성들에게 하나님께서는 그 언약을 이루시고 그들은 마침내 주님 안에서 영원토록 기뻐하게 될 것이라고 말한다(사 25:6-9; 35:10, 51:11). 그 외에도 예레미야(렘 31:16), 스바냐(습 3:14) 및 스가랴(슥 2:10)도 같은 예언을 하고 있음을 찾아볼 수 있다.

신약에도 사도 바울은 고린도전서 15장 51-53절에서 사망을 이기는 부활의 생명에 대해 말하고 있고, 사도 요한도 "보좌 한가운데 계신 어린 양이 그들의 목자가 되셔서, 생명의 샘물로 그들을 인도하실 것이고, 하나님께서 그들의 눈에서 눈물을 말끔히 씻어 주실 것이다."라고 말한다(계 7:17).

이러한 영원한 축복은 한마디로 샬롬이라 할 수 있다. 이 샬롬은 단순히 전쟁이 없는 상태가 아니라 가장 완전한 상태를 의미하는 것이다. 하나님께서는 자기 백성들을 위해 새 예루살렘을 아름답게 꾸미시며 항상 지켜 주셔서 영원히 흔들리지 않는 나라로 만들어 주실 것이다. 이사야는 그것을 이렇게 표현했다.

> "너, 고난을 당하고 광풍에 시달려도 위로를 받지 못한 예루살렘아. 이제 내가 홍옥으로 벽을 쌓고, 청옥으로 성벽 기초를 놓겠다. 홍보석으로 흉벽을 만들고, 석류석으로 성문을 만들고, 보석으로 성벽 둘레를 꾸미겠다. 주께서 너의 모든 아이를 제자로 삼아 가르치실 것이고, 너의 아이들은 큰 평강을 누릴 것이다. 네가 공의의 터 위에 굳게 설 것이며, 억압이 너에게서 멀어질 것이니 너에게서는 두려움이 사라지고 공포 또한 사라져, 너에게 접근하지 못할 것이다. 너를 공격하는 자들이 반드시 있겠지만, 그것은 내가 허락한 것이 아니다. 너를 공격하는 자는 누구든 너에게 패할 것이다."(사 54:11-15)

이 하나님의 도시는 결코 불안이나 공포 또는 전쟁이 없는 평화의 나라가 될 것이다. 또한, 하나님께서 천지를 창조하신 후 7일에 안식하셨고, 이스라엘 백성들도 출애굽하여 축복과 약속의 가나안 땅에 들어간 후 안식을 누렸던 것과 같이 이 재창조의 세계에는 영원한 안식이 있다. 바로 여기에 성도의 궁극적인 소망이 있으며 만물의 최종적 완성의 비전이 있다. 따라서 여기서도 구속과 완성의 연속성 및 비연속성을 볼 수 있는데 하나님의 나라가 예수 그리스도의 죽으심과 부활을 통해 이미 시작되어 성도들이 하늘의 축복을 이 땅에서 현재적으로 맛보며 살아가는 연속성과 더불어 미래에 하나님의 나라가 완성되면 이러한 축복을 완전히 누린다는 점에서 질적인 차이점도 동시에 말할 수 있다는 것이다.

III. 나가는 말

이 글에서는 기독교 세계관에서 그동안 충분히 다루어지지 않은 완성의 의미가 무엇인지에 대해 더욱 깊이 고찰하였다. 기독교 세계관은 창조에서 시작하여 완성으로 끝난다. 창조는 매우 좋은 상태(very good)로 시작한 것일 뿐(창 1:31), 최선의 상태(the best)인 완성은 아니다. 창세기 3장 15절에서 시작된 구속의 언약이 노아, 아브라함, 모세와 다윗을 거쳐 예수 그리스도의 새 언약을 통해 성취된 하나님의 나라는 그분의 재림을 통해 완성되며 최상의 상태가 된다. 따라서 창조는 완성을 가리키며 지향하고 있다고 말할 수 있다. 다시 말해 창조의 에덴동산은 새 하늘과 새 땅을 배경으로 한 새 예루살렘으로 발전되어 완성되는 것이다.

이 완성의 특징을 요한계시록 21장 1-4절을 중심으로 새 하늘과 새 땅, 거룩한 성이며 새 예루살렘인 신부의 모습, 임마누엘 언약의 완성 그리고 하나님의 백성들이 누릴 영원한 축복을 샬롬으로 고찰해 보았다. 이는 처음 하늘과 땅의 질서가 사라지고 새롭고 영원한 하나님 나라의 질서가 도래했음을 의미하여 타락으로 인한 모든 왜곡과 죄의 영향이 완전히 사라졌음을 의미한다. 나아가 최후의 심판을 통해 모든 악의 세력들은 종말을 맞이하여 영원한 심판을 받는 동시에 하나님의 거룩한 백성들은 하늘에서 내려오는 새 예루살렘에 들어가 주님과 가장 깊고 친밀한 사랑의 교제와 축복을 영원히 누릴 것을 보여준다. 동시에 구속의 상황에서 주님의 모든 백성이 하나님의 나라를 위해 헌신한 모든 노력은 헛되지 않고 합당한 보응을 받게 됨을 알 수 있다.

이처럼 완성은 기독교 세계관에서 최종적인 정점에 해당하므로 구속과 구별하여 다루는 것이 필요하다고 말할 수 있다. 구속과 완성 사이에 연속성이 있다는 것은 하나님 나라가 확장되어 완성된다는 점을 의미하며, 비연속성이 있다는 것은 구속의 복음이 예루살렘에서 시작하여 땅끝까지 확장된 점진적 과정이지만 완성은 최종적으로 완전해졌다는 의미이다. 나아가 이러한 관점을 가지고 있을 때 그리스도인들은 이 세상에서 어떤 어려움을 당해도 넉넉히 이길 수 있는 소망과 믿음을 견지할 수 있을 것이다.

참고문헌

김주찬 (2004). 『밧모섬에서 돌아온 사도 요한』 서울: 옥합.

송인규 (2008). 『새로 쓴 기독교, 세계, 관: 성경적 기독교 세계관과의 만남』 서울: IVP.

신국원 (2005). 『니고데모의 안경』 서울: IVP.

양승훈 (1999). 『기독교적 세계관』 서울: CUP.

최용준 (2008). 『세계관은 삶이다』 서울: CUP.

_____ (2008). 『응답하는 인간』 서울: SFC.

Dooyeweerd, H. (1963). *Vernieuwing en Bezinning om het Reformatorisch Grond-motief*, Zutphen: J. B. Van Den Brink & Co.

Goheen, M. W. & Bartheolomew, C. G. (2008). *Living at the Crossroads: An Introduction to Christian Worldview*, Baker Academic.

Pentecost, J. D. (1964). *Things to Come: A Study in Biblical Eschatology*. Grand Rapids: Zondervan Academic.

Walsh, B. J. & Middelton, J. R. (2005). *The Transforming Vision: Shaping a Christian World View*, Grand Rapids: Eerdmans.

Whelchel, H. (2016). *All Things New: Rediscovering the Four-Chapter Gospel*, The Institute for Faith, Work & Economics.

Wolters, A. M. (2005). *Creation Regained: Biblical Basics for a Reformational World-view*, Grand Rapids: Eerdmans.

www.youtube.com/watch?v=gdFnGumjANo